दिल एक सादा काग़ज़

दिल एक सादा काग़ज़

राही मासूम रज़ा

राजकमल प्रकाशन

ISBN : 978-81-7178-695-4

मूल्य : ₹795

पहला संस्करण : 1973
नौवाँ संस्करण : 2015
This book is printed on Print on Demand Technology : 2025

प्रकाशक : राजकमल प्रकाशन प्रा. लि.
1-बी, नेताजी सुभाष मार्ग, दरियागंज
नई दिल्ली-110 002

शाखाएँ : अशोक राजपथ, साइंस कॉलेज के सामने, पटना-800 006
पहली मंज़िल, दरबारी बिल्डिंग, महात्मा गांधी मार्ग, प्रयागराज-211 001
1, अनमोल सोराबजी संतुक लेन, धोबी तलाव, मरीन लाइंस, मुम्बई-400 002
वेबसाइट : www.rajkamalprakashan.com
ई-मेल : info@rajkamalprakashan.com

DIL EK SADA KAGHAZ
Novel by Rahi Masoom Raza

भूमिका

···लेकिन मैं भी ख्वाब नहीं हूँ।
ख्वाब तो वह है,
जिसको कोई देख रहा हो।

मैं एक वेद हूँ,
एक गीता हूँ,
एक इंजील हूँ,
एक क़ुर'आँ हूँ,
किसे भला इतनी फ़ुर्सत है,
मुझे उठाकर जो यह देखे,
मुझमें आख़िर क्या लिक्खा है।

राही मासूम रज़ा

शीलाजी,

आपने मुझे अपने एक ख़त में लिखा है : "फ़िल्मों में ज़्यादा मत फँसिएगा। ये भूलभुलैया हैं। इनमें लोग खो जाते हैं।...आशा है आप ख़ैरियत से होंगे।"

मैं ख़ैरियत से नहीं हूँ।

'दिल एक सादा काग़ज़' मेरी जीवनी भी हो सकता था। पर यह मेरी जीवनी नहीं है। इसके पन्नों में उदासी-सी जो कोई चीज़ है, उसे स्वीकार कीजिए। इसलिए स्वीकार कीजिए कि मेरी नयी ज़िन्दगी की दस्तावेज़ पर पहला दस्तख़त आप ही का है।

सात साल के बाद आपको वह दोपहर याद दिलवा रहा हूँ जिसमें मेरा साथ देनेवाला कोई नहीं था। मैं नय्यर के साथ बिलकुल अकेला था और तब आपने कहा था : "फ़िक्र क्यों करते हो। मैं तुम लोगों के साथ हूँ।" उसी बेदर्द और बेमुरव्वत दोपहर की याद में यह उपन्यास आपकी नज़्र है।

राही मासूम रज़ा
15.9.73

जैदी विला का भूत

क़ाज़ी टोला मुहल्ले में गंगा के किनारे अपना घर बनवाकर रफ़्फ़न के पिता ने ख़ान्दान में बड़ा नाम पैदा किया, क्योंकि ख़ान्दान में यह पहला दो-मंज़िला मकान था।

इस घर का सारा ठाठ-बाठ अंग्रेज़ी था। नाम था ज़ैदी विला। लम्बे-चौड़े इस मकान में कोई रसोईघर नहीं था। किचन था। अब्दुस्समद ख़ाँ, जो कई अंग्रेज़ कलक्टरों के यहाँ खाना पका चुके थे, बड़ी मुश्किल से ज़ैदी विला के किचन में खाना पकाने पर तैयार हुए और इसीलिए अब्दुस्समद ख़ाँ के बड़े ठाठ थे। वह ब्रेकफ़ास्ट, टिफ़िन और डिनर से नीचे बात नहीं करते थे। जिस दिन कोई चीज़ ख़राब पक जाती वह खाने की मेज़ के चारों तरफ़ मँडलाया करते और खाना खानेवालों को इतना ज़लील करते कि कोई डर के मारे खाने की बुराई ही न करता। और अब्दुस्समद ख़ाँ अपनी मैली मूँछों के एक कोने को दाँतों-तले कुचलते हुए किचन में वापस चले जाते। और वहाँ नौकरों को ट्रेनिंग देने लगते कि मेज़ किस तरह लगायी जाती है।

यह अब्दुस्समद ख़ाँ एक तरह से ज़ैदी विला का झण्डा थे। और ज़ैदी विला-वाले यह झण्डा हर वक़्त फहराते रहते थे।

अब्दुस्समद ख़ाँ के बाद ज़ैदी विला की सबसे ज़्यादा महत्त्वपूर्ण चीज़ गोल कमरा था। वैसे यह कमरा किसी तरफ़ से गोल नहीं था। यह एक-तिहाई गोल था और दो-तिहाई चौकोर। परन्तु अब्दुस्समद ख़ाँ इसे गोल कमरा ही कहा करते थे। तो भला किसकी मजाल थी कि वह इस कमरे को किसी और नाम से पुकारता। यह गोल कमरा भी किचन ही की तरह बिलकुल अंग्रेज़ी में था। बड़े नक़शीन सोफ़े लगे हुए थे। कुछ ही कम नक़शीन तिपाइयाँ थीं। फ़र्श पर भारी क़ालीन था। खिड़कियों और दरवाज़ों पर दोहरे पर्दे। एक पर्दा भारी रेशम का और दूसरा विलायती मलमल का। किनारों पर विलायती बेलें भी थीं।

गोल कमरे के एक सिरे पर आतिशदान था। जाड़े की शामों में इसमें बड़ी

सुहानी आग जला करती थी। आतिशदान के ऊपर तीन-चार तस्वीरें सजी हुई थीं।

गोल कमरे के सामनेवाले दालान में बेंत के मोढ़े धरे रहा करते थे। एक कोने में हैट ट्री था और इस हैट ट्री के नीचे एक लम्बी-सी आरामकुर्सी हुआ करती थी, जिसमें दो हत्थों के साथ-साथ दो 'टँगे' भी थे। रफ़्फ़न के दादा, कर्नल ज़ैदी इस कुर्सी पर लेटकर समाचारपत्र पढ़ा करते थे। सिगार पिया करते थे। और सारे घर पर हुकूमत किया करते थे।···सिगार पीने के कारण वह शहर में कर्नल सिगार हुसैन या सिगार मियाँ कहे जाते थे। सारा शहर उनका रोब खाता था पर रफ़्फ़न उनसे हिला हुआ था।

रफ़्फ़न अल्लाह मियाँ के बाद कर्नल साहब की मूँछों से डरा करता था। उनकी मूँछें थीं भी बड़ी अजीब। ऐसा लगता था जैसे उनके गालों पर उकड़ूँ बैठी हुई हैं।

कर्नल साहब को अपने अलावा कोई और बात याद नहीं थी। वह अपने-आपको एक मजेदार कहानी की तरह चटख़ारे ले-लेकर सुनाया करते थे। उनकी तमाम बातों का लुब्बे-लुबाब यह हुआ करता था कि जो वह न रहे होते तो ब्रिटिश सरकार लाख जन्म लेकर भी जर्मनी को हरा नहीं सकती थी।

ज़ाहिर है कि रफ़्फ़न को ब्रिटिश सरकार, ब्रिटिश आर्मी या जर्मनी में कोई दिलचस्पी नहीं थी। परन्तु कर्नल साहब भी छोटे-मोटे-से अल्लाह मियाँ थे और जैसे अल्लाह मियाँ दुनिया में हर जगह मौजूद हैं वैसे ही कर्नल साहब भी 'ज़ैदी विला' में हर जगह मौजूद थे। और इससे कोई फ़र्क़ नहीं पड़ता कि वह दिखायी देते हैं या नहीं।

कर्नल साहब उन लोगों में थे जो घर को रणभूमि समझते हैं। रफ़्फ़न तो ख़ैर रफ़्फ़न था, वह तो उसके बाप अली हैदर ज़ैदी को भी ख़ातिर में नहीं लाते थे।

अली हैदर यूँ भी बड़े सलीक़े के आदमी थे। वह अदालत-फ़ौजदारी की नाक थे। ज़िले-भर में मशहूर था कि अली हैदर वकील के जीते-जी जो चाहे क़त्ल कर ले। अल्लाह मियाँ के बचाने की बात तो मशहूर है, बचाते तो हैं सैयद अली हैदर वकील।

एक-से-एक बड़ा डकैत और क़ातिल उनके सामने आकर भीगी बिल्ली बन जाया करता था। शायद इसीलिए लोग उनसे डरते भी थे। अब ऐसे आदमी से कौन अकड़े जिसके क़ब्ज़े में सारे शहर के नम्बरी लोग हों। क़ानून कभी उनकी बात नहीं टालता था। एक दिन तो हद हो गयी। क्लब में बाबू उमाशंकर राय डिस्ट्रिक्ट और सेशन जज ने अजीब बात कह डाली। बोले, "सैयद साहब, मैं ज़िले की क्राइम हिस्ट्री देख रहा था तो पता चला कि जब से आपने वकालत शुरू की

है, शहर में जराएम की तादाद दूनी हो गयी है।"

इर्द-गिर्द बैठे हुए लोग हँस पड़े चूँकि डिस्ट्रिक्ट और सेशन जज की जुमलेबाज़ी पर हँसना हर आदमी का फ़र्ज़ होता है। पर सैयद साहब भला कहाँ दबनेवाले थे। बोले, "चे दिलावर अस्त दुज़दे कि ब कफ़ चिराग़ दारद।*—बरी करें सरकार और इलज़ाम इस ख़ादिम पर!"

राय साहब ने ऐसा ज़बरदस्त क़हक़हा लगाया कि बाक़ी तमाम लोगों को भी मजबूरन हँसना पड़ा।

कहने का मतलब यह है कि ऐसा ज़बरदस्त बोलनेवाला भी कर्नल साहब के सामने आता था तो चुपशाह का रोज़ा रख लेता था।

कर्नल साहब यदि किसी से डरते थे तो वह जन्नत थी। अल्लाह मियाँ की जन्नत तो जाने कैसी होगी, पर 'ज़ैदी विला' की जन्नत बड़ी ख़ूबसूरत थी। उसकी आँखें इतनी बड़ी थीं कि जो रफ़्फ़न छिपकर बैठ जाता उनमें तब भी बहुत जगह बच रहती। उसका रंग साँवला था, पर नमक इस ग़ज़ब का था कि वह जिस हाँडी में हाथ लगा देती उसमें जान पड़ जाती।

परन्तु ज़रा रुकिए। अभी जन्नत की बात करने का समय नहीं आया है। अभी तो मैं बता रहा था कि रफ़्फ़न उर्फ़ सैयद अली रफ़अत अल्लाह मियाँ से ज़्यादा कर्नल ज़ैदी की मूँछों से डरा करता था।

अल्लाह मियाँ से उसका डर अजीब था।

'ज़ैदी विला' में साल-के-साल एक सैदानी बी आया करती थीं। उनकी गठरी में चाँदी का एक बड़ा ही ख़ूबसूरत 'बीबी का रौज़ा' हुआ करता था। यह बात रफ़्फ़न को कभी न मालूम हुई कि यह किस बीबी का रौज़ा है। यह जानने की कोई ज़रूरत भी नहीं थी। क्योंकि असल चीज़ तो वह रौज़ा था, चाहे वह किसी बीबी का हो। वह रौज़ा कुछ ताजमहल के नक़्शे पर बना हुआ था।

सैदानी बी आतीं और एक पलंग पर आराम से बैठ जातीं। घर की तमाम औरतें यानी जुम्मन बुवा, अली हुसैन बो मीरासिन, मरियम मन्हारिन वग़ैरा-वग़ैरा सब उस पलंग को घेर लेतीं। सैदानी बी पहले रौज़े का ऊपरी गिलाफ़ उतारतीं, फिर मख़मलवाला सब्ज़ ग़िलाफ़ उतरता और चमचमाता हुआ रौज़ा निकल आता। सैदानी बी फ़ौरन उसे छूकर अपनी उँगलियाँ चूमतीं और फिर वह एक पुरानी किताब निकालतीं और उसके एक-एक वरक़ का हाल गा-गाकर सुनातीं। उस किताब के पन्नों पर अजीब-अजीब चित्र हुआ करते थे। वह शुरू हो जातीं :

"इस बीबी ने जीते-जी अपने ख़ाविन्द की ख़िदमत न की और इसीलिए मरने के बाद जहन्नम की आग में जल रही है। और इस बीबी ने अपने मियाँ के

* कैसा बाँका चोर है कि हथेली पर चिराग़ लिये निकला है।

ऐबों पर पर्दा डाला तो जन्नत में सात हूरें इसकी ख़िदमत पर मुक़र्रर कर दी गयी हैं।''

यह बात तो रफ़्फ़न को बहुत बाद में मालूम हुई कि सैदानी बी ने अपने मियाँ को इतना सताया था कि उस ग़रीब ने आजिज़ आकर एक रंडी से निकाह कर लिया था। फिर मियाँ के मरने के बाद यह उस रंडी से कैसा-कैसा लड़ीं, कि उसके बच्चे हरामी हैं।···पर अदालत इनके चकमे में नहीं आयी और इन्हें अपना पेट पालने के लिए बीबी का रौज़ा सँभालना पड़ा।

रफ़्फ़न को ये बातें मालूम रही होतीं तो शायद वह अल्लाह मियाँ से इतना न डरता। परन्तु सैदानी बी की कहानियाँ सुनकर वह यह ज़रूर सोचता कि यह कब जन्नत या जहन्नम गयी थीं जो वहाँ की बातें इस यक़ीन से सुना रही हैं और वहाँ के इतने फ़ोटो उतार लायी हैं!···यह सवाल पूछने की हिम्मत वह कभी न कर सका।

सैदानी बी की किताब में उन बच्चों की तस्वीरें भी थीं जो बड़ों का कहना नहीं मानते। उन पर भी जहन्नम में कोड़े पड़ते हैं। यह बात रफ़्फ़न को कुछ ज़्यादा पसन्द न आयी, क्योंकि बुज़ुर्ग लोग कभी-कभार ऐसी बातें भी करते हैं जिन्हें मानने को जी नहीं चाहता।

मिसाल के तौर पर उसे क़ुरआन पढ़ाने के लिए जो मोलवी तक़ी हैदर रखे गये थे वह गर्मियों के दिनों में अपना कमरा बन्द करके उसका पाजामा उतारने की कोशिश किया करते थे। पहले दिन तो वह हक्का-बक्का देखता रह गया कि मोलवी साहब कर क्या रहे हैं···शायद, क़ुरआन पढ़ाने का यही तरीक़ा हो। पर जब मोलवी साहब अपना पाजामा खोलकर उसे अपनी गोद में घसीटने लगे तो वह डर गया। कोई सख़्त-सी चीज़ उसकी रीढ़ की हड्डी और कूल्हे में बार-बार गड़ रही थी, जैसे कोई जगह तलाश कर रही हो। मोलवी साहब की दाढ़ी उसकी गरदन में चुभ रही थी। वह रोने लगा। परन्तु मौलवी साहब से वह बहुत डरता था और वह कह रहे थे, "घबराओ मत। हम बहुत धीरे-से करेंगे।" और उसने देखा कि मोलवी साहब अपने हाथ पर थूक रहे हैं। वह भाग खड़ा हुआ।

सैदानी बी कह रही थीं, "यह बच्चा अपने उस्ताद का कहा नहीं मानता था तो जहन्नम इसके बदन को साँप-बिच्छुओं से चटवा रही है।"

वह साफ़ देख रहा था कि एक बच्चे के बदन पर साँप रेंग रहे हैं। उसकी सूरत उस साँपवाले बच्चे से बिलकुल नहीं मिल रही थी। फिर भी यह बात तो तय थी कि उसने अपने उस्ताद मोलवी तक़ी हैदर की बात नहीं मानी थी। इसका मतलब यह हुआ कि अब वह जहन्नम में फेंक दिया जायेगा और उसके बदन पर भी साँप रेंगेंगे।

वह रात को ख़्वाब देखता कि तख़्त पर अल्लाह मियाँ बैठे हैं। उनकी दाढी

मोलवी तक़ी हैदर की दाढ़ी से भी कहीं ज़्यादा बड़ी है। वह उसे घूर रहे हैं। मोलवी साहब कहते हैं, "अल्लाह मियाँ, इस लड़के ने मेरा कहा नहीं माना···" अल्लाह मियाँ धाड़ते हैं, "इसे जहन्नम में डाल दो।" अल्लाह मियाँ उसे सफ़ाई का मौक़ा भी नहीं देते। उनकी धाड़ सुनकर उसकी आँख खुल जाती। और वह देखता कि वह अपने बिस्तर पर अकेला है। ऐसी रातों में डर से उसका हाल पतला हो जाया करता था। और वह चुपचाप बग़लवाले पलंग पर सरक जाया करता था। वह पलंग आम तौर से जन्नत का हुआ करता था। जन्नत की आँख खुल जाती और अपनी अधजगी आँखों से उसे देखकर वह उसे अपनी अधजगी बाँहों में छिपा लेती।

जन्नत की बाँहों में पनाह पाते ही उसके दिल से मोलवी तक़ी हैदर और अल्लाह मियाँ दोनों का डर निकल जाया करता था।

उसने यह बात किसी को नहीं बतायी थी कि उसके ख़याल में अल्लाह मियाँ उम्र में तो मोलवी तक़ी हैदर से ज़रूर बड़े होंगे, पर उनकी सूरत लगभग यही होगी।

अफ़सोस की बात है कि सैदानी बी की किताब में अल्लाह मियाँ की कोई तस्वीर नहीं थी। फिर उसे एकदम से याद आता कि मिसेज़ नार्थ के गले में अल्लाह मियाँ के बेटे की एक मूर्ति लटकी रहती है।

"जन्नत बाजी, अल्लाह मियाँ का ब्याह तो बड़ी धूम-धाम से हुआ होगा?" वह पूछ बैठा। सैदानी बी चुप हो गयीं। तमाम लोग उसे घूरने लगे।

"माटी मिले। जहन्नुमी···" अम्माँ ने मारने के लिए हाथ उठाया। जन्नत उसे अपनी गोद में छिपाकर बोली, "जाने दीजिए मुमानी।"

परन्तु मुमानी भला कैसे जाने दे सकती थीं। वह उसे जन्नत की गोद से उखाड़ने की कोशिश करने लगीं। पर वह जोंक की तरह जन्नत से चिपका रहा।

उसे जन्नत से यूँ चिपक जाने में बड़ा मज़ा आया करता था। और इसलिए कोई चार बरस पहले ही उसने यह फ़ैसला कर लिया था कि शादी तो वह जन्नत ही से करेगा। यह फ़ैसला करते समय वह कोई साढ़े चार बरस का था। जन्नत पन्द्रह बरस की थी। आठवें में पढ़ती थी और बड़ी क़ाबलियत झाड़ा करती थी। कहती थी, ज़मीन गोल है। सूरज के चारों ओर चक्कर काटती रहती है। ये बातें सुनते-सुनते जब वह साढ़े छः बरस का हो गया और जन्नत साढ़े सत्तरह की होकर दसवें में पहुँच गयी तो एक दिन वह खिलखिलाकर हँस पड़ा, "कोई और को गधा बनाइएगा। आपके कहे से ज़मीन गोल है और सूरज के चारों तरफ़ घूम रही। अरे घूम रही तो ई सब घर गिर काहे ना जाते?"

यह सवाल सुनकर जन्नत हमेशा हँस दिया करती थी।

उसे यूँ हँसनेवाली जन्नत न हँसनेवाली जन्नत से भी ज्यादा अच्छी लगा

करती थी। जन्नत के दाँत बड़े ख़ूबसूरत थे। अब्दुल के मलाई बर्फ़ की तरह सफ़ेद और इतने चमकीले कि अँगूठी में जड़वाने को जी चाहने लगे।

परन्तु अल्लाह मियाँ के ब्याहवाली बात पर जन्नत नहीं हँसी, क्योंकि वह अब इण्टरमीडिएट फ़ाइनल में थी। और साढ़े आठ बरस के एक बच्चे की बातों पर हँसना उसकी शान के ख़िलाफ़ था।

जन्नत अपनी मुमानी का ग़ुस्सा जानती थी, इसलिए वह रफ़्फ़न को लेकर टल गयी।

अपने कमरे में जाकर उसने रफ़्फ़न को अपनी कुर्सी पर बिठलाने के बाद कहा, "तुम बड़े गधे हो, रफ़्फ़न !"

साढ़े आठ बरस के बच्चे को दो बातें अवश्य मालूम होती हैं। पहली यह कि ज़मीन गोल नहीं है और दूसरी यह कि वह गधा किसी तरफ़ से नहीं है। और यह भी कि गधा होना कोई ख़ुशी की बात भी नहीं है। और बड़ा गधा होना तो यक़ीनन बड़ी बुरी बात है। ईमान की बात तो यह है कि वह ज़मीन को गोल मानने पर तैयार ही नहीं था। साफ़ चपटी दिखायी देती है। परन्तु ज़मीन के गोल होने के सबूत उसे ज़बानी याद थे। यदि सामने से कोई जहाज़ आ रहा हो तो पहले सामने का हिस्सा दिखायी देता है और धीरे-धीरे सारा जहाज़ सामने आता है। और यदि कोई एक जगह से यात्रा शुरू करे तो वह घूम-फिरकर वहीं वापस आ जायेगा। पर गधा होने की बात तो वह मान ही नहीं सकता था। क्योंकि यदि आदमी घूम-फिरकर वहीं वापस आ जाये तब भी यह साबित नहीं होता कि रफ़्फ़न गधा है। और इसीलिए उसने उस जन्नत की तरफ़ बड़ी शिकायत-भरी नज़रों से देखा जो उसे सैदानी बी की जन्नत से कहीं ज़्यादा अच्छी लगा करती थी। बोला, "हम बड़े गधे कहाँ से हो गये ?"

जन्नत बोली, "तुमसे यह किसने कह दिया कि अल्लाह मियाँ की शादी हो गयी है ?"

वह बोला, "एमें काई के कहे की का जरूरत है ? अरे जब मुल्ला-हज्जाम तक का ब्याह धूमधाम से हो गया तो अल्लाहमियाँ बेचारे का कसूर किहिन हैं ?"

जन्नत मुसकुरा दी। बोली, "अल्लाह मियाँ की शादी नहीं हुई है।"

"इनकी सुने कोई। उनकी शादी नहीं हुई है तो बेटा कहाँ से आ गया ?"

जन्नत की भी कोई रग फड़क गयी। बोली, "और तुमसे यह किसने कह दिया कि बच्चा शादी के बाद पैदा होता है ?"

"बड़की फुफ्फू रोज हम्में दुआ देती हैं कि ना। जीते रहो। शादी-बिआह हो। बाल-बच्चे हों। जब आपसे हमरी शादी हो जायेगी तो आपके भी बाल-बच्चा हो जायेगा।"

जन्नत झेंप गयी। परन्तु रफ़्फ़न ने उसका झेंपना नहीं देखा। उसके दिमाग़

में एक और सवाल कुलबुला रहा था, "बच्चा तो समझे, बाकी ई बाल का होता है और कहाँ पैदा होता है ? शादी के बाद का कोई नया बाल निकल आता है, बाजी ?"

वह जब बहकता था तो यूँ ही बहकता था, और जन्नत की जान जोखम में पड़ जाया करती थी। वह ताबड़तोड़ सवाल करता चला गया, "शादी के बिना बच्चा तो बहुत बुरी बात है न बाजी ? हमीदुन कलल्हे अम्माँ को बताती रही कि काने केकी बेटी को शादी से पहले ही बच्चा हो गया तो ऊ संखिया खाके मर गयी। हम्में तो ई भी मालूम है जनाब कि बच्चा होता कैसे है···"

जन्नत की समझ में नहीं आ रहा था कि आखिर देखे किधर।

"अब मैं चाँटा मार दूंगी, रफ़्फ़न !"

"अल्ला-क़सम बाजी, हम मजाक ना कर रहें। एफे में पहुँच गयीं और ई भी न जानतीं कि बच्चा कैसे होता है ?"

जन्नत के सारे बदन का खून खिचकर उसके चेहरे में सिमट आया। दीवार की तरफ़ देखती हुई बोली, "तुम बड़े बेहूदा होते जा रहे हो !"

"का बात करती हैं आप ! हम खुद अपने कान से सुना, भाई जानू गुलबहरी से बावरचीखाने में खड़े कहते रहे—अरे गुलबहरी, दुआ-तावीज़से नहीं होनेवाला है तेरे यहाँ बच्चा। अनाज की कोठरी में चल। अभी डाल देता हूँ तेरे पेट में बच्चा। ई सुनके गुलबहरी अजब तरह से हँसी और भाई जानू ओको अनाज की कोठरी में घसीट ले गये। तो हम दूसरे ही दिन पूछा—का रे गुलबहरी, बच्चा पड़ा कि ना ? ऊ लगी हँस्से। तो हम कहा, चल अनाज की कोठरी में एक ठो बच्चा हम भी डाल दें तोरे पेट में। तो ऊ बोली—मियाँ ज़रा, और बड़े हो जाव, तब चलेंगे आपो के साथ। अच्छा बाज़ी, अगर हम गुलबहरी के पेट में एकठो बच्चा डाल दें तो अल्ला मियाँ हमसे खुश हो जायेंगे ना ?"

उसे कोई जवाब नहीं मिला क्योंकि जन्नत के दिमाग़ में तो एक ही बात घिसे हुए रिकार्ड की तरह बजती चली जा रही थी।···भाई जानू ओको अनाज की कोठरी में घसीट ले गये···भाई जानू ओको अनाज की कोठरी में घसीट ले गये··· ले गये···घसीट ले गये···

बात यह है कि जन्नत चुपके-चुपके अली सामिन यानी रफ़्फ़न के भाई जानू से प्यार किया करती थी। जन्नत का यही प्यार अली सामिन और रफ़्फ़न के झगड़े की जड़ था।

रफ़्फ़न ताड़ गया कि जन्नत उदास हो गयी है। उसका छोटा-सा दिल तड़प गया। बोला, "अरे, एमें मुँह लटकाये की का बात है ! हम गुलबहरी के पेट में बच्चा न डालेंगे। आपके पेट में डालेंगे। हम्में आपका पेट बड़ा अच्छा लगता है। बिलकुल संगमरमर जैयसा चिकना औरगोरा। बाकी कोठरिया में अँधेरा होये की

वजह से हम ई ना देख पाये कि पेट में बच्चा डाला कैयसे जाता है। आपको मालूम होय तो हम अभई डाल दें···"

उसका हाथ जन्नत के पेट पर रेंगने लगा। जन्नत अपनी उदासी की यात्रा से लौट आयी। बोली, "क्या डाल दोगे ?"

"बच्चा।"

जन्नत घबरा के उठ बैठी। वह रफ़्फ़न को तमाचा मारना चाहती थी, पर उससे तो उसकी तरफ़ देखा भी नहीं जा रहा था।

"अच्छे भाई अपनी बहनों से ऐसी बातें नहीं करते।"

'हलो, रफ़्फ़न !" मिसेज़ नार्थ आ गयीं। रफ़्फ़न का सारा नशा उतर गया। मिसेज़ नार्थ थीं भी नशा उतारनेवाली चीज़। मिस्टर नार्थ ने तो उनसे शादी करने के बाद शराब पीना ही छोड़ दिया था।

मिसेज़ नार्थ का रंग बड़ा मैला था। आँखें बहुत छोटी थीं। बदन बहुत भारी था। और यह बात सारा शहर मानता था कि वह बहुत क़ाबिल हैं। क़ाबिल इसलिए कि वह ईसाई थीं।

ज़ैदी विला में गोल कमरे की तरह मिसेज़ नार्थ भी एक स्टेट्स सिम्बल थीं। क़ायदे से मिसेज़ नार्थ का नाम गोल कमरा होना चाहिए था। वह वाक़ई गोल थीं।

मिसेज़ नार्थ की आवाज़ भी बहुत पक्की थी। वह जब अपनी 'अंग्रेज़ी हिन्दी' में डाँट पिलातीं तो रफ़्फ़न के कान में ख़राशें पड़ जातीं। उसके कान देर तक यूँ झनझनाया करते थे कि जो कोई बच्चा पास से गुज़र जाता तो उसके कान को झुनझुना जान के बजाने लगता।

उनका ख़याल ही अच्छा-भला याद किया हुआ सबक़ भुला देने के लिए काफ़ी था। और शायद यही कारण है कि उसे मिसेज़ नार्थ के मिस्टर नार्थ बड़े अच्छे लगा करते थे।

मिस्टर नार्थ अपने मैले गेहुँवाँ रंग को सफ़ेद पतलून और सफ़ेद कमीज़ पहनकर और मैला बना लेने में अपना जवाब नहीं रखते थे। उनकी आवाज़ बड़ी नर्म थी और मुसकुराहट बड़ी गर्म। बात करते-करते वह अपनी जेब से पाउच निकालकर अपने लिए सिगरेट रोल करने लगते।···रफ़्फ़न उनकी उँगलियों की चलत-फिरत देखता रह जाता। देखते-ही-देखते सिगरेट तैयार हो जाती। यह सिगरेट भाई जानू की सिगरेट की तरह सिजल तो नहीं हुआ करती थी, पर उसकी महक भाई जानू की सिगरेट की महक से तेज़ ज़रूर हुआ करती थी। रफ़्फ़न उनकी मुसकुराहट से छनकर निकलनेवाले धुएँ को देखकर सदा यह सोचा करता था कि वह भी रोल की हुई सिगरेट पिया करेगा।

मिस्टर नार्थ मिसेज़ नार्थ की तरह अंग्रेज़ी में हिन्दी नहीं बोला करते थे। वह

बड़ी साफ़ धुली-धुलाई और क़लफ़ दी हुई उर्दू बोला करते थे। (तब मैं उसे उर्दू समझा करता था। अब जानता हूँ कि वह भी एक प्रकार की हिन्दी है।)

गोरा बाज़ार में मिस्टर नार्थ का घर भी ठेठ हिन्दी ही में था। खट-मिठिया घर—आधा कच्चा, आधा पक्का। दो मंज़िलोंवाला। रफ़्फ़न को यह घर क्रिसमस के दिन भी बड़ा उदास दिखायी दिया करता था।

मिस्टर नार्थ बड़ी अच्छी वायलन बजाया करते थे। पूरी बनारस कमिश्नरी में उनके जैसा वायलन बजानेवाला एक नहीं था। लोग कहते हैं कि बड़े-बड़े अंग्रेज़ कलेक्टर और एस. पी. उनके वायलन बजाने का लोहा मानते थे। पर खुदा या भगवान् या खुदा-बाप के बेटे का करना ऐसा हुआ कि उन्हें नान-कोआपरेशन का मूज़ी रोग लग गया। कलेक्टर साहब को यह बात बहुत बुरी लगी।...और जब वह जेल से लौटे तो उनके हाथ काँपने लगे और वह वायलन बजाने योग्य न रह गये।...यह उनकी शादी के कुछ ही दिनों बाद की बात है। अपनी सरकार को अपोज़ करने के जुर्म में जेल जाकर हाथों की कम्पन का तुहफ़ा लाने पर मिसेज नार्थ ने मिस्टर नार्थ को कभी माफ़ नहीं किया। वह अब भी उस बात को याद करतीं तो खेल जातीं। कहतीं, "आम पूछता है जन्नट कि मिस्टर नार्थ को खिलाफट मूवमेण्ट में पड़ने को कौन बोला था?"

यह मिसेज़ नार्थ जब पैदा हुई थीं तो इनका नाम रजनी रखा गया था। इनके पिता का नाम मँगरू था। यह मँगरू गोरा बाज़ार में साहब लोगों के कपड़े धोया करते थे। मिस्टर नार्थ मँगरू की बेटी रजनी पर आशिक़ हो गये। मेम साब बनने की धुन में रजनी ईसाई हो गयी। मँगरू मिस्टर एम. डैविड हो गया और रजनी केथरीन डैविड।

मिस्टर डैविड बन जाने के बाद मँगरू कोई बहुत अच्छी धुलाई नहीं करने लगा था। पर वह महँगा अवश्य हो गया था। और पढ़े-लिखे लोग उसी से कपड़े धुलवाने लगे थे। बात यह है कि अब वह मँगरू से डैविड बन गया था।

रफ़्फ़न ने मिस्टर डैविड को नहीं देखा था, परन्तु मिसेज़ नार्थ ने धीरे-धीरे उसे डैविड के बारे में इतना कुछ बता दिया था कि वह डैविड से धौंस खाने लगा था। बहुत दिनों तक तो वह बाइबिल के डैविड को मिसेज़ नार्थ का बाप समझा किया। बाद में जब उसे पता चला कि बाइबिल के डैविड यहूदी थे तो उसका दिल खट्टा हो गया, क्योंकि उसे यक़ीन था कि यहूदी बड़े बेहूदा लोग होते हैं। मोहर्रम की मजलिसों में वह यहूदियों की इतनी बुराई सुन चुका था कि उसका दिल उनकी तरफ़ से साफ़ नहीं था।

"तो आपकी अम्माँ ने यहूदी से काहे को ब्याह किया?"

यह सुनकर मिसेज़ नार्थ हँसते-हँसते लोटपोट हो गयीं। बोलीं, "लिसिन जन्नट, ओह ब्वाय! हाउ नाटी ही इज़। बोलटा है कि हमारा मदर ने जिउ से

काहे को ब्याह बनाया···।"

रफ़्फ़न बुरा मान गया। बोला, "इसमें हँसे की का बात है ? डैविड यहूदी ना रहे ?"

"अरे पागल, यह इंजीलवाले हज़रत दाऊद की बेटी नहीं हैं। हज़रत दाऊद तो पैग़म्बर थे। यहूदी तो हज़रत मूसा भी थे और हज़रत ईसा भी।"

"हज़रत ईसा पर याद आया, का अल्लाह मियाँ बीबी मरियम को अनाज की कोठरी में ले गये रहे कि नहीं ले गये रहे ?"

"ह्वाट ?"

"नहीं ले गये रहे तो उनके पेट में अल्लाह मियाँ का बच्चा कैयसे गया ?"

वह सोच रहा था कि जन्नत यह मुँह तोड़ सवाल सुनकर खुश हो जायेगी और उसकी पीठ ठोंकेगी। पर जन्नत ने तो उसे तमाँचा मार दिया।

तमाँचा खाकर वह सन्नाटे में आ गया।

उसके सारे बदन का खून आँसू बनकर उसकी आँखों में उतर आया।

वह चुपचाप कमरे से चला गया। जहन्नुम में जायें मिसेज़ नार्थ और बाजी दोनों।

सैदानी बी अब तक किताब खोले मिनमिना रही थीं :

"···इस नेकबख्त औरत ने ज़िन्दगी-भर अपने मियाँ की नामर्दी का राज़ छिपाये रखा तो मरने के बाद जन्नत में अल्लाह पाक ने इसे बड़ा मरतबा दिया···"

सैदानी बी की आवाज़ ने लगभग बीच आँगन तक उसका पीछा किया।

बाहर लम्बे-चौड़े बाग़ में जाड़े की धूप पेड़ों की छाँव में छिपी बैठी हवा से आँख-मिचौनी खेल रही थी।

आम के एक पेड़ पर चढ़कर उसने लाल चींटों का एक घोंसला तोड़ा। मौलसरी के एक पेड़ के नीचे माली काम कर रहा था। उसने वह घोंसला माली के सिर पर खैंच मारा। माली घबराकर खड़ा हो गया। उसके सारे बदन पर लाल चींटे रेंग रहे थे। वह जल्दी-जल्दी चींटे झाड़ने लगा।

वह जानता था कि माली अब सीधा कर्नल साहब के पास जायेगा। इसलिए वह पेड़ से उतरकर सीधा किचन की तरफ़ चला गया, क्योंकि किचन ही एक ऐसी जगह थी जहाँ कर्नल साहब कभी नहीं जाते थे।

अब्दुस्समद ख़ाँ उस समय अपने नीचे काम करनेवाले लौंडे से इश्क़ कर रहे थे। लौंडा चोंचले कर रहा था। अब्दुस्समद ख़ाँ गिड़गिड़ा रहे थे, "अरे ज़ालिम, मुझे क्यों सताता है !"

अब्दुस्समद ख़ाँ जानते थे कि रफ़्फ़न के सिवा कोई और किचन में बिला इजाज़त नहीं आ सकता। और वह इस समय जन्नत के कमरे में बैठा मिसेज़ नार्थ से

पढ़ रहा होगा। इसलिए वह ज़रा इतमिनान में थे।

"हम रोज़ाना झाँसा नहीं खायेंगे।" ख़ाँ साहब के नीचे काम करनेवाले लौंडे ने कहा, "लैला-मजनूँ का नाटक खेलने पर तैयार रहते हो, पर गाँठ से पैसा नहीं निकालते। तीन दिन से दुई रुपैया माँग रहें।"

"अब्दुस्समद नंगे। अब्दुस्समद नंगे···" रफ़्फ़न तालियाँ बजाने लगा।

अब्दुस्समद ख़ाँ घबराके उठ बैठे। उठे तो उनकी लुंगी गिर गयी। उनके नीचे काम करनेवाला लौंडा आराम से उठा। मुसकुराया। कमरबन्द बाँधता हुआ पैन्ट्री में चला गया।

"ओकी मियानी में लाल चिउँटी घुस गयी रही।" अब्दुस्समद ख़ाँ दाँत निकालकर बोले, "आज हम अपने छोटे मियाँ को ताज़ा-ताज़ा चाकलेट खिलायेंगे।"

"अरे, छोटे मियाँ अभी चाकलेट खाने लायक ना भये हैं। दुई बरस और इन्तजार कर लो।" पैन्ट्री से लौंडे की आवाज़ आयी।

अब्दुस्समद ने घूरकर पैन्ट्री की तरफ़ देखा। शर्फ़ुआ खिलखिलाके हँस दिया। बोला, "इनके झाँसे में मत आना भैया। नहीं तो ई तोरी मियानी से भी लाल चिउँटा निकाले लगिहें।"

"इसकी बात मत सुनो मियाँ। यह तो हरामी है।" ख़ाँ साहब ने कहा।

"हरामी का होता है?"

"पूछे बिना मत रहियो भैया।" लौंडे ने कहा, "जब तक ज़िद ना करिहो तब तक ई ना बतायेवाले हैं।"

"शामत मत आये शर्फ़ुआ।" अब्दुस्समद ने दाँत पीसकर कहा।

"अच्छा हम ई पूछ रहें अब्दुस्समद, कि जो अल्लामियाँ का बिआह ना भया है और ऊ बीबी मरियम के मियाँ ना हैं और उनको अनाज की कोठरी में ना ले गये तो उनके पेट में अल्लाह मियाँ का लड़का कैसे पड़ गया?" उसने अपनी परेशानी बतायी।

"बच्चे की उमिर बताओ भैया! उमिर जाने बिना अब्दुस्समद खाँव ना बोलेवाले हैं।"

अब्दुस्समद ख़ाँ उसकी तरफ़ जूता लेकर दौड़े। और वह खिलखिलाता हुआ भाग गया।

रफ़्फ़न एकदम से उदास हो गया। अब्दुस्समद ख़ाँ भी नहीं थे। तो अपना दिल बहलाने के लिए उसने नेमतख़ाना खोला।

खाने की तमाम चीज़ों ने जैसे उस पर धावा बोल दिया···

कई चीज़ें रफ़्फ़न के मुँह में थीं और कई चीज़ें उसके हाथ में और वह यह सोच रहा था कि कम-से-कम बच्चों के पास कई मुँह और दस-बीस हाथ हुआ

करते तो ज़िन्दगी कितनी मज़ेदार होती !

पैन्ट्री से आनेवाली घुटी-घुटी आवाज़ों की तरफ़ उसका ध्यान ही नहीं जा रहा था। इतना वह जानता था कि आवाज़ें अब्दुस्समद और शर्फ़ुआ की हैं।

यहाँ यह बताना बिलकुल ज़रूरी नहीं है कि शर्फ़ुआ का नाम शर्फ़ुआ उर्फ़ शर्फ़ुद्दीन हरगिज़ नहीं था। उसका नाम अब्दुल क़दीर था। परन्तु हुआ यह कि उससे पहले जो लौंडा अब्दुस्समद ख़ाँ के नीचे काम किया करता था उसका नाम शर्फ़ुद्दीन था जिसे ज़ैदी विला के लोगों ने शर्फ़ुआ कर दिया था।

अब्दुस्समद ख़ाँ शर्फ़ुआ पर बड़ी धूमधाम से आशिक़ हुए। यहाँ तक कि अब्दुस्समद ख़ाँ ने उसे फुलाँ सूप और ढिमकी पुडिंग तक बनाना सिखा दिया था। वह उसे मछली के अण्डों का नाश्ता करवाया करते। उसके सारे नख़रे उठाया करते थे। यह बात काफ़ी दिनों तक किचन और पैन्ट्री से बाहर न निकली।

लेकिन ख़ुदा का करना कुछ ऐसा हुआ कि उन्हीं दिनों मोलवी तक़ी हैदर रफ़्फ़न और ख़दीजा को दीनीयात और क़ुरआन पढ़ाने के लिए रखे गये।

शर्फ़ुआ उन्हें भी अच्छा लग गया।

अब यह बात तो सब जानते हैं कि समाज में हर आदमी की एक जगह होती है।

यह सही है कि अब्दुस्समद ख़ाँ ने बड़े-बड़े अंग्रेज़ों के किचन में खाना पकाया था। लाट साहब तक को वह अपना पकाया हुआ खाना खिला चुके थे। उनके पास बटलर साहब* का एक सर्टिफ़िकेट तक था, जो एक फ्रेम में जड़ा हुआ था। फिर भी थे तो वह बावर्ची ही, जबकि मोलवी तक़ी हैदर गुरु थे। अब्दुस्समद ख़ाँ पचास रुपया माहवार पाते थे और मोलवी साहब बारह रुपया। परन्तु मोलवी साहब कर्नल साहब के साथ बैठकर बातचीत कर सकते थे। छोटे साहब (रफ़्फ़न के पिता) के साथ बैठकर हंस-बोल सकते थे, जब कि अब्दुस्समद ख़ाँ के लिए यह सोचना भी असम्भव था।

इसलिए जब अब्दुस्समद ख़ाँ ने यह देखा कि शर्फ़ुआ दोपहर में मोलवी साहब की टाँगें दबाने चला जाता है और मोलवी साहब के कमरे के किवाड़ अन्दर से बन्द हो जाते हैं तो उनके हाथों के तोते उड़ गये। अपनी ख़ाली दोपहरों में उन्हें ऐसा लगता कि जैसे पत्थर के दहकते हुए कोयले चूल्हे से निकलकर उनके दिल में आ गये हैं···

···धीरे-धीरे खाने का मज़ा बिगड़ने लगा। घर के और लोग तो चुप रहे। अंग्रेज़ी खाने के मज़े के बारे में घरवालों का कोई ख़याल ही नहीं था। परन्तु कर्नल साहब ने तो अंग्रेज़ों की आँखें देखी थीं। उन्होंने उनके साथ बैठकर शराबें पी थीं।

---

* यू. पी. का एक गवर्नर।

इसलिए वह ताड़ गये कि दाल में कुछ काला ज़रूर है। उन्हें फ़िक्र हुई, क्योंकि अब्दुस्समद जैसा बावर्ची बाज़ार में तो बिकता नहीं कि गये और ख़रीद लाये।

एक दिन वो मोलवी तक़ी हैदर साहब से यही बात कर रहे थे कि जाने क्या बात है कि ख़ानसामा के हाथ का मज़ा निकला जा रहा है।

रफ़्फ़न वहीं दालान के चिकने फ़र्श पर बैठा अपनी जापानी रेलगाड़ी चला रहा था। बोल पड़ा :

"ओके हाथ में छेद हो गया होगा।"

कर्नल साहब ने पलटकर उसकी तरफ़ देखा।

"क्या हो गया होगा ?"

"छेद। सुराख़।"

कर्नल साहब ने क़हक़हा लगाया। उनकी आरामकुर्सी के नीचे मज़े में सोयी हुई सौसन जाग पड़ी। एक आँख खोलकर उसने रफ़्फ़न की तरफ़ देखा। फिर उसने एक लम्बी जमाही लेकर करवट बदली और आँखें बन्द कर लीं। रफ़्फ़न उसकी दुम की तरफ़ देख रहा था जो बराबर हिल रही थी।

अपनी रेल से बोर होकर वह अपनी ट्राइसिकिल पर सवार हो गया। ट्राइ-सिकिल उसने कर्नल साहब की कुर्सी के सामने रोकी।

"बात ई है दादा साहब कि शर्फ़ुआ बेवफ़ा हो गया है। ई बेवफ़ा क्या होता है ?"

कर्नल साहब कुछ सटपटा-से गये। उन्होंने गला साफ़ किया। मोलवी साहब की तरफ़ देखा और फिर रफ़्फ़न से बोले, "जाओ खेलो !"

रफ़्फ़न ने कर्नल साहब को आज तक सटपटाते नहीं देखा था। तो भला वह कैसे टल सकता था। बोला, "बेवफ़ा का मतलब शायद बेशरम होता है। हम ओको कानी कै मरतबा मोली साहब के कमरे में नंगा देख चुके हैं..."

दालान में सन्नाटा छा गया। मोलवी तक़ी हैदर घबराकर छत की तरफ़ देखने लगे। कर्नल साहब घबराकर उस मकड़ी की तरफ़ देखने लगे, जो धीरे-धीरे आराम से बैठी अपने पैरों को साफ़ करती हुई मक्खी की तरफ़ बढ़ रही थी।

रफ़्फ़न को न जाने क्यों उस सन्नाटे से बड़ा डर लगा। वह वहाँ से चुपचाप सरक गया।

माली खिरनी के पेड़ के नीचे बैठा खैनी मल रहा था। रफ़्फ़न उसके पास जा बैठा।

"दादा साहब और मोली साहब बड़े काबिल बनते है। बाक़ी दूनों जने में से कोई को बेवफ़ा का मतलब ना मालूम है।" यह ख़बर उसने माली को इस अन्दाज़ से दी जैसे यह कोई बड़ी महत्त्वपूर्ण ख़बर हो। परन्तु माली ने इस ख़बर का कोई नोटिस न लिया। रफ़्फ़न को यह बात बहुत खली। वह झल्ला गया। बोला,

"तोको मालूम है ?"

"अरे हम का जानें मियाँ !"

"शर्फ़ुआ बेवफ़ा है। ऊ समद खाँ से बेवफ़ाई करता है। हम खुद ओको समद खाँ और मोली साहब दूनों से बेवफ़ाई करते देखा है।"

माली खिलखिलाकर हँस पड़ा।

"शर्फ़ुआ तो गाँडू हैं मियाँ।"

"गाँडू का होता है ?"

"ई बात तूँ अब्दुस्समद खान से पूछो भैया। हम तो बाल-बच्चेदार आदमी हैं।"

"अब्दुस्समद खाँ से काहे को पूछें। हम जा रहें बाजी से पूछे। ऊ बड़ी काबिल हैं। मिसेज़ नार्थ से अंग्रेज़ी में बात करती हैं वो।"

"ना भैया, ना !" माली घबरा गया। "ई बड़की बिटिया से पूछे की बात ना है।"

परन्तु रफ़्फ़न भला किसकी सुननेवाला था। तीर की तरह अन्दर की तरफ़ भागा···

अन्दर जन्नत मिसेज़ नार्थ को मलका पुखराज का कोई रेकार्ड सुना रही थी। अस्ल में मिसेज़ नार्थ मानती नहीं थीं कि भारतीय संगीत में भी कोई दम-दरूद है। तो जन्नत उन्हें समझाने पर तुली हुई थी कि भारतीय संगीत में कितना दम है।

"ए बाजी, गाँडू का होता है ?"

जन्नत रोहाँसी हो गयी क्योंकि उस वक्त भाई जानू भी कमरे में मौजूद थे।

"यहाँ आओ, मैं बताता हूँ।"

वह उनके पास चला गया।

"बताइए।"

अली सामिन ने उसे इतने ज़ोर का तमाँचा मारा कि जन्नत घबराकर खड़ी हो गयी।

"अरे-अरे, यह क्या करते हैं आप ?"

"मार रहा हूँ।" भाई जानू ने कहा।

"मारकर देखिए। हम अभईं जाके बता देते हैं अम्माँ, अब्बा और दादा साहब को कि आप गुलबहरी के पेट में लड़का डालिन हैं।"

"क्या बकता है !"

"हम बक ना रहें।" उसने कहा, "बाजी को तो हम पहले ही बता चुके हैं।"

"ह्वाट आर यू टाकिंग रफ़्फ़न ?" मिसेज़ नार्थ चिनचिनायीं।

"भाई जानू दिस इज़ पुटिंग बच्चा इन गुलबहरी इसटमक।"

"ओ माई गाड !" मिसेज़ नार्थ उसकी तरफ़ लपकीं। वह भागा। मिसेज़ नार्थ ने उसका पीछा किया। वह भला मिसेज़ नार्थ के हाथ क्या आता ! तो अपनी इज़्ज़त बचाने के लिए वह उम्मन बीबी से टकराकर गिर पड़ीं ताकि कोई यह न कह सके कि वह एक बच्चे को पकड़ न पायीं।

रफ़्फ़न फिर बाहर निकल गया। मोलवी तक़ी हैदर का सामान एक इक्के पर लादा जा रहा था। मरियल-सा घोड़ा, बेतअल्लुक़ खड़ा-खड़ा अपनी दुम से अपने कूल्हे के घाव की मक्खियाँ उड़ाने में लगा हुआ था।

...रफ़्फ़न को यह बात बहुत दिनों बाद मालूम हुई कि मोलवी साहब के निकाले जाने में उसका कितना बड़ा हाथ था।

मोलवी साहब चुपचाप इक्के पर बैठ गये। इक्का जब चल पड़ा, तब अब्दुस्समद ख़ाँ एक पोटली लिये भागते-भागते आये और पोटली मोलवी साहब को पकड़ाकर बोले :

"रास्ते के वास्ते थोड़ा-सा नाश्ता साथ लेते जाइए।"

रफ़्फ़न अब्दुस्समद ख़ाँ के पास जाकर खड़ा हो गया और जाते हुए इक्के को देखने लगा।

"चलो मियाँ, आज हम तुमको फ्रांसवालों की पुडिंग खिलायेंगे।"

इस दावत का मतलब यह था कि ख़ाँ साहब उससे बहुत ख़ुश थे।

वह उनके साथ किचेन की तरफ़ चल पड़ा। ख़ाँ साहब रास्ते-भर गाते रहे :

लिये फिरती है बुलबुल चोंच में गुल,
सहीदे-नाज़ की तुरबत कहाँ है।

"मीर के मोहल्ले में है।" रफ़्फ़न ने पता बता दिया।

मीर के मोहल्ले में एक पक्की क़ब्र थी, जिस पर हिन्दू-मुसलमान सब चिराग़-बत्ती किया करते थे।

कहते हैं कि मीर साहब को ख़ालिसपुर के राजा उदयभान सिंह की बेटी से सच्चा इश्क़ हो गया था। राजा मीर साहब को बहुत मानता था। पर जब उसे पता चला कि वह उसकी बेटी पर आशिक़ हैं तो बेटी को बदनामी से बचाने के लिए उसने चुपचाप एक रात उन्हें क़त्ल करवा दिया। फिर उसी ने उनका मज़ार बनवाया। परन्तु इश्क़ की बात भी कहीं छिपती है ! लोगों को पता चल गया। चुनाँचे मीर तसद्दुक़ हुसैन से शहीदे-नाज़ रहमतुल्लाह अलैह हो गये। और जिस मोहल्ले में उनका घर था वह मीर का मोहल्ला कहा जाने लगा।

मीर तसद्दुक़ हुसैन उर्फ़ शहीदे-नाज़ रहमतुल्लाह अलैह के मज़ार पर हर साल उर्स हुआ करता था। एक साल उर्फ़ के सालाना मुशायरे की सदारत कर्नल ज़ैदी ने की थी तो पूरा खान्दान उनकी सदारत का तमाशा देखने गया था। रफ़्फ़न भी गया था और वहीं पहली बार उसे शहीदे-नाज़ के बारे में पता चला था। और

इसीलिए जब उसे पता चला कि बुलबुल बेचारी को शहीदे-नाज़ के मज़ार का पता नहीं मालूम तो उसने बता दिया।

"नहीं मियाँ, हम उन शहीदे-नाज़ रहमतुल्लाह अलैह की बात ना कर रहे हैं। हम तो ऊ चूतियानन्दन मोली साहब की बात कर रहे हैं। हम आज शर्फ़ुआ को भी निकाल दिया।"

"चूतियानन्दन क्या होता है ?"

ख़ाँ साहब उसके सवाल को साफ़ टाल गये। वह इस वक़्त भाषा की बारीकियों में उलझना नहीं चाहते थे। वह तो दिल का बुख़ार निकालना चाहते थे, "अब पता चलेगा साले को कि अब्दुस्समद ख़ाँ से बेवफ़ाई करे का का अंजाम होता है···"

अब्दुल क़दीर इसी शर्फ़ुआ की जगह आया। परन्तु घरवालों को उसके नाम पर दो एतराज़ हुए। नम्बर एक यह कि उन्हें शर्फ़ुआ पुकारने की आदत हो गयी थी और वे कोई नया नाम पुकारने के मूड में नहीं थे। नम्बर दो यह कि कर्नल ज़ैदी के पिता का नाम सैयद अली क़दीर ज़ैदी था। चुनाँचे ज़ैदी विला में किसी नौकर का नाम क़दीर नहीं हो सकता था। और चूँकि इस क़दीर को भी समद ख़ाँ के नीचे वे तमाम काम करने थे जो शर्फ़ुआ किया करता था, इसलिए यह तय पाया कि इस नये छोकरे को भी शर्फ़ुआ ही पुकारा जाये। इसलिए वह शर्फ़ुआ पुकारा जाने लगा और उसने यह नया नाम क़ुबूल भी कर लिया।

यह शर्फ़ुआ बड़ा नमकीन था। तब रफ़्फ़न की समझ में यह बात नहीं आ सकी थी कि शर्फ़ुआ नमकीन कैसे हो सकता है। परन्तु अब्दुस्समद ख़ाँ बावर्ची थे, इसलिए मज़े के मुआमले में उनकी बात सनद थी।

गुलाबी जाड़ों की दोपहर थी। वह शहतूत के पेड़ पर चढ़ा यह सोच ही रहा था कि लाल चींटों के घोंसले को कैसे ठीक माली के सिर पर गिराया जाये कि अब्दुस्समद ख़ाँ आ गये। उन्होंने एक ज़ोरदार डकार ली। माली हँसकर बोला, "आज शर्फ़ुआ के ढेर चढ़ा गये हौ का खाँव साहब !"

"अरे नहीं। ओको ढेर ना चढ़ा सकता कोई। ओका नमक अैयसा तेज है कि कभई-कभार चिख के तालू तर हो जाये !"

"तनी कोई दिन हमहूँ को चिखा दयो ओका निमक !"

जो उसी समय चींटों का घोंसला ख़ाँ साहब के सिर पर न टपक गया होता तो शायद उन्होंने माली की ऐसी-तैसी कर दी होती। वह उछलने-कूदने लगे और रफ़्फ़न की हँसी छूट गयी और वह कूदकर भागा···

वह भागा तो सीधा जन्नत के पास गया। वह उस समय बड़ी काबिल दिखायी दे रही थी। और जब वह क़ाबिल दिखायी दिया करती तो रफ़्फ़न को ज़रा अच्छी नहीं लगा करती थी। वह भाई जानू से बहस कर रही थी कि

इकबाल अच्छा शायर हो ही नहीं सकता, क्योंकि अब तक कोई सुन्नी बड़ा शायर हुआ ही नहीं है। भाई जानू उठकर बैठ गये और बोले :

"हज़रत अली सुन्नी थे।"

जन्नत चमक उठी, "ऐ, ख़ुदा न करे। वह क्यों होने लगे सुन्नी।"

"उनके ज़माने में शीआ मज़हब ईजाद ही नहीं हुआ था।"

दोनों लड़ने लगे। रफ़्फ़न को इस बहस में कोई दिलचस्पी नहीं थी, क्योंकि वह तो जन्नत पर अपनी क़ाबलियत की धौंस जमाने आया था। वह जन्नत की कुर्सी के हत्थे पर बैठ गया और क़ाबिल दिखायी देने की कोशिश करने लगा। परन्तु कोई उसका नोटिस ही नहीं ले रहा था। वह कुर्सी से उतरकर क़ालीन पर बैठ गया और जन्नत के नंगे पैरों से खेलने लगा। वह बहस में इतना डूबी हुई थी कि उसने फिर भी उसका नोटिस नहीं लिया। तो उसे बोलना पड़ा। परन्तु घुड़क दिया गया, "तुम चुप रहो जी!"

"अच्छा तो बताइए कि दुनिया में सबसे ज़्यादा नमकीन चीज़ क्या है?"

जन्नत और भाई जानू दोनों ही सोच में पड़ गये।

"यह क्या सवाल हुआ भला?" जन्नत ने अकड़कर कहा।

"तो बता दीजिए।"

"सबसे ज़्यादा नमकीन नमक होता है जनाब!" जन्नत ने बहुत अकड़कर कहा।

"बात तो इसने ठीक कही।" भाई जानू बोले।

"जी नहीं!" उसने कहा, "दुनिया में एक चीज़ नमक से भी ज़्यादा नमकीन है।"

"उड़ाओ मत।" भाई जानू बोले।

"अल्ला-क़सम!"

"वह क्या चीज़ है?" जन्नत ने जलकर पूछा।

"वह चीज़ है शर्फ़ुआ।"

"क्या बकते हो।" भाई जानू ख़फ़ा हो गये।

"ल्यो, अब नमक-मसाले के बारे में भी आप बवरचियन से ज़्यादा जाने लगे।" उसने गर्दन झटककर कहा, "हम खुद अपने कान से सुना है। अब्दुस्समद खाँ दुखिया को बताते रहे। बल्कि ऊ ई हो कहिस कि तनी हम्में चिखा दो। ठीक ओही बख़त हम······"

भाई जानू ने एक थप्पड़ मारा। वह क़ालीन पर लुढ़क गया।

"बत्तमीज़!"

रफ़्फ़न उन्हें घूरता हुआ दरवाज़े की तरफ़ बढ़ा। फिर वहाँ से पलटा और बोला, "ठीक है। हम अभईं ज़ाके दादा से कहते हैं कि आप गुलबहरी को अनाज

की कोठरी में ले जाके ओके पेट में बच्चा डाले हैं।"

भाई जानू सन्नाटे में आ गये। उन्होंने घबराकर जन्नत की तरफ़ देखा। जन्नत बड़ी मेहनत से कानी उँगली के नाखून का एक कोना कुतरने की कोशिश कर रही थी।

"बस।" उसने हाँक लगायी, "निकल गयी सब अकड़फ़ों···"

"यहाँ आओ।"

"ना आयेंगे।"

"शामत न आये।"

"अरे, ढेर टिर-टिर मत कीजिए। हाँ, नहीं तो हम अभईं जाके फुप्फू को ई हो बता देंगे कि कल आप बाजी का चुम्मा लेते रहे।"

जन्नत घबराकर खड़ी हो गयी। उसका डरा हुआ चेहरा देखकर रफ़्फ़न का दिल बहुत दुखा।

"अच्छा जाये दीजिए, हम ई बात ना कहेंगे कोई से।"

वह फिर बाहर चला गया। अन्दर या तो फुप्फू पाँव पर मुक्कियाँ लगवाने लगेंगी या अम्मा जुएँ देखने बैठ जायेंगी या बुआ अपने पोपले मुँह से इतरा-इतराकर कहना शुरू कर देंगी कि हम तो रफ़्फ़न से बियाह करेंगे···

बाहर बाग़ में सन्नाटा था। दुखिया तक का पता नहीं था। सिर्फ़ सौसन फ़व्वारे के हौज़ की कगार पर बैठी अपना मुँह साफ़ कर रही थी।

रफ़्फ़न की तरफ़ देखकर उसने एक अँगड़ाई ली और फिर अपनी हिलती हुई दुम की परछाईं को पकड़ने की कोशिश करने लगी।

वह जाकर सौसन के पास बैठ गया। सौसन उसकी गोद में आ गयी। वह उसका माथा सहलाने लगा। सौसन ने आँखें बन्द कर लीं।

एक गिलहरी की आवाज़ सुनकर सौसन ने एक जस्त लगायी। गिलहरी लॉन पर थी। क़रीव था कि सौसन उसे पकड़ ले कि वह चँबेली के घने झाड़ में घुस गयी। सौसन अपना पेट ज़मीन से मिलाकर बैठ गयी और आहिस्ता-आहिस्ता आगे सरकने लगी। गिलहरी दूसरी तरफ़ से गुलमुहर के पेड़ पर जा पहुँची।

रफ़्फ़न को सौसन की बेवकूफ़ी पर हँसी आ गयी। उसने एक ढेला घुमाकर गिलहरी को मारा। गिलहरी फुदकती हुई और ऊपर चली गयी।

वह हवा के झोंके की तरह देर तक बाग़ीचे में मारा-मारा फिरता रहा। वह पेड़ों से लिपटा। उसने गिरगिटानों को पत्थर मारे। एक गिरगिटान ने उसे बहुत परेशान किया। उसका पीछा करता-करता वह दुखिया की कोठरी तक पहुँच गया। कुछ आवाज़ें आ रही थीं। उसने खिड़की से कान लगा दिये। दुखिया कह रहा था :

"अजगर बिल में गइल कि ना ?"

उसकी जवान बीवी के हँसने की आवाज़ आयी। यह हँसी बड़ी अजीब थी। रफ़्फ़न ने यह हँसी आज तक नहीं सुनी थी।

"अजगर बेकार बाय। ऊ का जाई बिल माँ।"—रुकमनिया की आवाज़।

रफ़्फ़न डर गया। वह सिर पर पाँव रखके भागा। भाई जानू साइकिल पर बैठने ही जा रहे थे। उसे देखकर रुक गये। वह उनके पास ठहर गया। उसका साँस फूल रहा था।

"दुखिया की कोठरी में अजगर निकल आया। दोनों बेचारे फँस गये हैं।"

भाई जानू साइकिल फेंककर अन्दर भागे और पलक झपकते बारह बोर की बन्दूक़ लिये दुखिया की कोठरी की तरफ़ भागे। रफ़्फ़न भी लपका। वह भी देखना चाहता था कि अजगर कितना बड़ा है।

भाई जानू ने धीरे-धीरे खिड़की के पटों को बन्दूक की नाल से खोलना शुरू किया। रफ़्फ़न लँगड़े के एक पेड़ पर खड़ा झाँक रहा था।

रुकमनिया के चिल्लाने की आवाज़ आयी और वह झपाक्-से खाट के नीचे चली गयी। दुखिया हक्का-बक्का खुली खिड़की की तरफ़ देख रहा था। नीचे का धड़ नंगा था। ऊपर के धड़ पर मैली बनियानि थी।

भाई जानू बिजली की तरह मुड़े। वह कुछ झेंपे-झेंपे भी लग रहे थे और कुछ झल्लाये-झल्लाये भी।

रफ़्फ़न डाली से चिपक गया। भाई जानू लम्बे-लम्बे डग भरते चले गये।

रफ़्फ़न धीरे-धीरे पेड़ से उतरा। उसने खिड़की से झाँका। रुकमनिया जल्दी-जल्दी अपनी साड़ी बाँध रही थी। उसने ज़रा आगे बढ़कर दरवाज़े की ज़ंजीर बजायी। दुखिया ने दरवाज़ा खोला। वह रफ़्फ़न को देखकर हमेशा की तरह ख़ुश नहीं हुआ। परन्तु उसने बुरा नहीं माना। कमरे में जाकर वह इधर-उधर देखने लगा।

"का देखत बाड़ी ?"

"काउन बिल में घुसा है ऊ अजगर ? रुकमनिया चीख मारिस तो हम डर गये कि शाइद एको काट लिहिस।"

दुखिया को हँसी आ गयी। उसने रुकमनिया की तरफ़ देखा। बोला, "बता दे मियाँ के कि अजगर काउन बिल माँ घुस्सल रहा।"

रुकमनिया लाल पड़ गयी। फिर दुखिया ने रफ़्फ़न की मियानी को हाथ लगाकर कहा, "एकठो अजगर का बच्चा तो छिप्पल बाय आपकी मियानी में।"

"हट।" उसने माली के हाथ पर हाथ मारा, "कह देंगे दादा से कि तूँ हमारी फुन्नी को अजगर कहता रहा।"

"अरे बाप रे बाप !" दुखिया ने अपना मुँह पीट लिया, "तू तो बड़ी आफत के हो मियाँ···।"

परन्तु उसी दिन से दुखिया उसका ग़ुलाम हो गया। उसके लिए घोंसले से बये के बच्चे चुराने लगा और सबसे बड़ी बात यह है कि उसे खुर्पी चलाना सिखलाने लगा। दुखिया से दोस्ती बढ़ी तो उसे रुकमनिया भी अच्छी लगी। रुकमनिया उसे जन्नत की तरह छोटा समझ के टाल नहीं दिया करती थी। वह उससे ख़ूब-ख़ूब गप्पें लड़ाया करती थी और यह बताया करती थी कि जवान होने के बाद वह क्या-क्या करेगा और इस पर अफ़सोस किया करती थी कि जब वह जवान होगा तो वह बूढ़ी हो चुकी होगी।

कभी-कभी वह किसी बात पर झल्लाकर उसे नोचने-खसोटने लगता तो वह हँसते-हँसते बेहाल हो जाती। उसकी साड़ी सरक जाती और वह उस नंगी जवान औरत पर उछलने-कूदने लगता। एकदम से उसकी हँसी बड़ी अजीब हो जाती और वह रफ़्फ़न को दबोच लेती। एक दिन रफ़्फ़न का साँस घुटने लगा तो उसने उसकी अधखुली छाती में दाँत काट लिया। और उसे ऐसा लगा जैसे उसका मुँह नमक से भर गया हो।

रफ़्फ़न चाहता तो यही था कि यह ख़बर पहले अब्दुस्समद ख़ाँ को सुनाये कि रुकमनिया शर्फ़ुआ से ज़्यादा नमकीन है। परन्तु अब्दुस्समद ख़ाँ बाजार गये हुए थे। नहीं मिले। तो वह अन्दर गया कि यह राज़ जन्नत पर खोले। परन्तु जन्नत अपनी माँ के पास बैठी यह सुन रही थी कि जो उसके पिता मर न गये होते तो उसे यूँ अपने मामू के टुकड़े न तोड़ने पड़ते और अपनी मुमानी की बात न सुननी पड़ती।

"फुफ्फा मियाँ ज़िन्दा रहते तो का बाजी बहरी हुइ गयी होतीं ?" उसने सवाल किया।

"चुप रह माटी मिले।" उसकी अम्माँ ने डाँट पिलायी। परन्तु वह चुप नहीं हुआ। जन्नत से बोला, "भय्या हम तो उनके मरे से आज खुस हुइ गये। बहरी होके तो आप हमरी बात और न सुनतीं।"

अम्माँ मारने के लिए लपकीं। जन्नत ने उसे बाँहों में छिपा लिया। वह छिप भी गया। जन्नत उसे लेकर टल गयी।

जन्नत उसे लेकर अपने पलग पर लेट गयी।

"यह तुम इधर दस-बारह दिन से ग़ायब कहाँ रहते हो ? मुलाक़ात ही नहीं होती !"

"हम रुकमनिया के पास रहित हैं। अल्ला-क़सम बाजी, ऊ तो शर्फ़ुआ से भी ढेर नमकीन है।"

"फिर वही बेहूदा बात शुरू कर दी !"

"आपसे तो कुछ कहना मुश्किल हो गया है। हम खुद चिक्खा है आज रुकमनिया को।" करवट लेकर उसने अपनी एक टाँग जन्नत के पेट पर रख दी।

"और उस दिन भाई जानू मेरा चुम्मा नहीं ले रहे थे। मेरी आँख से एक तिनका निकाल रहे थे।"

"हम अन्धे ना हैं।" वह बोला, "हम खुद देखा रहा अपनी आँख से। हम चुम्मा लेवे को चाहते हैं तो आप ना लेवे देतीं। ले लैं?"

वह कुछ नहीं बोली और छत की तरफ़ देखने लगी। रफ़्फ़न ने उचककर उसका गाल चूम लिया, "आपो बड़ी नमकीन हैं।"

उसी रात को उसने अब्दुस्समद ख़ाँ को यह बात बता दी कि रुकमनिया और जन्नत दोनों ही शर्फ़ुआ से ज़्यादा नमकीन हैं।

शर्फ़ुआ हँसने लगा।

"अरे मियाँ, तूँ अभई हम्में चिक्खे कहाँ हो?"

"चिक्खे से का होता है?"

"तोरे चिक्खे से तो कुछ ना हो सकता। खाँव साहब के चिक्खे से दरद होता है।"

"चुप बेसरम, हरामी!" अब्दुस्समद ख़ाँ ने शर्फ़ुआ को डाँटा।

"रुकमनिया को चिक्खे बिना हम ना मान सकते मियाँ।"

"हाँ-हाँ, जा, चिख आ!"

शर्फ़ुआ चला गया।

दूसरे दिन जब वह स्कूल से आने के बाद रुकमनिया के पास गया तो उसे शर्फ़ुआ की बात याद आयी।

"शर्फ़ुआ तोको चिक्खिस कि ना?"

"अरे ऊ मरकिनौना का चिखये मीआँ। हमहीं चिख लेहलीं ओके!"

कोई एक महीने के बाद रुकमनिया और शर्फ़ुआ दोनों ग़ायब हो गये। दुखिया का ख़याल था कि रुकमनिया को शर्फ़ुआ भगा ले गया। अब्दुस्समद ख़ाँ का ख़याल था कि शर्फ़ुआ को रुकमनिया भगा ले गयी है। बात जो भी हो, परन्तु रुकमनिया और शर्फ़ुआ के चले जाने से दुखिया, अब्दुस्समद ख़ाँ और रफ़्फ़न की ज़िन्दगियाँ वीरान हो गयीं। दुखिया और अब्दुस्समद की ज़िन्दगियों की वीरानी फिर हल्की थी। उन दोनों के पास काम थे। परन्तु रफ़्फ़न तो बिलकुल अकेला हो गया था। जन्नत कुछ दिनों के लिए अपने दधियाल चली गयी थी किसी चचाज़ाद बहन की शादी में। सौसन एक जंगली बिल्ले के साथ दौड़पट्टा मारने और ग़ुर्राने में लगी हुई थी। भाई जानू के पास उसके लिए समय होता ही नहीं था। कर्नल साहब शिकार पर गये हुए थे—जैदी विला का भूत अकेला कटी पतंग की तरह मँडलाया करता था, और अपने बड़े होने के ख़्वाब देखा करता था···

दर्द की पहली लकीर

यह बात तो रफ़्फ़न को काफ़ी दिनों के बाद मालूम हुई कि शादी का तो सिर्फ़ बहाना था। फुफ्फू अम्माँ से रूठकर चली गयी थीं।

अब्बा का ख़याल था कि वह सो गया है जबकि वह जाग रहा था और यह सोच रहा था कि जानेआलम[1] की तरह कोई परी उसे क्यों नहीं उठा ले जाती ? वह यह सोच रहा था कि भैया वहतो महरुख़[2] परी से शादी कर लेगा और अपना मज़े में परिस्तान में रहा करेगा। इस लम्बे-चौड़े घर में रहने से फ़ायदा क्या जब-कि न जन्नत बाजी हैं और न रुकमनिया ! दादा को अपनी मूँछों से फ़ुरसत नहीं मिलती और अम्माँ को अचार डालने और हलवा पकाने के सिवा कोई और काम ही नहीं है। रहे अब्बा, तो वह अदालत फ़ौजदारी की नाक थे। हालाँकि उसकी समझ में यह नहीं आता था कि इतने लम्बे-चौड़े अब्बा अदालत जाकर उसकी नाक क्यों बन जाते हैं। उसका बड़ा जी चाहता था कि वह किसी दिन कचहरी जाकर देखे कि अब्बा आख़िर नाक बनकर कैसे लगते हैं। और जिस दिन अब्बा कचहरी नहीं जाते उस दिन अदालत फ़ौजदारी क्या करती है।

जब भी उसे इस नकटी कचहरी का ख़याल आता उसे जानकी बुआ याद आ जातीं। यह जानकी बुआ पपड़ी का हलवा बेचा करती थीं और बाक़ी वक़्त में रोज़े-नमाज़ की बातें किया करती थीं। बड़ी पक्की मुसलमान थीं। उन्हें यह मालूम था कि अल्लाह एक है और एक दिन क़यामत का होगा। वह अकसर उन्हें छेड़ा करता था। कहता :

"क़यामत का दिन कहाँ से आ गया बीच में। इतवार, सुम्मार, मंगल ···" वह उँगलियों पर हफ़्ते के सारे दिन गिना जाता···

जानकी बुआ अपना मुँह पीट लेतीं :

"अरे ना बेटा, ई ना कहे को।"

"काहे नहीं कहे को।"

"अब ए पूता, तूहें कोई कैयसे समझाये···"

यह जानकी बुआ उसकी पैदाइश के बहुत दिनों पहले से बूढ़ी थीं। वैसे सूरत अच्छी थी। बस नाक बिलकुल बैठी हुई थी। कभी-कभी उसका बड़ा जी चाहता कि जानकी बुआ की बैठी हुई नाक को कान पकड़कर खड़ा कर दे। मगर अव्वल तो उसे उनकी नाक के कान दिखायी न दिये और दूसरे यह कि उसकी हिम्मत भी

---

1. दयाशंकर नसीम की मनसवी का नायक।
2. उसी मनसवी की एक पात्र।

न पड़ी। क्योंकि जानकी बुआ जब घर में आतीं, हाथोंहाथ ली जातीं। वह ज़बानी समाचार-पत्र थीं। सवेरे समाचार-पत्र की तरह निकलतीं, शाम को पुरानी होकर और फटफटाकर घर जातीं।

छोटे शहरों में ऐसी औरतों की समाज में एक ख़ास जगह है। मर्द तो मसजिद और अदालत-कचहरी से लेकर रंडियों के कोठे तक हज़ार जगह जाते हैं। पर औरतें तो जो बहुत निकलें तो सड़क पार करके पड़ोस के घर में चली जायें। यह उन दिनों की बात है जब औरतें पढ़ी-लिखी भी नहीं हुआ करती थीं। बहुत लिख-पढ़ लिया तो इसका मतलब यह हुआ कि पति को एक घरेलू लिपि में ख़त लिखने के योग्य हो गयीं।[1]

अब अगर जानकी बुआ भी न हों तो ज़िन्दगी कैसे गुज़रे···इसीलिए इन जानकी बुआ की बड़ी आवभगत हुआ करती थी।

उन्हें देखते ही बेगम ज़ैदी लहककर कहतीं, "आओ जानकी बुआ, आओ। कैसी हो···"

"ऐ का बतायें दुलहिन।" जानकी पलँग के पास अपनी छोटी-सी डलिया रखकर बैठ जातीं। "मव्वत[2] ना आती। बस यही दुआ है कि पाक परवरदिगार साथ इज़्ज़त-आबरू के अपने पास बुला ले।"

"हुआ क्या ?"

"अरे उहे सेखानी बीबी। सलीमवा से ओखली में मूसल कुटवा रहीं—खुदा करवट-करवट जन्नत नसीब करे सेख साहब को। खुदा झूट न बुलवाये तो साह-मदार के चाँद में सकूर के अब्बा को मरे पूरमपूर तीस बरस हो जय्यहे। बाकी कोई कह तो दे एक बार कि हम जानकी को एहर-ओहर देखा है···"

रफ़्फ़न को यह बातें सुनने में बड़ा मज़ा आया करता था···मगर ग़ज़ब तो एक दिन हुआ जब शेख़ानी बी घर आयीं।

बेगम ज़ैदी भी सँभलके बैठ गयीं क्योंकि शेख़ानी बी से बराबर की बात थी।

बड़ी गम्भीर बातें हो रही थीं। शेख़ानी बी का कहना था कि क्रीम में चन्दन का बुरादा नहीं पड़ता और बेगम ज़ैदी का कहना था कि उन्हें यह राज़ की बात अब्दुस्समद ख़ाँ ने बतायी थी···बात यहाँ से घूमी तो ओखली-मूसल पर चली गयी और रफ़्फ़न को जानकी की बात याद आ गयी। वह उठ बैठा और बोला :

"बड़की अम्माँ। आप सलीमवा से ओखली में मूसल क्यों कुटवाती रहती हैं ?"

---

1. मेरी अम्माँ, अब्बा को इसतेलाही लिपि में ख़त लिखा करती थीं। यह लिपि अजीब थी—उर्दू-सी लगती थी, पर उर्दू थी नहीं।—राही
2. मौत

दालान में सन्नाटा हो गया। वह समझ गया कि कोई गड़बड़ हो गयी है। निकल भागा।

वही पुरानी सड़क दूर तक फैली हुई थी। उसने पलटकर देखा। उसका पीछा नहीं किया जा रहा था।

पर सड़क सुनसान थी। पीछे बाग़ीचा भी सुनसान था। दोपहर सड़क पर पड़ी मेल्ह रही थी और पेड़ों पर धूप की ओढ़नी सुखला रही थी···

रफ़्फ़न को सन्नाटी सड़क एक आँख नहीं भाती थी। यानी कोई कुछ कर ही नहीं सकता···कोई कुत्ता भी नहीं था जिसे कोई ढेला मार दे···सामनेवाले खपरैल पर बैठी हुई चील पल-भर तो उसे देखती रही, फिर कुन्दे तोलकर उड़ गयी और वह दोपहर के साथ बिलकुल ही अकेला रह गया।

दूर से बाबू चन्द्रिकाप्रसाद को आते देखकर उसकी जान में जान आयी।

चन्द्रिकाप्रसाद उसे स्कूल में पढ़ाते थे। बड़े मज़े के आदमी थे। मोटा थल-थला बदन। घुटनों के नीचे पहुँची हुई ख़ाकी निकर। मोटे चारख़ाने की क़मीज़। कत्थई टेनिस शू। आँखों पर एक कमानी का चश्मा। बग़ल में छतरी। हाथ में झोला।

बाबू साहब यह झोला लेकर स्कूल आया करते थे। तब यह तह हुआ होता था। वापसी में वह घर के लिए सब्ज़ी-तरकारी लेते हुए जाया करते थे।

शुरू में दस-बारह दिन वह लड़कों को अपने रोब में रक्खा करते थे, बाक़ी सारा साल लड़कों के रोब में रहा करते थे। क्योंकि लड़कों का नाम याद होते ही वह उनसे क़र्ज़ लेना शुरू कर दिया करते थे। चूँकि वह हर लड़के के बाप-दादा को जानते थे, इसलिए उतना ही क़र्ज़ लिया करते थे जितना वह आसानी से दे सकें।

रफ़्फ़न से उन्होंने बीस रुपये माँगे। चूँकि रोब की मुद्दत अभी तक पूरी तरह ख़त्म नहीं हुई थी, इसलिए रफ़्फ़न यह न कह सका कि बीस रुपये वह कहाँ से लाये। न देता तो हेठी भी होती। तो उसने चोरी की।

वह बहराम चोर, सुलताना डाकू और इस तरह की बेशुमार कहानियाँ सुन चुका था। पर ये सब लाखों का वारा-न्यारा करनेवाले लोग थे। बीस रुपये की चोरी में क्या मदद करते! तो उसने जी कड़ा करके अम्माँ की पैसोंवाली सन्दूक़ची से बीस रुपये मार लिये···

दूसरे दिन रुपये तो उसने बाबू चन्द्रिकाप्रसाद को दे दिये, लेकिन जब घर आया तो उसके आने से पहले से घर में क़यामत आयी हुई थी। जानकी बुआवाली क़यामत नहीं। उससे बहुत बड़ी और बहुत ज़्यादा भयानक क़यामत।

बेग़म जैदी ने ज़मीन को आसमान पर उठा रक्खा था। सवाल बीस रुपयों का नहीं था, सवाल चोरी का था।

हर आदमी इन्कार कर रहा था।

"रफ़्फ़न से भी पूछ लो।" ज़ैदी साहब ने कहा।

"रफ़्फ़न से क्या पूछ लूँ। ऊ बेचारा क्या करेगा बीस रुपिया।"

"तो फिर तुम्हीं ख़र्च करके भूल गयी होंगी।"

बेगम ज़ैदी यह तो मान ही नहीं सकती थीं। वह और भूल जायें! नामुमकिन!

कर्नल साहब की ख़ूँख़ार आवाज़ सुनते ही बेगम ज़ैदी एकदम सटपटा गयीं।

बेगम ज़ैदी दिल-ही-दिल में कर्नल साहब से बहुत डरा करती थीं। यह डर इसलिए नहीं था कि कर्नल साहब मिज़ाज के बुरे आदमी थे या बहू से सख़्ती करते थे। वह कुछ पैदायशी डरपोक थीं।

"क्या बात है?" कर्नल साहब ने आँगन या दालान के सब्ज़ खम्बों से पूछा।

ज़ैदी साहब ने बेगम ज़ैदी की तरफ़ देखा। जैसे वह कह रहे हों—बता दो। और बेगम ज़ैदी ने आँखों-आँखों में ख़ुशामद की—अल्ला तुम्हें जीता रक्खे। बता दो।...जब कोई न बोला तो रफ़्फ़न ने कहा:

"अम्माँ के बीस रुपये चोरी हो गये हैं..."

"तो इतना शोर करने की क्या ज़रूरत है?"

रफ़्फ़न को इस सवाल का जवाब नहीं मालूम था, इसलिए वह उस कव्वे की तरफ़ देखने लगा जो पपीते के पेड़ पर बैठा शायद सोच रहा था कि जानकी बुआ की डलिया में पपड़ी-हलवा कैसे उड़ाया जाये।

"मेरी राय तो ई है मियाँ कि नाम निकलवा लिया जाये। जो आज बीस रुपिया निकालिस है ऊ कल बीस हज़ार भी निकाल सकता है..."

रफ़्फ़न की समझ में यह बात बहुत दिनों तक नहीं आयी कि यह नकटी जानकी बुआ कर्नल साहब से यूँ बात कैसे कर लेती हैं कि जैसे टैप खोल दो तो पानी बहने लगता है।

कर्नल साहब अपनी जवानी के दिनों में जानकी बुआ पर आठ-दस दिनों के लिए आशिक़ हो चुके थे और उसी इश्क़ के नतीजे में जानकी की शादी बहुत जल्दी में करनी पड़ी थी—यह उन दिनों की बात है जब 'ज़ैदी विला' नहीं बना था और न ही सैयद अली मुर्तज़ा, कर्नल ज़ैदी बने थे। तब वह अपने पिता के साथ 'तिकोनिया कोठी' में रहा करते थे। कर्नल ज़ैदी के इस इश्क़ या 'तिकोनिया कोठी' का रफ़्फ़न से कोई तअल्लुक नहीं है। बात-में-बात निकल आयी इसलिए कह दी गयी। जो कर्नल ज़ैदी जानकी बुआ पर आशिक़ न हुए होते तब भी रफ़्फ़न की कहानी जूँ-की-तूँ रहती। यानी वह बाबू चन्द्रिकाप्रसाद के लिए यूँ ही रुपये चुराता। और घर में यूँ ही हंगामा होता...

कर्नल साहब तो फिर फ़ौरन ही बाहर चले गये। मगर जानकी बुआ बोलती

रहीं। यहाँ तक कि उम्मन बी यानी बेगम ज़ैदी को नाम निकलवानेवाली बात पर हुँकारी भरनी पड़ी।

यह बात रफ़्फ़न के लिए परेशानी की थी। ज़ाहिर है कि वह यह तो कह नहीं सकता था कि नाम न निकलवाया जाये, क्योंकि इस सूरत में उसकी चोरी पकड़ जाती। पर वह यह हरगिज़ नहीं चाहता था कि नाम निकलवाया जाये।

वह सण्ट खैंचे पड़ा रहा। जी लगाकर रात का खाना भी न खा सका। खाना खाने के बाद उम्मन बी के दरबार में भी नहीं बैठा। चुपचाप जाकर अपने पलँग पर लेट गया।

गर्मी सड़कर महकने लगी थी। अपने खटोले पर लेटी हुई मत्तो बुआ इक्कीस 'पूरों' के नाम याद करने की कोशिश कर रही थीं। यह हवा चलाने का एक टोटका है। उनकी बेरस आवाज़ रफ़्फ़न तक बराबर आ रही थी।

"रज्देपूर, शुजावलपूर, ऐ भैया पीरपूर, मुहम्मदपूर, और भैया अल्ला माफ़ करे रयोतीपूर। और का नाम है ऊ बोहार गये गाँव का ? हाँ ! समस्तीपूर। ए रफ़्फ़न, बोलो बेटा।"

"मीरपूर। ख़ालिसपूर, कानपूर···" रफ़्फ़न 'पूर' गिनवाने लगा।

"ससुर के डर के मारे ज़ंगीपूर का नाम ना लिया जा रहा तूँ से।" बेगम ज़ैदी ने टुकड़ा लगाया।

यह ज़ंगीपूर मत्तो की कमज़ोरी था। मत्तो के पति छेदी ख़ाँ ज़ंगीपूर के एक ग़रीब जुलाहे थे। लड़ाई के दिनों में माल कमाकर रईस हो गये तो उनके बाप को ख़्याल आया कि छेदी ख़ाँ उर्फ़ शेख़ सिकन्दर अली अन्सारी की पत्नी बेमेल है तो वह बेटे के लिए शेख़ मुफ़ीदुल्लाह अन्सारी रिटायर्ड नायब तहसीलदार की इकलौती बेटी रफ़अतजहाँ को ब्याह लाये। और मत्तो ज़ैदी विला आ गयीं···इसीलिए जब गर्मी ज़्यादा होती और वह इक्कीस 'पूरों' के नाम लेने का टोटका शुरू करतीं तो ज़ंगीपूर का नाम कभी न लेतीं और उम्मन बी उसे हमेशा छेड़तीं और वह ज़ंगीपूर को गालियाँ देने लगतीं···

"बोहार जाये ऊ गाँव और ओ में रहे वाले···"

रफ़्फ़न बिचारा अपनी मुसीबत में था नहीं तो वह मत्तो को दो-चार कोसने ज़रूर याद दिलवाता।

वह तो यह सोच रहा था कि कल बीचवाले कमरे के पर्दे गिराकर अँधेरा किया जायेगा। अगरबत्ती सुलगायी जायेगी और भाई जानू रूहों को बुलाना शुरू करेंगे···

पर कहते हैं कि नींद तो फाँसी के तख़्ते पर भी आ जाती है। रफ़्फ़न तो फिर अपने पलँग पर था और सर के नीचे सेंमल की रूई का नर्म तकिया था।

पर रात-भर वह अजीब-अजीब ख़्वाब देखता रहा। तरह-तरह की रूहें भाँति-

भाँति के कपड़े पहने उसके पलँग पर मँडराती रहीं···उसे पता नहीं कि अपने पलँग से उठकर वह कब अम्माँ के पलँग पर चला गया।

नाश्ते के वक्त जैदी साहब, कर्नल साहब और भाई जानू में पाकिस्तान पर बहस होने लगी। बात इतनी बढ़ी कि कर्नल साहब धाड़ने लगे। भाई जानू चुप हो गये और रोग़नी टिकियों से ख़ोगीना खाने लगे···

रफ़्फ़न दिल-ही-दिल में खुश हो रहा था कि अब भाई जानू रूहें बुलवाना भूल जायेंगे। पर वह कहाँ भूलनेवाले थे। कर्नल साहब के जाते ही वह बोले, "चलिए अम्माँ, चोरी का क़िस्सा भी तय कर लिया जाये।"

अम्माँ झट-से तैयार हो गयीं। बज्जो लपझप अगरबत्ती निकाल लायीं। बीच-वाले कमरे के पर्दे गिरा दिये गये। बड़े दादा साहब की तस्वीर का फ्रेम उतार-कर तख़्त के चौके पर बीच में रख दिया गया। भाई जानू ने अलिफ़, बे, जीम की अलग-अलग पर्चियाँ बनाकर तस्वीर के शीशे पर क़तार से लगा दीं। शीशे का एक गिलास बीच शीशे पर रख दिया गया। बज्जो ने अगरबत्तियाँ सुलगा दीं। भाई जानू ने गिलास को शीशे पर उलटकर रख दिया। और फिर सबकी तरफ़ देख चुकने के बाद आस्तीनें चढ़ाकर बोले :

"चलो भई, शुरू करते हैं।"

उन्होंने एक उँगली गिलास के ऊपर रख दी। बज्जो ने भी ऐसा ही किया।

"अमें रफ़्फ़न···" भाई जानू ने रफ़्फ़न की तरफ़ देखा। रफ़्फ़न ने जान पर खेलकर एक उँगली गिलास पर रख दी। मत्तो बुआ हाथ का पंखा झलती क़रीब सरक आयीं।

भाई जानू आँखें बन्द करके कुछ पढ़ने लगे। तब तो ऐसा ही लगता था कि जैसे वह कलामे-मजीद पढ़ रहे हैं। यह तो रफ़्फ़न को बहुत दिनों के बाद पता चला कि वह इन मौक़ो पर ख़ैयाम की एक रुबाई पढ़ा करते थे!

भाई जानू की आवाज़ में बड़ा जादू था। सारा कमरा दम साधे उनकी आवाज के सामने सर झुकाये खड़ा था।

रफ़्फ़न का दिल उलझकर हलक़ में आ गया। गिलास चल रहा था।

"अपना नाम बताइए।" भाई जानू ने कहा। बज्जो काग़ज़-क़लम सँभालकर बैठ गयीं। गिलास पहले 'चे' पर रुका। फिर 'दोचश्मी हे' पर। फिर 'दाल' पर और फिर 'छोटी ये' पर।

"छेदी।" बज्जो ने पढ़ा।

"क्या आप मत्तो बुआ के मियाँ हैं?" भाई जानू ने सवाल किया।

"ल्यो। बोहार गये को उहाँ जाके लिक्खे-पढ़े भी आ गया।" मत्तो बुआ यह कहकर और पास सरक आयीं।

"तनी इहो पूछ लयो बेटा कि जहन्नुम के कौथे दर्जे में जल रहें अन्सारी

साहब।"

"ए सम्मू। तनी बड़े दादाजान को बुलाओ। मरसिया सुना जायें।"

"नहीं अम्माँ। ए भाई जानू।"

"चुप। देखो, छेदी मियाँ कुछ कहना चाह रहे हैं।" भाई जानू ने बज्जो की बात काट दी। गिलास फिर चल रहा था। बज्जो सँदेसा लिखने लगीं :

"मत्तो की याद बहुत आती है। मत्तो जल्दी से आ जाओ···"

मत्तो गालियाँ बकने लगीं। "नौज—मैं काहे को जाये लग्यूँ निखौंदे के पास। बेसरम है सदा का। न लेहाज, न तमीज। बच्चन के सामने इ सब बोलते सरम भी नहीं आती···"

पर यह बात मत्तो के दिल को लग गयी। वह उसी दिन बीमार पड़ीं। बुख़ार आया। तीसरे दिन मर गयीं। मत्तो के मरने के बाद घर में चोरियाँ तो बहुत हुईं पर भाई जानू ने फिर रूहें कभी नहीं बुलायीं।

पर मत्तो के मर जाने से रफ़्फ़न की जान बच गयी क्योंकि उसकी मौत के चक्कर में अम्माँ बीस रुपये की उस चोरी को बिलकुल भूल गयीं।

घर में एक अब्दुस्समद ख़ाँ ही सुन्नी थे। मत्तो के दफ़न-कफ़न की देखभाल उन्हीं के सुपुर्द की गयी।

लोग जब मत्तो को बड़े इमासबाड़े के क़ब्रिस्तान में दफ़्न करके लौटे तो फूफी अम्माँ आराम से लेटी पान खा रही थीं और जन्नत लेटी 'इसमत'* पढ़ रही थी।

रफ़्फ़न दौड़कर जन्नत से लिपट गया।

इतने दिनों की जुदाई का दर्द उसकी आँखों में चमकने लगा। उसे लगा कि जन्नत के बग़ैर ज़िन्दगी बिलकुल फ़ुज़ूल और अर्थहीन थी। वह वहीं जन्नत के साथ लेट गया। जन्नत ने उसकी तरफ़ करवट लेकर उसका मुँह चूम लिया।

वह मुस्कुरा दिया।

"आपके जाने के बाद एक दिन बड़ा मज़ा आया···" वह शुरू हो गया।

बेगम ज़ैदी या ज़ैदी साहब ने यह बात ही नहीं निकलने दी कि रब्बन बी बिगड़ के चली गयी थीं और अब बे-मनाये लौट आयी हैं। बातचीत यूँ हो रही थी जैसे रब्बन बी रूठ के चली ही न गयी रही हों।

अब्दुस्समद ख़ाँ ने झटपट खड़े मसाले का गोश्त बना डाला क्योंकि रब्बन बी को खड़े मसाले का गोश्त बड़ा अच्छा लगता था।

ज़ैदी विला में कोई यह नहीं चाहता था कि रब्बन बी यह महसूस भी करें कि वह बिन बुलाये आ गयी हैं। पर रब्बन बी ख़ुद तो जानती थीं कि वह बिन बुलाये आ गयी हैं। इसलिए हर वक़्त कनौतियाँ उठाये टोह में लगी रहतीं कि किसकी

* दिल्ली से एक मासिक पत्रिका निकला करती थी।

बात से यह मतलब निकाला जाये कि वह उनके यूँ चले आने पर ताना मार रहा है।

अस्ल क़िस्सा यह था कि अली सामिन से मायूस होने के बाद उन्होंने बहुत ठोंक-बजा के एक जगह जन्नत की बात ठहरा ली थी !

लड़का, माशाअल्लाह से, पी. डब्लू. डी. में इंजीनियर था। घर में हुन बरस रहा था। उम्र ज़रा ज़्यादा थी, तो उम्र से क्या होता है। लड़के की उम्र नहीं देखी जाती। कमाई देखी जाती है।

प्रश्न था शादी के ख़र्च-वर्च का और दरअस्ल रब्बन बी इसीलिए ज़ैदी विला लौट आयी थीं। यहाँ से शादी होगी तो ज़ैदी साहब झक मार के ख़र्चा उठायेंगे।

एक दिन रब्बन बी ने बड़ी तरकीब से जन्नत की शादी की बात निकाली··· बेगम ज़ैदी यह कहने पर मजबूर हो गयीं कि अब माशाअल्लाह से जन्नत बड़ी हो गयी है।

"वह तो दो बरस पहले बड़ी हो गयी थी माशाअल्लाह से। पर राँड माँ अपनी आँख में धूल झोंकती रहती है। बेटी ब्याहना कोई खिलवाड़ तो है नहीं। मरनेवाले मर गये। ख़ुदा जन्नत नसीब करे। पर छोड़ क्या गये। कोतका···!"

"ख़र्च की क्यों फ़िकर करती हैं बाजी ! ख़ुदा आपके भाई को ज़िन्दा रक्खे। कोई लड़का है ध्यान में ?"

रब्बन बी से पहले रफ़्फ़न बोल पड़ा, "हम बाजी से ब्याह करेंगे।"

जन्नत ने पेट में कुहनी मारी। "बत्तमीज़ कहीं का !" रफ़्फ़न पूछने ही वाला था कि इसमें बदतमीज़ी की क्या बात है। पर बीच में भाई जानू आ गये—टेनिस का रैकिट घुमाते।

बेगम ज़ैदी मुँह फेर के मुसकुरा दीं। रब्बन बी को मौक़ा मिल गया। बोलीं, "जिनको बोलना चाहिए वो तो मुँह में घोंघा डाले बैठे हैं···"

यह बात उसे रात को मालूम हुई कि रब्बन बी का इशारा भाई जानू की तरफ़ था। बेगम ज़ैदी ज़ैदी साहब से शिकायत कर रही थीं।

रफ़्फ़न की नींद उड़ गयी। वह रात-भर घोंघों के बारे में सोचता रहा। और जब गयी रात को उसकी आँख लग गयी तो वह सवेरे तक घोंघों के ख्वाब देखता रहा।

भाँति-भाँति के घोंघे। छोटे घोंघे और बड़े घोंघे। मोलवी तक़ी जैसे घोंघे और मिसेज़ नार्थ जैसे घोंघे। अब्दुस्समद ख़ाँ जैसे घोंघे और शर्फ़ुआ जैसे घोंघे। गुलबहरी जैसे घोंघे और जन्नत जैसे घोंघे। कोई घोंघा बाबू चन्द्रिकाप्रसाद की तरह पैसे उधार माँगता। कोई कर्नल ज़ैदी की तरह सिगार पीता। कोई मिस्टर नार्थ की तरह वायलन बजाता···ये सारे घोंघे उसके मुँह से निकल रहे थे और वह मुँह खोले बैठा था। फिर सारे घोंघे इकट्ठा करके वह रब्बन बी के पास गया

और बोला, "ए फ़ुफ़्फ़ू। ये लीजिए, मैंने मुँह से सारे घोंघे निकाल डाले। अब जन्नत बाजी से मेरा ब्याह कर दीजिए···"

सवेरे जब उसकी आँखें खुलीं तो उसकी आत्मा घोंघों के बोझ से बोझल हो रही थी। नाश्ते की मेज़ पर भी वह भाई जानू ही की तरफ़ देखता रहा। उनके मुँह में कोई घोंघा दिखायी तो दे नहीं रहा था। मज़े में पोच किया हुआ अण्डा खा रहे थे।

"भाई जानू !"

सामिन ने उसकी तरफ़ देखा।

"फ़ुफ़्फ़ू कह रही थीं कि आपके मुँह में घोंघा है ! और इसीलिए आप जन्नत बाजी से शादी नहीं कर रहे हैं।"

जन्नत जल्दी-जल्दी नाश्ता करने लगी। बेगम ज़ैदी को ठीक उसी वक्त नौकरानी की कोई ग़लती याद आ गयी और वह उसे डाँटने लगीं। फ़ुफ़्फ़ू ने अलबत्ता एक ज़ोर का ठण्डा साँस लिया···

"नहीं कह रही थीं आप ?" रफ़्फ़न ने फ़ुफ़्फ़ू से पूछा।

भाई जानू उस वक़्त नैपकिन से अपनी उँगलियाँ साफ़ करने में लगे हुए थे। कुरसी पीछे सरकाकर खड़े हो गये।

"आप लोगों ने इसे बहुत सर चढ़ा लिया है।" उन्होंने मेज की जूठी प्लेटों से कहा।

जूठी प्लेटों ने कोई जवाब नहीं दिया।

भाई जानू चले गये।

कई दिनों तक वह बाबू चन्द्रिकाप्रसाद को भी परेशान न कर सका। वह यही सोचता रहा कि भाई जानू मेज़ से उठ क्यों गये। उसने अब्दुस्समद ख़ाँ से पूछना चाहा। पर वह हँसकर टाल गये। माली की समझ में सवाल ही नहीं आया। फ़ुफ़्फ़ू यह सवाल सुनकर जल्दी-जल्दी पान खाने लगीं। बेगम ज़ैदी ने उसे झिड़क दिया। भाई जानू हाथ ही नहीं आये। अब ले-दे के बची एक जन्नत, जिसने उस दिन के बाद से अपने-आपको लगभग अपने कमरे में बन्द कर लिया था। खाने-पीने के लिए बाहर आती और फिर बन्द।

रफ़्फ़न को इसका यक़ीन हो गया कि उस दिन नाश्ते की मेज़ पर उससे ज़रूर कोई भूल हुई है।

एक रात चुपके से वह जन्नत के कमरे की तरफ़ चला। सारा घर सो रहा था। मत्तो बुआ का कोना खाली था। बेगम ज़ैदी नींद में मच्छरों को कोस रही थी। फ़ुफ़्फ़ू खर्राटे ले रही थीं।

जन्नत के कमरे का दरवाज़ा भिड़ा हुआ था। उसने एक कुर्सी पर चढ़कर दरवाज़े के शीशे से अन्दर झाँका।

जन्नत सिर झुकाये रो रही थी। भाई जानू चोरों की तरह पास खड़े सिगरेट पी रहे थे।

फिर भाई जानू सिगरेट को जूते से रौंदकर जन्नत पर झुके। जन्नत और दुबक गयी। भाई जानू ने उसका मुँह ऊपर उठाया। और फिर उन्होंने अपना मुँह उसके मुँह पर रख दिया। फिर उन्होंने जन्नत को लिटा दिया और खुद उस पर लेट गये। जन्नत ने अपने दोनों हाथों से भाई जानू के बाल जकड़ लिये···

रफ़्फ़न थोड़ी देर तक सोचता रहा कि उसे क्या करना चाहिए। वह किसी से राय-मशविरा भी नहीं कर सकता था। अब्दुस्समद ख़ाँ सो चुके होंगे। माली भी भला काहे को जाग रहा होगा।···तो रफ़्फ़न ने बेगम ज़ैदी को जगाने का फ़ैसला किया।

"का भया ?" बेगम ज़ैदी घबरा के जाग उठीं।

"भाई जानू जन्नत बाजी के पेट में लड़का डाल रहे हैं।"

बेगम ज़ैदी बिलकुल जाग पड़ीं।

तीन-चार दिन तक ज़ैदी विला में ग़ज़ब का सन्नाटा रहा। कोई ज़ोर से बोला ही नहीं। फुफ्फू जा-नमाज़ बिछाये अल्लाह मियाँ से खुसुर-पुसुर करती रहीं। ज़ैदी साहब और बेगम ज़ैदी में कानाफूसी होती रही। भाई जानू ने अन्दर आना ही छोड़ दिया। जन्नत अपने कमरे में बिलकुल ही बन्द हो गयी—

एक दिन हमीदुन नायन आयी और उबटन पीसने लगी। फिर रशीद बो, सुलतान बो, घसीट बो और अली हुसैन बो···यानी मिरासिनों का पूरा ग़ोल ढोलक लेकर आ गया और ज़ैदी विला का जानलेवा सन्नाटा एकदम टूट गया।

देर हो गयी है नौशा के आने में
बाजा बजा, शामियाने में

ढोलक पर थाप पड़ी। गाने शुरू हो गये। छन्नूलाल आ गये। गहने ख़रीदे जाने लगे। मुंशी बज़ाज़ के यहाँ से थान-पर-थान आने लगे। गोटा, कनारी, लचके पट्ठे, चुटकी, गोखरू का काम शुरू हुआ। मेंहदी पीसी जाने लगी।

फुफ्फू ने बेगम ज़ैदी की नज़र बचाकर घसीट बो को दो रुपये का नोट थमाकर बेगम ज़ैदी की तरफ़ इशारा किया।

ढोलक की चाल फ़ौरन बदल गयी :

बोले तेरी मैना चने के खेत में !
लागे चने के खेत में आलू,
लागे चने के खेत में आलू,
अरे उम्मन बीबी को ले गया भालू, चने के खेत में।

बेगम ज़ैदी हँसते-हँसते लोट-पोट हो गयीं। उन्होंने घसीट बो को पाँच का पत्ता टिकाया।

गाना वही रहा। नाम बदल गया—

बोले तेरी मैना चने के खेत में।
लागे चने के खेत में आलू,
लागे चने के खेत में आलू,
रब्बन बीबी को ले गया भालू, चने के खेत में।
घोड़ा पाले वो तो हाथी पाले
घोड़ा पाले वो तो हाथी पाले
अरे बहिना है तोरी छिनाल, चने के खेत में।

तमाम शरीफ़ज़ादियाँ हँस रहीं थीं। तमाम पर्दानशीन औरतें खुश थीं। बाहर मर्दाने में बैठे हुए शरीफ़ लोग खुश थे और मिरासिनों को पैसे भिजवा रहे थे।

सारे शहर के गुण्डे लगे हैं
सारे शहर के गुण्डे लगे हैं
तोरी बहना पे चल गया चाकू, चने के खेत में।

…रफ़्फ़न के लिए यह बड़ा मज़ेदार अनुभव था। वह भी गाने लगा :

उम्मन बीबी को ले गया भालू, चने के खेत में।

मिरासिनें तड़ातड़ उसकी बलाएँ लेने लगीं। बेगम जैदी मुँह फेरकर हँसने लगीं। रब्बन बी ने उसे लिपटा लिया।

पर ईमान की बात यह है कि रफ़्फ़न बहुत खुश भी था और थोड़ा-सा उदास भी; क्योंकि जन्नत से वह खुद शादी करना चाहता था।

मौक़ा-बेमौक़ा वह माँझे के कमरे में घुस जाता। उस कमरे में उबटन की बोझल महक ठँसी हुई थी।

वह जाता और घुसड़कर जन्नत की गोद में बैठ जाता और जन्नत उसके बालों से खेलने लगती। दूर-पास की बहनें और भाभियाँ और जवान ममानियाँ और चचियाँ और पास-पड़ोस की औरतें जन्नत को छेड़तीं और जन्नत शर्मा जाती तो रफ़्फ़न का जी चाहता कि यह शर्माया हुआ लमहा ख़त्म ही न हो।

इसीलिए रफ़्फ़न को उस वक़्त बड़ी कोफ़्त हुई जब वह भाई जानू के साथ-साथ जन्नत के कमरे की तरफ़ जा रहा था और कमरे के दरवाज़े पर वह रोक लिया गया और भाई जानू अन्दर चले गये और हँसती हुई औरतों ने कमरे का दरवाज़ा बाहर से बन्द कर दिया।

उस रात वह सवेरे तक भाई जानू और जन्नत बाजी के बारे में सोचता रहा और यह उसे टहोके देता रहा, कि भाई जानू जन्नत बाजी के ऊपर हैं और जन्नत बाजी ने उनके बालों को मुट्ठियों में जकड़ रक्खा है।

खाता

आमदनी : कुछ बरस। कुछ दिन। कुछ जाड़े। कुछ गर्मियाँ। कुछ बरसातें। कुछ दिन। कुछ रातें।
एक कर्नल ज़ैदी।
एक मोलवी तक़ी हैदर।
एक मिसेज़ नार्थ।
एक अब्दुस्समद ख़ाँ।
एक शर्फ़ुआ।
एक मत्तो बुआ।
एक सैदानी बी।
हज़ार कहानियाँ।
बाबू चन्द्रिकाप्रसाद।
मौलसरी का पेड़।
मालिन के पेट का साँप।
एक भाई जानू।
एक जन्नत बाजी।

ख़र्च : कुछ बरस। कुछ दिन। कुछ जाड़े। कुछ गर्मियाँ। कुछ बरसातें। कुछ दिन। कुछ रातें। और एक जन्नत बाजी।
एक मत्तो बुआ और एक जन्नत बाजी।
एक कर्नल ज़ैदी और एक जन्नत बाजी।
एक मिसेज़ नार्थ और एक जन्नत बाजी।
एक सैदानी बी और एक जन्नत बाजी।
एक बचपन और एक जन्नत बाजी।
बेशुमार जन्नत बाजियाँ! हँसती हुई जन्नत बाजी। बिगड़ती हुई जन्नत बाजी। अपने कमरे में लेटकर मुसकुराती हुई जन्नत बाजी। भाई जानू के बालों को अपनी मुट्ठियों में जकड़नेवाली जन्नत बाजी। उसे लिपटा लेनेवाली जन्नत बाजी। उसे अलग कर देनेवाली जन्नत बाजी। उबटन की बोझल महक की ज़ंजीरों में जकड़ी हुई जन्नत बाजी। मोलवी साहब के सवाल पर चुप रह जानेवाली जन्नत बाजी। सुहाग के इत्र में लथपथ जन्नत बाजी।···

बचपन के सौदे में रफ़्फ़न को घाटा हुआ या मुनाफ़ा? वह जवान हुआ तो मालदार था या दीवालिया। उसके बचपन को किस तराज़ू में तोलना चाहिए?

इन सवालों का जवाब देना मुश्किल है। रफ़्फ़न ने ख़ुद भी इन सवालों पर ग़ौर नहीं किया। पर मैं क्या करूँ? मैं जो कथाकार हूँ! क्या यह ऐसी जगह है जहाँ रुककर नफ़े-नुक़सान की बात साफ़ कर ली जाये और तब आगे बढ़ा जाये?

यह जो मुसलमान घराने की जन्नतें हैं, जो पलक झपकते-झपकते जन्नत बाजी से जन्नत भाभी बन जाती हैं, उनके अनुभव को ज़िन्दगी की बैलेन्स शीट में कहाँ रखना चाहिए? वह नफ़े के ख़ाने में जायेंगी या नुक़सान के?

मैं यह बहस इसलिए छेड़ रहा हूँ कि इस कहानी में जन्नत का बड़ा महत्त्व है। जन्नत का महत्त्व इसलिए है कि यह कहानी समय की नहीं, रफ़्फ़न यानी सैयद अली रफ़अत ज़ैदी की है जो आगे चलकर बाग़ी आज़मी कहा गया।

यह कहानी है समय और रफ़्फ़न के टकराव की।

सच पूछिए तो यह कहानी ख़ुद रफ़्फ़न को लिखनी चाहिए थी। पर शायद वह जगह-जगह से यह कहानी भूल गया है। शायद वह यह कहानी लिखना ही न चाहता हो; क्योंकि वह अब सिर्फ़ ऐसी कहानियों के बारे में सोचता रहता है जो हिन्दी फ़िल्मों के किसी प्रोड्यूसर या हीरो या हीरोइन को पसन्द आ जायें।

वह बम्बई में ज़िन्दा दफ़्न कर दिया गया है। और शायद वह उन दिनों को याद करना नहीं चाहता जब उसकी गिनती भी ज़िन्दा लोगों में हुआ करती थी।

इन्हीं मौक़ों के लिए ग़ालिब एक शेर छोड़ गये हैं—

जला है जिस्म जहाँ, दिल भी जल गया होगा,
कुरेदते हो जो अब राख, जुस्तुजू क्या है?

पर राख कुरेदना तो मेरा पेशा है!

एक नदी के चार किनारे

रफ़्फ़न जब मँझले प्रोड्यूसर के प्राइवेट ड्राइंग रूम में पहुँचा तो ह्विस्की शुरू हो चुकी थी।

मँझले प्रोड्यूसर ने उसे पब्लिक ड्राइंग-रूम से ही समझाना शुरू कर दिया था :

"बस, आज तुम कोई ऐसा धाँसू सब्जेक्ट सुनाओ कि साले की चिर जाये। मेरी बहन साली के कैरियर का सवाल है यार।" 'बहन' कहते-कहते उसने आँख मार दी। "वैसे साली मेरी बेहंण नहीं है। पर उस माँ के लौंडे को बहेंण शिकार करने का बड़ा शौक है, यार।"

रफ़्फ़न की आत्मा तक गनगना गयी। अरे यार, रफ़्फ़न उर्फ़ सैयद अली रफ़अत 'बाग़ी' आज़मी, तुम कहाँ आन फँसे भाई।

"पर सब्जेक्ट कोई ऐसा निकालो कि पब्लिक साली एकदम से चूतिया बन जाये। एक आइडिया तो इस साली हीरोइन के भाई के पास भी है। पहले ही सीन में विलेन हीरोइन को रेप कर देता है। हीरोइन साली मन्दिर में एक भजन गा के बम्बई चली जाती है···पर हम साफ़ बोल दिया कि फिलम बनायेंगे तो बागी आजमी के सब्जेक्ट पर···"

रफ़्फ़न यह बात कई बार सुन चुका था। पर यह बात सुनने में इतनी अच्छी लगती है कि जब सुनी जाती है तब यक़ीन आ जाता है। क्योंकि बम्बई में प्रोड्यूसर की बीवी से अच्छी कहानी कोई नहीं लिखता। रहा स्क्रीनप्ले। तो हिन्दी फ़िल्मोंमें उसकी ज़रूरत ही नहीं पड़ती। अब बचा डायलॉग। ज़्यादातर डायलॉग हीरो ख़ुद लिख लेता है। बचे-खुचे डायलॉग वह असिस्टेण्ट डायरेक्टर ठोंक देता है जो हीरो या राइटर बनने बम्बई आया था। वहाँ तो थोड़े दिनों पहले तक लेखक मुंशी कहा जाता था। इसलिए किसी प्रोड्यूसर से यह सुनना ख़तरे से ख़ाली नहीं कि उसने हीरोइन के भाई से डाँटकर यह कह दिया कि हम फ़िल्म बनायेंगे तो बाग़ी आज़मी के सब्जेक्ट पर।

इस बात के सिर्फ़ दो ही मतलब निकल सकते हैं—

(1) हीरो ने लेखक की सिफ़ारिश की है।

(2) प्रोड्यूसर कड़का है। मुफ़्त में न लिखवा सका तो बहुत कम पैसों में लिखवाने की कोशिश करेगा।

रफ़्फ़न ने जी कड़ा करके यह फ़ैसला कर लिया कि दुनिया चाहे इधर से उधर हो जाये, पर वह मुफ़्त में तो हरगिज़ नहीं लिखेगा।

पर प्राइवेट ड्राइंग-रूम में पाँव धरते ही वह काँप गया। सामने ही छोटी हीरोइन का सेक्रेटरी बैठा ह्विस्की पी रहा था, और बड़े हीरो को अपना धाँसू सब्जेक्ट सुना रहा था।

रफ़्फ़न जब उसे जाना करता था तब वह न तो ह्विस्की पिया करता था और न ही उसके पास कोई 'धाँसू सब्जेक्ट' ही हुआ करता था। उन दिनों उसका नाम कालीचरन हुआ करता था और उसके पास बैठी ह्विस्की सुड़कती हुई लड़की का नाम शारदा हुआ करता था। नारायण गंज की शारदा, रफ़्फ़न के दोस्त राम-अवतार की प्रेमिका शारदा। तब वह ह्विस्की नहीं पिया करती थी। तब वह बदन छिपाने के लिए कपड़े पहना करती थी—बदन दिखाने के लिए नहीं।

वह उदास हो गया। पर वह यहाँ उदास होने नहीं आया था। कहानी बेचने आया था।

कालीचरन ने उसे देख लिया। पर उसे देखकर न वह मुसकुराया, न मिलने के

लिए उठा।

मँझले प्रोड्यूसर ने परिचय करवाया :

"यह हैं श्री दिनेश ठाकुर मस्ताना और यह हैं श्री बाग़ी आज़मी।"

कालीचरन ने एक फ़ार्मल-सी मुसकुराहट उसकी तरफ़ लुढ़का दी। शारदा ने तो उसकी तरफ़ देखा तक नहीं।

कालीचरन उर्फ़ दिनेश ठाकुर मस्ताना सिगरेट का एक लम्बा कश लेकर शुरू हो गये, "तो भैम्प (वैम्प) के सिर पर ख़ून सवार हो गया। रात को नींद में चलने लगी और दिन-रात अपने हाथ धोती रहती..."

मैकबेथ!

रफ़्फ़न इस पर हैरान था कि कालीचरन को शेक्सपियर का पता कैसे चल गया। यह तो ज़बरदस्त परिवर्तन है। यानी कि यह तो बिलकुल ही कमाल हो गया।

बड़ा हीरो कहानी सुनने में इतना गुम था कि छोटी हीरोइन की जाँघ पर पड़ा हुआ अपना हाथ भूल गया था और उसके सारे बदन पर अपने खोये हुए हाथ को बेख़याली में ढूँढ़ रहा था।...

और फिर वह बड़ा हीरो शेक्सपियर की कहानी को ठीक करने में लग गया। मैकबेथ के कैरेक्टर के झोल निकालने लगा।

मँझला प्रोड्यूसर उसकी हर बात पर उछल रहा था। कालीचरन मौक़े का फ़ायदा उठाकर ह्विस्की चढ़ा रहा था। छोटी हीरोइन शायद रफ़्फ़न की मौजूदगी से अपने सपनों को बचाने की कोशिश में लगी हुई थी। मधुबाला। मीनाकुमारी। नरगिस। निम्मी। वहीदा रहमान। भैरवी!!

मँझले प्रोड्यूसर ने छोटी हीरोइन का नाम भैरवी रख दिया था क्योंकि बड़ा हीरो राग भैरवी का रसिया था। कम-से-कम वह कहता यही था। और मँझले प्रोड्यूसर की डूबती नाव को बचाने की अब यही एक सूरत रह गयी थी कि वह किसी-न-किसी तरह बड़े हीरो को फाँसकर एक फ़िल्म शुरू कर दे।

इसीलिए सबसे पहले उसने शारदा की बर्थ-डे पार्टी की। शराब पानी की तरह बही। पत्रकारों से नयी हीरोइन का परिचय करवाया गया। उसकी तस्वीरें ली गयीं। छोटी हीरोइन ने शर्माकर यह बयान दिया कि वह तो शहज़ादा कश-मीरी की फ़ेन है। आठ साल की उम्र से उस पर लगभग आशिक है...

पत्रकार उसके बदन की बात ले उड़े। उसकी तस्वीरें छपीं। प्रोड्यूसर छोटी हीरोइन के चारों तरफ मँडलाने लगे।

पर मँझले प्रोड्यूसर ने सख़्त पहरा बिठला रखा था।

छोटी हीरोइन लगातार यह बयान दे रही थी कि मँझले प्रोड्यूसर की फ़िल्म ख़त्म किये बगैर वह किसी फ़िल्म में काम नहीं करेगी।

मँझले प्रोड्यूसर के कैम्प से ये ख़बरें उड़ने लगीं कि छोटी हीरोइन ने महबूब खाँ, बिमल राय, मियाँ करदार, एस. यू. सनी और बी. आर. चोपड़ा के साथ काम करने से इन्कार कर दिया है। दलीपकुमार और राजकपूर को उसने पुट्ठे पर हाथ नहीं रखने दिया। उसने साफ़-साफ़ कह दिया कि पहले शहज़ादा कशमीरी और फिर कोई और।

ज़ाहिर है कि ये ख़बरें शहज़ादा कशमीरी तक भी जा रही थीं। ये ख़बरें सुनकर वह मुसकुराता और अपने विग को अपने सर पर और मज़बूती से जमा लेता। वह उससे मिले बिना उसके टैलेण्ट की तारीफ़ करने लगा।

···और तब यह पार्टी की गयी।

शहज़ादा का असली नाम गोबरधन प्रसाद था। क़रीब के लोग उसे धन जी कहा करते थे।

"धन जी।" मँझले प्रोड्यूसर ने गिलास में शराब उँडेलते हुए दाँत निकालकर कहा, "यह बाग़ी साहब हैं। इनके पास एक हिट्ट हीरो सब्जेक्ट है।"

"तो सुनाइए ना!" बड़े हीरो ने छोटी हीरोइन की आँखों में देखते हुए यूँ कहा, जैसे रफ़्फ़न वहीं बैठा हो।

"सुनाइए बाग़ी साहब।" मँझला प्रोड्यूसर बोला, "पहले आइडिया सुना दीजिए।"

"नहीं भई। आइडिया तो हमेशा अच्छा होता है। डिटेल में सुनाइए।"

"यह एक सोशो-पोलिटिकल सटायर है।" रफ़्फ़न ने कहा।

"वाह!" मँझले प्रोड्यूसर ने कहा, "साला थीम ही हट्ट है।"

"और क्या," बड़ा हीरो बोला, "घिसी-पिटी कहानियाँ बनाने से फ़ायदा भी क्या। मैं तो दरख़्तों के चारों तरफ़ दौड़-दौड़कर गाना गाते-गाते और विलेन से लड़ते-लड़ते बोर हो गया हूँ। बाग़ी साहब, कहानी को दरअस्ल ज़िन्दगी की कोख से जन्म लेना चाहिए—बच्चे की तरह।"

"की गल बोले हो गुरु। वाह! यह डायलॉग नोट कर लो बाग़ी जी। काम आयेगा।"

रफ़्फ़न को हँसना पड़ा। उसने इन मौक़ों पर हँसना सीख लिया था।

"हाँ साहब, तो सुनाइए अपना सोशो-पोलिटिकल सटायर।"

"यह कहानी मुनीश की है।"—रफ़्फ़न ने अपना चश्मा साफ़ करते हुए कहानी शुरू की···

मुनीश के पिता को बड़ा अरमान था कि उनका बेटा बढ़कर वकील बने। तो मुनीश ने बढ़कर एल-एल. बी. कर लिया। पर उसके भाग्य में तो हीरो बनना लिखा था। तो भला उसकी वकालत कैसे चलती। और जब वकालत ही न चली तो उसने कचहरी जाना छोड़ दिया।

चित्रकला की लत उसे बचपन ही से थी। परन्तु माँ-बाप बड़े धार्मिक लोग थे। तो उनकी नापसन्द को भाँसा देने के लिए वह देवियों और देवताओं के चित्र बनाने लगा। बिचारे माँ-बाप बेटे की धार्मिक भावनाओं को ठेस नहीं लगा सकते थे और इसीलिए वे मुनीश को चित्रकला के चंगुल से न बचा सके।

मुनीश के पिता एक दिन उसकी वकालत का अरमान लिये दुनिया से उठ गये। माँ कलेजे से दो अरमान लगाये कुछ दिन जीती रही। पहला अरमान यह कि उसका बेटा बड़ा नामी वकील बन जाये और दूसरा अरमान यह कि घर में एक चाँद-सी बहू आ जाये। रोने और यह अरमान करने के सिवा उसे कोई और काम ही न था। वह इतना रोयी और उसने बहू का इतना अरमान किया कि मुनीश बोर हो गया। इसीलिए जब उसकी माँ मरी तो उससे एक बड़ा कमीनापन हुआ। (मैं मानता हूँ कि नायक को तो छोटा कमीनापन भी शोभा नहीं देता, पर मैं एक फ़िल्मी कहानी सुना रहा हूँ, कोई साहित्य नहीं छाँट रहा हूँ कि आप लोग इस प्रकार के प्रश्न उठायें।) मुनीश से एक कमीनापन हुआ। अपनी माँ की चिता को आग देने के बाद उसने इतमिनान का एक साँस लिया।

मुनीश अब उस घर में बिलकुल अकेला रह गया जिसमें अभी कुछ दिनों पहले तक उसके माता-पिता के ख़्वाब भी रहा करते थे।

अपनी माँ के बचे-खुचे गहने बेच-बेचकर वह बहुत सारे रंग ख़रीद लाया और भगवान का नाम लेकर चित्रकला में जुट गया।

पर उसकी पेण्टिंग्स का कोई ख़रीदार न था। बस हज्जाम और पनवाड़ी उसकी पेण्टिंग्स ले जाया करते थे। कला के आलोचकों ने उसकी पेण्टिंग्स को मुँह न लगाया। बात यह है कि उसकी पेण्टिंग्स समझ में आ जाती थीं। उसकी पेण्ट की हुई माँ माँ ही दिखायी देती थी। मिसाल के तौर पर हाथी नहीं दिखायी देती थी। छतरी भी नहीं दिखायी देती थी। इसीलिए आलोचकों का कहना यह था कि वह बहुत साधारण कलाकार है। वह किसी तरफ़ से चित्रकार ही नहीं है। निरा नक़्क़ाल है।

मुनीश यह बातें सुनकर हँस दिया करता था। उसका कहना यह था कि उसकी कला जीवन ही की तरह साधारण है, और वह केवल उन्हीं चीज़ों की तस्वीरें बनाता है जो उसकी समझ में आती हैं।

उन्हीं दिनों एक सिंह साहब ने बहुत मॉडर्न होने का सुबूत दिया। उन्होंने एक रेस्तोराँ खोला और उसका नाम 'मालिन रूज़' रक्खा। वहाँ फक्कड़ परन्तु मॉडर्न कलाकार जमा होने लगे। थोड़े दिनों तक उन्हें मुफ़्त चाय पिलायी गयी और फिर उनका अकाउंट खोल दिया गया। नये चित्रकारों की पेण्टिंग्स रेस्तोराँ में टाँगी गयीं। उन्हें बेचा गया और 50% कमीशन लिया गया। नगर में सिंह साहब के कला-प्रेम की धूम मच गयी। रेस्तोराँ बिलकुल न चला, फिर भी उन्होंने

दुकान न बढ़ायी। घाटा सहते रहे और नगर में अपने कला-प्रेम का डंका बजवाते रहे। अस्ल बात यह है कि इस रेस्तोराँ के अलावा भी उनके कई धन्धे थे। अलमूनियम के बरतन, पुरानी किताबें और हड्डी—ये उनके ख़ान्दानी धन्धे थे। उन्होंने अपनी तरफ़ से स्मगलिंग का काम भी बड़े पैमाने पर शुरू कर दिया था। 'मालिन रूज़' को वह अपने शौक़ की चीज़ कहा करते थे।

इस 'मालिन रूज़' में जौहर के कहने से मुनीश की भी कुछ तस्वीरें टँग गयीं। ख़ुद सिंह साहब को मुनीश की तस्वीरें पसन्द नहीं थीं। परन्तु वह जौहर की बात टाल भी नहीं सकते थे, क्योंकि जौहर की मोटर-बोट ही तो उनका सारा सामान लाती थी।

'मालिन रूज़' की दीवारों पर पेण्टिंगें नहीं टँगा करती थीं, उन पर स्मगलिंग का माल टँगा करता था। तस्वीरें ऊपर और माल भीतर। कोकीन, हीरे, घड़ियाँ, डालर···इसलिए मुनीश की तस्वीरें टँगने से धन्धे पर कोई फ़र्क़ नहीं पड़ता था। लेकिन जो 'मालिन रूज़' में मुनीश की तस्वीरें न टँगी होतीं तो यह कहानी न बनती। इन्हीं तस्वीरों की वजह से हीरो और हीरोइन की मुलाक़ात हुई।

यह मुलाक़ात बिलकुल इत्तेफ़ाक से हुई। कथाकार का इसमें कोई हाथ नहीं था।

हुआ यह कि एक दिन बारिश ज़ोर की हो रही थी और बारिश से बचने के लिए लाजवन्ती 'मालिन रूज़' में आ गयी। उसे मुनीश की तस्वीरें अच्छी लगीं। इत्तेफ़ाक़ से मुनीश भी वहीं था।

मुनीश की उस पेण्टिंग पर 500 रुपये की स्लिप लगी हुई थी। परन्तु सिंह साहब ने कहा कि उसका दाम 500 रुपये नहीं, 5000 रुपये है। वह 5000 रुपये देने पर भी तैयार हो गयी।

मुनीश अपनी पेण्टिंग का यह दाम सुनकर दंग रह गया। बोला, "लाइए, मेरे 2500 रुपये। मेरा आधा क़र्ज़ उतर जायेगा।"

हीरोइन ने चौंककर हीरो की तरफ़ देखा, "क्या यह आपकी पेण्टिंग है ?"

"सौ फ़ीसदी !" हीरो ने कहा, "मैं आपको इससे कहीं अच्छा एक लैण्डस्केप प्रेजेण्ट करूँगा, क्योंकि हज्जामों और पनवाड़ियों के बाद आप मेरी तस्वीरों की पहली ख़रीदार हैं।"

"मुझे अपना स्टूडियो दिखलाइयेगा ?" हीरोइन ने पूछा।

"दिखलाऊँगा क्यों नहीं ! पर आज नहीं। आज तो मैं ज़रा बिज़ी हूँ।"

लड़की अच्छी है, यह सोचकर हीरो ने टुकड़ा लगाया, "आप कल शाम को चार बजे क्यों नहीं आ जातीं ?"

बात तय हो गयी। तब हीरोइन बोली, "आप तो आर्टिस्ट लगते ही नहीं किसी तरफ़ से।"

"जी हाँ," वह बोला, "न अण्ट-शण्ट कपड़े, न पाँव नंगे, न···"

वह बीच ही में हँस पड़ी, "आप तो बिलकुल नार्मल दिखायी पड़ते हैं।"

"मेरी कला भी नार्मल है," वह भी हँसा, "जभी तो लोग मेरी कला की क़द्र नहीं करते।"

"तो फिर मैं कल आती हूँ।"

"लाइए साहब," उसने सिंह साहब की तरफ़ हाथ बढ़ाया।

सिंह साहब ने चुपचाप उसे ढाई हज़ार थमा दिये जबकि उस तस्वीर में केवल पाँच सौ का माल था—ब्योपार में कभी-कभार घाटा तो लगता ही है।

चूंकि मुनीश हीरो था। इसलिए दुकान से निकलने के बाद ही वह हीरोइन के बारे में सोचने लगा कि यह हर हीरो का कर्त्तव्य है।

उसने सोचा, यह घर भला इस क़ाबिल है कि इसमें कोई ख़ूबसूरत लड़की बुलायी जाये?

तो वह सीधा एक इण्टीरियर डेकोरेटर की दुकान पर गया और एक दिन के लिए घर की सजावट के सामान किराये पर लाया ताकि हीरोइन पर कुछ तो रोब पड़े। इश्क़ में रोब डालने को बड़ा महत्त्व हासिल है।

इण्टीरियर डेकोरेटर के आदमी उसका घर सजा भी गये।

वह आराम से दूसरे दिन की राह देखने लगा।

दूसरा दिन तो अवश्य ठीक समय पर आया। पर वह न आये जिनको आना चाहिए था।

बात यह नहीं कि हीरोइन को हीरो पसन्द नहीं आया था। हीरो तो विलेन और सौतेली माँ के सिवा सभी को पसन्द आता है। हीरोइन तो पैदा ही ख़ास इसलिए होती है कि हीरो को पसन्द करे और बड़ी-बड़ी मुसीबतें झेले। जितनी बड़ी हीरोइन होगी उतनी ही बड़ी मुसीबत भी होगी। रईसों की बेटियों को फटे-हाल कलाकार यूँ भी पसन्द आते हैं। जो ऐसा न होता, तो बहुत-सी हिट फ़िल्में बन ही न पातीं।

सेठ मनोहरलाल बड़े आज़ाद-ख़याल आदमी थे। वह अपने भाषणों में यह बात हज़ारों बार कह के तालियाँ वसूल कर चुके थे कि मनुष्य को सोने की तराज़ू में तोलने की भूल कभी नहीं करनी चाहिए। मनुष्य तो दिल की तराज़ू में तोलने के लिए होता है···प्रिय सज्जनो और भाइयो और बहनो! इन विचारों पर हज़ारों बार झूम चुके थे···और इसलिए हम-आप जैसे साधारण लोग उनके कारखाने में बनी हुई दवाइयाँ खाकर मरना और उनकी मिलों में तैयार हुआ कफ़न पहनना ज्यादा पसन्द करते हैं। सेठ साहब को गरीबों का इतना ख़याल था कि उनकी मिल गरीबों के लिए एक ख़ास कफ़न तैयार किया करती थी जो टिकाऊ भी होता था और सस्ता भी। उस कपड़े का नाम ही कफ़न था···परन्तु जब

महँगाई हद से ज़्यादा बढ़ गयी, लोग उसी कपड़े को पहनने लगे।

सेठ साहब बड़ी खूबियों के आदमी थे और उनकी सबसे बड़ी खूबी यह थी कि वह हमारी हीरोइन के बाप थे।

सेठ साहब को भारतीय परम्पराओं से बड़ा प्यार था। इसलिए उन्होंने अपने आलीशान महल के एक हिस्से में एक बड़ा आलीशान खँडहर बनवा रक्खा था जिसमें भारतीय संस्कृति की झलकियाँ देखी जा सकती थीं। सेठ साहब तड़के उठकर उस खँडहर में जाते और लम्बी-लम्बी साँसें लेते कि भारत के सुनहरे अतीत से उनका रिश्ता बना रहे।

यह खँडहर देश-भर में मशहूर था। प्राचीन भारत के इतिहास के विद्यार्थी यहाँ आते और इतिहास के प्रोफेसर इस खँडहर की मदद से उन्हें भारत का इतिहास पढ़ाते। भारतीय आर्किटेक्चर और कल्चर के राज़ समझाते।

अमरीकी यात्रियों के लिए तो यह खंडहर एक तीर्थ बन गया था कि वहाँ कल्चर और परम्पराएँ इम्पोर्ट करने का धन्धा बड़े ज़ोरों पर चलता है। न जाने कितने अमरीकन यात्री इस खँडहर की मदद से भारतीय कल्चर पर किताबें लिखकर नाम कमा चुके थे। खुद सेठ साहब कई बार अपने खँडहर पर लेक्चर देने के लिए अमरीका बुलाये जा चुके थे।

इसीलिए यदि एक ऐसे खँडहर-प्रेमी बाप की बेटी को खँडहर-जैसा एक आदमी पसन्द आ गया तो कोई आश्चर्य की बात नहीं।

कहने का मतलब यह है कि हीरोइन का यह पक्का इरादा था कि वह हीरो से मिलने जायेगी। वह बन-सँवरकर तैयार भी हुई, पर आकाशवाणी के बुलिटिन की ख़बर के बिलकुल ख़िलाफ़ टूटके पानी बरसने लगा···बरसते पानी में मेकअप बिगड़ जाने का डर होता है, इसलिए हीरोइन घर से निकलने का प्रोग्राम टाल गयी।

मुनीश ने गिरते हुए पानी की बिलकुल परवाह नहीं की क्योंकि हीरो आग या पानी की धौंस नहीं खाता···वह इन्तज़ार करता रहा—रात हो गयी। जब तक उससे जागा गया वह जागता रहा फिर नींद आने लगी। वह सो गया। वह सो गया तो किराये का सारा सामान बोलने लगा···पर्दों पर सूलियाँ खिंच गयीं, फ़रनीचर सौतेली माँ या ललिता पवार की तरह दीदे घुमाने लगा···उस रात उसने अजीब-अजीब ख़्वाब देखे···चूँकि हमारे देश में अजीब-अजीब ख़्वाब देखना बहुमत की हॉबी है, इसलिए मैं उन ख़्वाबों की तफ़सील में नहीं जाता। बस इतना बताये देता हूँ कि जब सारा शहर उसकी तक़रीर पर तालियाँ बजाने लगा तो उसकी आँख खुल गयी। जब आँख खुली तो उसे पता चला कि कोई किवाड़ खटखटा रहा है···और उसने यह देखा कि उकड़ूँ बैठा हुआ राजू उसे घूर रहा है···

"क्या देख रहे हो ?" उसने पूछा।

"देख नहीं रहा हूँ।" राजू ने कहा, "सुन रहा हूँ।"

"क्या ? दस्तक ?" उसने पूछा।

"नहीं, आपकी तक़रीर।"

"किवाड़ खोलो किवाड़। कमज़ोर है, टूट जायेगा।"

राजू ने उठकर किवाड़ खोल दिया।

सामान उठवा ले जाने के लिए इण्टीरियर डेकोरेटर का आदमी आया था।

"मुनीश साहब हैं ?" उस आदमी ने पूछा।

"हैं।" मुनीश ने कहा।

"हम फ़रनीचर उठाने आये हैं।"

"ज़रूर उठाओ।"

सामान उठने लगा—राजू चुपचाप तमाशा देखने लगा।

"एक सिगरेट होगी राजू ?"

"होगी।" राजू ने कहा।

"पिलाओ।"

राजू ने चारमीनार की एक डिबिया मुनीश की तरफ़ बढ़ाते हुए कहा, "उसकी जेब में कुछ और नहीं था।"

मुनीश उखड़ गया, "तुमसे कितनी बार कहूँ कि मुझे चोरी का माल न दिया करो।"

"चोरी का माल तो पुलिसवालों को भी खिलाता हूँ भाई साहब।" राजू बोला, "आप किस खेत की मूली हैं !"

"तुमसे यह किसने कह दिया कि मैं मूली हूँ ?" मुनीश ने पूछा। "अच्छा उस्ताद अद्धा, स्टूडियो चलो। तुम्हारा पोर्ट्रेट ख़त्म ही कर दूँ।"

"चलो।" राजू खड़ा हो गया।

"मगर तुम अपना पोर्ट्रेट करोगे क्या ?"

"पुलिस फ़ोटोग्राफ़र ने बहुत ख़राब तसवीर उतारी थी।"

राजू हँसता हुआ चला गया।

इण्टीरियर डेकोरेटरका आदमी अपनी जेब में चारमीनारकी डिबिया तलाश कर रहा था।

"सॉरी, मुनीश साहब।" एक खनकती हुई आवाज़ आयी।

मुनीश यह आवाज़ सुनकर चौंक पड़ा। हीरो हीरोइन की आवाज़ पहचान गया।

"घर रिडेकोरेट हो रहा है क्या ?" हीरोइन ने सवाल किया।

"जी नहीं।" हीरो ने कहा, "किराये का सामान वापस जा रहा है।"

"बट···" हीरोइन कुछ कहते-कहते रुक गयी।

"बट क्या ? क्या आपको तीन टाँगों की उस कुर्सी पर बिठलाता ?"

हीरोइन हँस दी। बोली, "पर मैं तो आपका घर देखने आ नहीं रही थी। मुझे तो आपकी पेण्टिंग्ज़ देखने का शौक़ यहाँ खेंच लाया है।"

"मुफ़्त हाथ आऊँ तो बुरा क्या है।" हीरो ने कहा, "मैं आपसे यह तो कह नहीं रहा हूँ कि घर देखने का टिकट लगेगा। मैं तो यह भी नहीं कह रहा हूँ कि इस फ़रनीचर का किराया दीजिये। क्योंकि यह सिर्फ़ आपके बैठने के लिए मँगवाया गया था। आप तो सॉरी कहके अलग हो गयीं, पर मेरी सारी पूँजी डूब गयी।"

हीरोइन सटपटा गयी।

हीरो खिलखिला के हँस पड़ा। बोला, "आइए, चलें।"

"कहाँ ?"

"अभी तो स्टूडियो के सिवा कहीं और नहीं ले जा सकता।" वह बोला, "वहाँ चलिए तो मैं आपको दुनिया की सबसे अच्छी चाय पिलवाऊँ। चाय कम्पनीवाले तो यूँ ही उड़ाते हैं। पत्ती-वत्ती में कुछ नहीं धरा है। अब्दुल चाचा तो भूरी पत्ती डालते हैं। मगर वह चाय तैयार करते हैं कि पीनेवाले की तबीअत झक हो जाये। और दाम ? केवल एक आना कप।"*

"बस ?" हीरोइन ने पूछा।

"और क्या ?" हीरो ने कहा, "और सिंगल दो पैसे में।" उसने बड़ी शान से कहा, "ऊपर से उधार अलग।"

हीरोइन इन बातों में इतना आ गयी कि राजू को न देख सकी। दोनों टकरा गये और राजू ने उसके गले का हार पार कर दिया।

"यह कौन बदतमीज़ लड़का है ?" हीरोइन ने पूछा।

'मैं उस्ताद अद्धा हूँ।" राजू ने कहा।

"अद्धा ?"

"हाँ। यह उस्ताद अद्धा उर्फ़ आफ़त का पुतला यानी राजू है।"

"स्टूडियो में क्या कर रहा है ?"

"इस खँडहर में हम डेढ़ भूत ही तो रहते हैं।" हीरो ने कहा, "वैसे यह भी बड़ा कलाकार है।"

"अच्छा !"

"जी हाँ।" मुनीश मुसकुराया, "जेब काटने, ताले खोलने और इसी तरह के

---

* एक आना इसलिए कि हमारी फ़िल्मों में अभी देश आज़ाद तक तो हुआ नहीं है तो मैं नये पैसे का चक्कर कैसे शुरू कर दूँ ?

दूसरे कामों में इसका जवाब नहीं है।"

"यू मीन दैट ही इज़ ए थीफ़ ?" हीरोइन अंग्रेज़ी बोली।

"प्रसाइसली।" हीरो ने अंग्रेज़ी में जवाब दिया।

"तो फिर यह आपके साथ क्यों रहता है ?"

"हम दोनों एक-दूसरे के साथ रहते हैं।" हीरो ने कहा, "वैसे इसका पूरा नाम 'बाबू पन्द्रह अगस्त सन् सैंतालीस लाल' है।"

"यह क्या नाम हुआ ?"

"यह तो इसका बाप ही बता सकता है।" हीरो ने कहा, "और उस महान् पुरुष से मैं परिचित नहीं हूँ। परन्तु इस बात में कोई सन्देह नहीं कि वह अवश्य कोई देश-प्रेमी रहे होंगे। यह 15 अगस्त को पैदा हुआ तो उन्होंने इसका नाम ही '15 अगस्त, सन् 47 लाल' रख दिया ताकि उन्हें यह याद रहे कि आजादी उनके घर भी आयी थी। वह बेचारा उसी दिन गिरफ़्तार कर लिया गया था और फिर वह जेल ही में मर गया। मतलब यह कि राजू अपने पिता के दर्शन न कर सका। लेकिन इस बच्चे ने बाप-दादा का नाम रौशन ज़रूर किया। मैं तो···"

"ए भाईसाहब, अब मैं शर्मा जाऊँगा।" राजू ने हीरो की बात काटी। फिर वह हीरोइन के पास आया और बोला, "देवीजी, आप पहली बार उस्ताद अद्धा के घर आयी हैं तो आपको क्या भेंट दूँ ? लीजिए, यह हार पहन लीजिए। वैसे यह मोती असली नहीं हैं। कल्चर किये हुए हैं।" अपनी बात खत्म करके उसने हीरोइन का हार हीरोइन को वापस कर दिया।

हार को देखकर हीरोइन का हाथ उसके (मेरा मतलब है अपने) गले की तरफ़ चला गया। गला ख़ाली था।

"तुम्हें चोरी करते शर्म नहीं आयी ?" हीरोइन ने पूछा।

"नहीं आयी।" राजू ने जवाब दिया।

"इससे बहस न कीजिए।" मुनीश ने कहा, "दो बरस पहले जब मैं इससे पहली बार मिला था तो इसने पहला काम ही यह किया था कि मुझे बहस में हरा दिया था। उस दिन यह जेल से ताज़ा-ताज़ा छूटा था। इसने मेरी जेब काटी जो हमेशा की तरह ख़ाली थी। यह बहुत जला। बोला, खाली-जेब बाज़ार आते शरम नहीं आती ? यह लो चवन्नी। जेब में रख लो कि शगुन करूँ। बात-से-बात निकली। मैंने पूछा, क्या नाम है ? बोला, 15 अगस्त 47 लाल। मैंने कहा, यह तो कोई नाम न हुआ। यह बोला, मेरे बाप से पूछो। मैंने पूछा, वह कहाँ है ? जवाब मिला, ऊपरवाले के यहाँ। मैंने पूछा, हिन्दू थे कि मुसलमान है ? बोला, मैं तो केवल एक तारीख़ हूँ। क्या तारीखें भी हिन्दू-मुसलमान होने लगीं। मैंने पूछा तुम्हारे बाप क्या थे ? बोला, वह तो जेबकतरे थे। मैंने जलकर पूछा, आज़ादी के दंगों में उन्होंने किसको मारा ? हिन्दुओं को या मुसलमानों को ? यह बोला, उन्हें

किसी को मारने का मौक़ा ही न मिला। वह उसी दिन गिरफ़्तार कर लिये गये थे। उन्होंने एक मिनिस्टर की जेब काट ली थी। उस मिनिस्टर के बटुवे से एक और मिनिस्टर की पत्नी की तस्वीर निकली थी। मैंने कहा, मुझे मिनिस्टरों के प्रेम-जीवन में कोई दिलचस्पी नहीं। यह बताओ कि जो तुम्हारा बाप पकड़ न लिया गया होता तो किसे मारता ? यह बोला, जो हत्थे चढ़ जाता।···यह भी एक इत्तेफ़ाक है कि इससे मेरी मुलाक़ात 14 अगस्त को हुई थी। मैं इसे अपने साथ यहाँ लाया और फिर दूसरे दिन मैंने इसी को झण्डे की जगह घर की छत पर फहरा दिया। यह उसी दिन से मेरे साथ है।"

"लेकिन मुनीश साहब, यह जेबकतरा···"

"मेरा एक दोस्त स्मगलर भी है।" मुनीश ने कहा, "मेरा एक और दोस्त है ···भोंदू। स्नो ह्वाइट ऐंड रिमेन ह्वाइट लाण्ड्री चलाता है। उसका अस्ली काम है किराये पर कपड़े चलाना। उसकी माँ पेशा करती है। बात यह है लाजवन्तीजी, कि मैं कोई देवता नहीं हूँ। कलाकार हूँ। जीवन का पुजारी। ज़िन्दगी चाहे जैसी भी हो, मुझे उससे प्यार है।···छोड़िए इन बातों को। तस्वीरें देखिए। पर एक बात सुन लीजिए। मैं शरीफ़ लोगों की तस्वीरें नहीं बनाता। इस औरत को देखिए। यह एक माँ है। तीन-चार बरस पहले इस पर अपने तीन छोटे-छोटे बच्चों के कत्ल का केस चला था। इसने भरी अदालत में कहा था, हाँ, मैंने अपने बच्चों को मार डाला क्योंकि मुझसे उनका भूखों मरना नहीं देखा जा रहा था। यह बात अदालत की समझ में नहीं आयेगी क्योंकि अदालत ने उन बच्चों को जन्म नहीं दिया था। उसे उम्रक़ैद की सज़ा मिली क्योंकि अदालत दिल की बात नहीं मानती सिर्फ़ गवाहों की बात मानती है।···"

मुनीश की आवाज़ दूर होती चली जा रही थी। उस औरत का चेहरा पास आता चला जा रहा था। फिर वह चेहरा बढ़ने लगा।···यहाँ तक कि उस चेहरे से सारा स्टूडियो भर गया।

लाजवन्ती काँप गयी।

"क्या देखा आपने ?" मुनीश ने सवाल किया।

"जी !" वह चौंक पड़ी।

मुनीश हँस दिया। बोला, "अब उसे देखिए। वह भी एक औरत है। शीर्षक भी औरत है। इन झुर्रियों के ग़िलाफ़ में एक बड़ा ही ख़ूबसूरत चेहरा है। इतना ख़ूबसूरत चेहरा कि इसने इस शहर को पागल बना रखा था। यह एक माँ भी है। यह मेरे एक दोस्त, भोंदू की माँ है। मैं भी इसे माँ ही पुकारता हूँ।"

"क्या यह पेण्टिंग बिकाऊ है ?"

"नहीं। मैं अपने दोस्त की माँओं का ब्योपार नहीं करता।"

"और वह वाली ?" उसने पहलीवाली पेण्टिंग के बारे में पूछा।

"प्रदर्शनी के बाद भेंट कर दूँगा।"

"मैं ख़रीदना चाहती हूँ।,"

"बहुत-से लोग इसे ख़रीदना चाहते थे। यह बिकाऊ रही होती तो इसे अपने बच्चों को क़त्ल न करना पड़ा होता। इसने न बिककर अच्छा किया या बुरा?"

हीरोइन के पास इस सवाल का कोई जवाब नहीं था।

मुनीश उदास हो गया। बोला, "मैंने जब भी किसी से यह बात पूछी है, वह आप ही की तरह चुप रह गया है।"

"क्या आप मेरा एक पोर्ट्रेट बना देंगे?"

"मुझसे पोर्ट्रेट बनवाने के लिए आपको···" वह रुक गया। और उस औरत की तस्वीर की तरफ़ देखने लगा जो एक रण्डी भी थी और एक माँ भी।

लाजवन्ती चली गयी।

कमरे में केवल एक सन्नाटा रह गया।

"उस्ताद···" राजू ने कहा। राजू न जाने क्या कहनेवाला था। न कह सका क्योंकि ठीक उसी वक़्त अब्दुल मियाँ चाय लेकर आ गये।

अलमूनियम की गन्दी केतली और उससे भी ज़्यादा गन्दी तीन प्यालियाँ।

अब्दुल मियाँ ने पहले अपनी लुंगी से उन मैली प्यालियों को साफ़ किया और फिर चाय उँडेलने लगे।

"क्या हालचाल हैं अब्दुल चाचा?"

"ओ ही रफ्तारे बेढंगी जो पहले थी सो अब भी है। थोड़ी देर तोहरे साथ बइठ के हमहूँ बड़े आदमी हो जाते हैं। कल्ह तोरी चच्ची कहे लगीं कि ज़रा अपने भतीजे से कह के हमरे वासते काबा सरीफ की एक ठो फोटो उतरवाय दो। हम कहा कि खाली काबा सरीफ क्यों, अजमेर सरीफ, बगदाद सरीफ, फुलवारी सरीफ की फोटो भी उतरवाय देते हैं।" अब्दुल मियाँ ने चुटकी पर राख झाड़ी। "फिर हम कहा कि नेकबख़्त, कह तो कोई ग़ैर-सरीफ का फोटो भी उतरवा दें। बोली, अच्छा, एक ठो अपनी फोटो भी उतरवा ल्यो मुनीस मियाँ से।" वह हँसे। "बड़ी मज़ाकिया हो गयी है तुम्हारी चच्ची।"

मुनीश खिलखिला के हँस पड़ा।

"चचा, तुम्हारी चाय का जवाब नहीं। क्या मिलाते हो?"

"जवनपुर की मिठास।···रख मेरी माचिस।" उन्होंने राजू का गट्टा पकड़ लिया, "चोर कहीं का!"

भोंदू, आग़ा और जौहर बहुत घराऊ क़िस्म के कपड़े पहनकर प्रदर्शनी के हाल में घुसे। परन्तु प्रदर्शनी का एक ही हिस्सा देखकर घबरा गये। वे समझे कि हम

किसी ग़लत जगह आ गये हैं।

"पता यही था ना ?" भोंदू ने जौहर से पूछा।

"हाँ।" जवाब आग़ा ने दिया।

"यहाँ तो कोई तस्वीर ही दिखायी नहीं देती।" भोंदू ने एक बुनियादी सवाल उठाया, "पता यही था तो तस्वीरें कहाँ गयीं ?"

"यह बात तो भोंदू ठीक कह रहा है।" आग़ा ने कहा।

"ये चीज़ें जो दीवारों पर टँगी हुई हैं, तस्वीरें ही हैं।" जौहर ने कहा, क्योंकि वह इस प्रकार की तस्वीरें सिंह साहब के 'मालिन रूज़' में देख चुका था।

"अमें नहीं।" आग़ा टैक्सी-ड्राइवर ने मानने से साफ़ इन्कार कर दिया।

तीन-चार कला-आलोचक उनके पास ही खड़े मुनीश की पेण्टिंग्ज़ की बुराई कर रहे थे।

"मारूँ सालों को ?" भोंदू ने पूछा।

"हैं कौन ?" आग़ा ने पूछा।

"आर्ट क्रिटिक।" जौहर ने कहा, "आर्ट के पल्लेदार।"

"पल्लेदार ?"

"हाँ। ये तस्वीरों को तोलते हैं। यह जिसे अच्छी कहें वह अच्छी। जिसे बुरी कह दें वह कण्डम।"

"साले डण्डी मारते होंगे।" भोंदू ने अपना फ़ैसला सुना दिया।

"पर ये लोग अपने यारकी बुराई क्यों कर रहे हैं?" आग़ा ने जानना चाहा। "इस तस्वीर को देखो।"

जौहर और भोंदू ने उस पेण्टिंग को देखा।

"क्या दिखा ?"

"एक बकरी दुम के बल खड़ी है।" भोंदू ने बड़े यक़ीन के साथ कहा।

"पर इसका शीर्षक है—'आदम एण्ड ईव' बड़े प्रसिद्ध कलाकार ने बनायी है।"

"तो हम क्या करें ?" यह सादा-सवाल-सा आग़ा ने किया।

"चुपचाप तमाशा देखो," जौहर ने राय दी, "कोई चूतिया आयेगा और दुम के बल खड़ी इस बकरी को पाँच-सात हज़ार में ख़रीद ले जायेगा।"

"पाँच-सात हज़ार ?" आग़ा ने बहुत सारा थूक घोंटा।

"यह तो साला कोई आर्ट न हुआ।" भोंदू ने कहा।

"यह तो खुली चार सौ बीसी है।" आग़ा ने कहा।

"दिल न कुढ़ाओ।" मुनीश आ गया। "मेरी पेण्टिंग्ज़ देखनेवाले भी पैदा हो गये।"

क़थाकार रुक गया।

बड़े हीरो ने अपने गिलास में ह्विस्की उँडेली और उस जवान छोटी हीरोइन की तरफ़ देखने लगा जिसे ब्रेक देने के लिए वह उसके भाई की फ़िल्म में काम करने पर तैयार हो गया था।

छोटी हीरोइन बड़ी ख़ूबसूरत थी। न होती तो मँझले प्रोड्यूसर ने उसे अपनी बहन ही क्यों बनाया होता—बहन यानी रखैल !

मँझले प्रोडयूसर को मालूम था कि छोटी हीरोइन उसकी बहन नहीं है। वह तो नारायणगंज के एक तम्बोली की मिडिल-पास बेटी है जो अपने पीछे एक धाँसू कहानी छोड़ आयी है।

छोटी हीरोइन को मालूम था कि वह मँझले प्रोड्यूसर की बहन नहीं है। बल्कि नारायणगज के एक तम्बोली की बेटी शारदा है। वह यह भी जानती थी कि सामने बैठा हुआ कथाकार रामअवतार का दोस्त है।

बड़े हीरो को मालूम था कि वह मँझले प्रोड्यूसर की बहन नहीं है।

कथाकार के जानने या न जानने से कोई फ़र्क नहीं पड़ता।

वहाँ सबको अपने काम से काम था। छोटी हीरोइन बड़ी हीरोइन बनना चाहती थी। मँझला प्रोड्यूसर बड़ा प्रोड्यूसर बनना चाहता था। बड़े हीरो की तीन फ़िल्में फ़्लाप हो चुकी थीं इसीलिए वह एक नयी हीरोइन की जवानी की टेक लगाना चाहता था अपने कैरियर में।···और लेखक सोच रहा था कि यदि 12 बज गये तो बड़ी परेशानी हो जायेगी। वह वर्ली से अँधेरी तक टैक्सी में नहीं जा सकता था। प्रोड्यूसर के घर तो वह टैक्सी ही से आया था। न आया होता तो फाटक का गोरखा ही उसे लौटा देता। वह घर से अँधेरी स्टेशन तक पैदल आया था। फिर लोकल ट्रेन। फिर थोड़ी दूर पैदल, क्योंकि वह जानता था कि प्रोड्यूसर का घर स्टेशन से एक रुपया बीस पैसे दूर है। फ़िल्मी लेखकों को जो ये बातें न मालूम हों तो उनका जीना दूभर हो जाये।···ज़ाहिर है कि उसे वापसी में भी यही करना था और जो यहीं बारह बज गये तो बसें बन्द हो चुकी होंगी और उसे काफ़ी दूर तक पैदल चलना पड़ेगा।

"कोई धाँसू चीज़ सुनाओ यार। सेक्स। एक-आध बाथ-रूम सीन हो। एक-आध रेप-वेप हो। पब्लिक टेस्ट ही साला ख़राब हो तो प्रोड्यूसर क्या करेगा !" मँझला प्रोड्यूसर अपना गिलास ख़ाली करके दूसरा उँडेलने लगा।

"इस कहानी में तो हीरोइन का कोई स्कोप ही नहीं है।" छोटी हीरोइन ने कहा।

"तुम्हारा स्कोप तो यह है भैरवी।" मँझले प्रोड्यूसर ने कहा। फिर बड़े हीरो

की तरफ़ देखकर खीखी-खीखी हँसने लगा।

"इसमें हीरोइन अपने प्यार के लिए अपने बाप से लोहा लेती है।" लेखक ने कहा।

"बाप से लोहा लेकर क्या करेगी?" मँझले प्रोड्यूसर ने कहा, "विलेन से लोहा ले तो फ़्लैप मिलता है।"

"बट, बाप अगर मर जाये तो सैड साँग की एक सिचुएशन निकलेगी।" छोटी हीरोइन ने कहा।

"इस सिचुएशन का गाना तो मेरे बाप की मौत पर हो चुका होगा।" बड़े हीरो ने कहा, "अब तक मैंने बाप की मौत पर जितनी फ़िल्मों में गाना गाया है सब हिट हुई हैं।"

"तब तो इनके बाप को दो बार मारो। फ़िल्म सुपर हिट हो जायेगी।" मँझले प्रोड्यूसर ने लेखक से कहा और फिर अपने ही मजाक पर खिलखिलाकर हँस पड़ा।

"मेरा कोई लव साँग डालो।" बड़ा हीरो बोला, "रात का टाइम है। पानी बरस रहा है। हीरोइन के कपड़े उसके बदन से चिपक गये। मैं कहता हूँ लाजो, काश मैं तुम्हारे बदन का कपड़ा होता···"

"वण्डरफुल!" मँझला प्रोड्यूसर चीख़ा, "डायलॉग आप ही लिखिए। नाम किसी और का डाल देंगे।"

"नहीं साहब। मैं कोई राइटर हूँ। मगर लिट्रेचर और फ़िल्म में फ़र्क होता है। लगभग सारे डायलॉग खुद ही लिखने पड़ते हैं।···" बड़े हीरो ने कहा।

"वह सीन रह गया।" लेखक बोला, "ग़ज़ब का लगता है।"

मक्खन।

लेखक ने दिल-ही-दिल में अपने-आपको हज़ारों गालियाँ दीं क्योंकि जो सीन बड़ा हीरो सुनाने लगा था वह किसी तरफ़ से ग़ज़ब का नहीं था। हिन्दी की लगभग हर फ़िल्म में होता है, चाहे वह बम्बई में बने या मद्रास में। पर तारीफ़ तो करनी ही थी कि यह बात एक बड़ा हीरो कह रहा था। यह बात बड़े हीरो के सेक्रेटरी या उसकी कीप के भाई या पिम्प ने कही होती तब भी उसने यूँ ही लहककर तारीफ़ की होती, क्योंकि उसे एक कहानी बेचनी थी। कहानी बेचनी थी, क्योंकि उसे पैसों की सख्त ज़रूरत थी। पैसों की उसे सख़्त ज़रूरत थी क्योंकि उसे बनिये का तीन महीने का हिसाब चुकाना था। बनिये का हिसाब चुकाना था क्योंकि उसने उधार देने से इन्कार कर दिया था।···

"लड़की लड़के की तरफ़ कनखियों से देखती है।" बड़ा हीरो शुरू हो गया।

लड़का?

लेखक ने 'लड़के' की तरफ़ देखा।

उम्र : लगभग चव्वन साल।

चिन : डबल।

पेट : बड़ा, काफ़ी बड़ा।

गाल : गोश्त की मोटी-मोटी तहें।

फिर भी लड़की लड़के की तरफ़ देखती है क्योंकि लड़की को हीरोइन बनना है।

'लड़का गाना शुरू करता है। गाना कुछ यूँ होना चाहिए—ऐ सनम, मेरी कसम, हो गये ले तेरे हम ? झूमकर उट्ठी है सावन की घटा, निखरा है तारों का चमन, ले तेरे हो गये हम···"

"मुखड़ा फ़ाइनल।" मँझले प्रोड्यूसर ने नारा मारा, "कहानी में यह सिचुएशन डाल दो।"

"उसके बाद यह हुआ कि चारों दोस्त वहाँ से बाहर निकले।"

"चारों दोस्त कौन ?" बड़े हीरो ने पूछा।

"मुनीश, आग़ा, भोंदू और जौहर।" लेखक ने कहा।

"पर हीरोइन के तो अभी तक बस दो ही सीन हुए हैं।" छोटी हीरोइन ने कहा।

"बहन···" मँझले प्रोड्यूसर ने दिल में छोटी हीरोइन को गाली दी। "तुम्हारे सीन आगे आयेंगे।"

"जब चारों दोस्त बाहर निकले," लेखक ने फिर कहानी शुरू की, "तो जौहर ने कहा···"

"अरे भई, फिर मैं भूल जाऊँगा। जिस इण्टरव्यू के लिए मैंने कहा था वह कल है। सिफ़ारिश पहुंचवा दी है।···यह साला कहाँ से आ गया ?"

सबने दरवाज़े की तरफ देखा।

"उस साले के साथ जो साली है वह भी बुरी नहीं।" आग़ा ने कहा।

मुनीश लाजवन्ती को पहचान गया।

"ये लाजवन्ती के साथ कौन हैं ?" उसने पूछा।

"मैं तो यह सोच रहा हूँ कि राजन के साथ कौन है।" जौहर ने कहा।

"मतलब यह हुआ कि तुम दोनों मिलकर उन दोनों को जानते हो।" आग़ा ने कहा।

"राजन कौन है ?" मुनीश ने सवाल किया।

"वह जो तुम्हारी लाजवन्ती के साथ है।" जौहर ने कहा।

"करता क्या है ?"

"सी. आई. डी. में है—इन्सपेक्टर।"

"क्या टुइस्ट आया है।" मँझले प्रोड्यूसर ने कहा।

"अभी कहाँ आया है।" लेखक ने कहा, "आगे-आगे देखिए होता है क्या।"

"हल्लो मुनीश साहब।" हीरोइन वहीं आ गयी।

"हल्लो मिस्टर जौहर।" राजन ने कहा।

"यही वह आर्टिस्ट हैं जिनकी तारीफ़ मैं तुमसे कर रही थी।" हीरोइन ने विलेन से कहा।

"विलेन ?" बड़ा हीरो चौंक पड़ा।

"यही तो टुइस्ट है।" लेखक ने कहा।

"और यह राजन हैं, मुनीश।" हीरोइन ने हीरो से कहा।

हीरो और विलेन दोनों ने यह मार्क किया कि हीरोइन ने मुनीश साहब नहीं कहा। हीरो खुश हो गया। विलेन जल गया। "यह सी. आई. डी. इन्स्पेक्टर राजेन्द्र कुमार हैं।" हीरोइन ने पूरा परिचय करवा दिया।

"अच्छा-अच्छा, ऐक्टिंग छोड़कर अब यह धन्धा करने लगे हैं ?" मुनीश न जाने क्यों राजन को ज़लील करना चाहता था।

पर बड़ा हीरो, जो राजेन्द्र कुमार के फ़्लाप होने के बाद बड़ा हीरो बना था, रफ़्फ़न के जुमले पर खुश हो गया। ज़ोर-ज़ोर से हँसते हुए उसने छोटी हीरोइन की जाँघ पर हाथ मारा और फिर उसे वहाँ से उठाना भूल गया।

"बड़े आदमियों के शौक़ निराले होते हैं।" हीरोइन बोली, "इन्हें पुलिस में भरती होने का शौक़ चर्राया। भरती हो गये और अब अपने पिता सेठ सुखदेव प्रसाद के अलावा सबको गिरफ़्तार करते फिरते हैं।"

"तो आप जौहर साहब के दोस्त हैं ?" राजन ने पूछा।

"यह मेरे भी दोस्त हैं।" राजू आ गया।

"आपसे मिलकर बड़ी खुशी हुई।" मुनीश ने कहा।

"आज्ञा है ?" राजन ने कहा और जवाब का इन्तज़ार किये बिना हीरोइन को लेकर आगे बढ़ गया।

"साले की जेब काट लो।" जौहर ने राजू से कहा।

पाँचों दोस्त आगे बढ़ गये।

"पाँचों दोस्त कौन ?" छोटी हीरोइन ने पूछा, "थोड़ी देर पहले तक तो आप चार दोस्त कह रहे थे।"

"अब राजू भी आ गया है ना।" लेखक ने कहा।

"चार-चार दोस्त बहुत फ़ूटेज खायेंगे। चारों को मिला के एक कर दो।" मँझले प्रोड्यूसर ने कहा।

"हो सकता है।" लेखक ने कहा।

"फिर क्या हुआ ?" बड़े हीरो ने कहा।

मुनीश अपनी चित्रकला की बुराइयाँ सुनते-सुनते ऊब गया था। अकेला रहना चाहता था। इसीलिए वह आर्ट गैलरी ही से, दोस्तों को काटकर घर चला गया।

वह बहुत झल्लाया हुआ था। पर यह झल्लाहट आलोचकों पर नहीं थी क्योंकि उनसे अपनी कला की बुराई सुनना उसके लिए कोई नयी बात न थी। शायद वह लाजवन्ती को राजन के साथ देखकर झल्लाया हुआ था।

"नहीं, नहीं, नहीं।" बड़ा हीरो हत्थे से उखड़ गया, "कोई कमेडियन हीरोइन पर कैसे आशिक़ हो सकता है ! यू हैव नो सेंस ऑफ़ द वैल्यूज़···हीरो कामेडियन से जेलस फ़ील करेगा ? प्रिपास्चरस !"

छोटी हीरोइन बिला वजह हँस दी।

मँझले प्रोड्यूसर ने उसे घूरकर देखा और दिल-ही-दिल में उसे हज़ारों गालियाँ देने लगा। "साली पुरानी भी हो गयी है···।"

"जानी, तुम हँसती अच्छा हो।" बड़े हीरो ने कहा। दलीपकुमार के स्टाइल में उसने अपना सिर खुजलाना शुरू किया क्योंकि उसके ख़याल में दलीपकुमार से अच्छा सिर खुजलाना किसी को नहीं आता। नशे में वह यह भूल गया कि दलीपकुमार के बाल असली हैं। उसका विग हाथों में आ गया।

लेखक छत की तरफ देखने लगा।

मँझला प्रोड्यूसर यूँ शराब उँडेलने में लग गया जैसे उसने कुछ देखा ही न हो।

छोटी हीरोइन अपने होंठ री-टच करने लगी।

बड़े हीरो ने अपना विग जल्दी से चिपका लिया।

सबकी जान में जान आ गयी।

"मेरे ख़याल में कमेडियन के विलेन होने से एक नया ऐंगिल ज़रूर निकलता है।" बड़े हीरो ने कहा, "आगे चलिए।"

अब्दुल मियाँ की दूकान पर खाने के बाद वह अपने स्टूडियो में बन्द होकर बेगम अब्दुल के लिए काबा शरीफ़ का 'फ़ोटो' उतारने लगा। उसकी झल्लाहट में फिर भी कमी नहीं हुई। काबे के ग़िलाफ़ पर उसने राजन से सूट का पैटर्न बना दिया।

"यह लो, आप यहाँ डटे हुए हैं और हमने सारा शहर छान मारा।" आग़ा ने स्टूडियो में झाँककर कहा, "अमें, मैं पूछता हूँ, आदमी हो या चौंघट ? वहाँ चम्पा खाना लिये इन्तिज़ार कर रही है।"

"चम्पा ?" छोटी हीरोइन का माथा ठनका। "यह चम्पा कहाँ से आ गयी ?"

"साइड कैरेक्टर है।" बड़े हीरो ने कहा, "वह सोच रहा था कि एक लड़की से दो लड़कियाँ हमेशा भली होती हैं।..."

"अरे हाँ।" मुनीश ने कहा, "पर मैंने तो खाना खा लिया।"

"तो अब चलकर उसके जूते खाओ।" आग़ा ने कहा, "आज उसने ग़ज़ब के इटालियन जूते पहने हैं।"

"चलो।"

चम्पा के यहाँ राजू और चम्पा में कबड्डी हो रही थी। जौहर राजू को बकअप कर रहा था और भोंदू चम्पा को।

"क़िस्सा क्या है ?" मुनीश ने पूछा।

"इस गिरहकट ने चम्पा का ब्यूटी-स्पाट चुरा लिया है।" भोंदू ने कहा।

"कोई और नक़ली माल हो तो छिपा लो चम्पा।" मुनीश ने हाँक लगायी। "यह राजू बड़ा हाथ-झटक है।"

"आ गये आप ?" चम्पा ने उसे घूरा।

"वह अलग बाँध के रक्खा है, जो माल अच्छा है।" जौहर ने टुकड़ा लगाया।

आग़ा ने बीच में पड़कर चम्पा और मुनीश में सफ़ाई करवा दी।

राजू ने मुनीश की तरफ़ देखना शुरू किया।

"एक आइडिया आ रहा है।" मुनीश ने कहा।

"क्या ?" आग़ा ने घबराकर पूछा। वह राजू के आइडियाओं से बहुत डरा करता था। "तेरे आइडियाओं की वजह से कई बार मेरा चालान हो चुका है।"

"वही तो आइडिया आया है कि साला चालान ही न हो कभी।" राजू ने

कहा, "मैं कहता हूँ उस्ताद, पुलिसवालों तक ने अपनी यूनियन बना ली है। तो फिर हम अपनी यूनियन क्यों न बनायें ?"

"बात तो ठीक है।" जौहर ने कहा, "आख़िर हम लोगों को भी अपना धन्धा करने और जीने का हक़ है कि नहीं ?"

"साले कपड़े ले जाते हैं और किराया नहीं देते।" भोंदू ने कहा।

"हफ़्ता देने में एक दिन की देर हो जाये तो दन से चालान कर देते हैं।" आग़ा ने कहा।

"ठीक है। हमारी यह मीटिंग एक लीग आफ़ इण्डियन क्रिम्नल्ज़ बनाने का फ़ैसला करती है।" मुनीश बोला।

"लीग आफ़ इण्डियन क्रिम्नल्ज़। क्या हम लोगों को इंग्लिश में क्राइम करना पड़ेगा ?" राजू ने पूछा।

"मैं तो उन दिनों के बारे में सोच रहा हूँ जब हमारा यह मूवमेंट इंटरनेशनल हो जायेगा।" मुनीश ने कहा।

"इन्क़िलाब···" आग़ा मुट्ठियाँ भींचकर चिल्लाया।

"ज़िन्दाबाद !"

"इण्डियन क्रिम्नल्ज़···"

"एक हो जाओ !"

"भारत माता की···"

"जय !"

यूँ दुनिया के इतिहास में पहली बार क्रिम्नल्ज़ की एक यूनियन बनी।

यह ख़बर जब शहरवालों को मिली तो बहुत हँसे। चायख़ानों, क्लबों और आफ़िसों में इस यूनियन की बात हुई। पत्रकार इस ख़बर को ले उड़े। एक कार्टूनिस्ट ने कार्टून बनाया कि लीग आफ़ इण्डियन क्रिम्नल्ज़ चुनाव लड़ रही है।···

फिर एक दिन एक बहुत बड़ा प्रोसेशन निकला। क्रिम्नल्ज का प्रोसेशन। इसमें हिस्सा लेने के लिए देश के तमाम केन्द्रों से क्रिम्नल्ज़ आये थे। हर डेलिगेशन के बैनर पर शहर या प्रान्त का नाम था। प्रोसेशन में लगभग बीस हज़ार आदमी थे। पाँच हज़ार पार्टी-मेम्बर। सौ जवान पुलिस के और बाक़ी तमाशाई।

प्रोसेशन नारे लगा रहा था :

"हमारी माँगें पूरी हों !"

"क्रिम्नल्ज़ की एकता ज़िन्दाबाद !"

"इन्क़िलाब ज़िन्दाबाद !"

सारा नगर इन नारों से गूँज उठा।

फिर यह जुलूस एक सभा में बदल गया। सभा को फ़ार्मल बनाने के लिए एक सभापति का चुनाव ज़रूरी था, इसलिए जौहर माइक्रोफोन पर आया।

बोला, "भाइयो और बहनो ! नगर निवासियो और पुलिसवालो ! इस सभा के सभापतित्व के लिए मैं अपने प्रिय मित्र मुनीश वर्मा का नाम पेश करता हूँ। आशा है कि आप इस सुझाव से सहमत होंगे।"

लोग सुझाव से सहमत हो गये।

मुनीश बोलने के लिए खड़ा हुआ।

"भाइयो और बहनो ! जैसा कि आप जानते हैं, हम लोग यहाँ एक लीग आफ़ इण्डियन क्रिम्नल्ज़ बनाने के लिए इकट्ठा हुए हैं। हमारी कोशिश तो यही थी कि यहाँ हर तरह के क्रिम्नल्ज़ इकट्ठा हों परन्तु हम हर तरह के क्रिमनल भाइयों तथा बहनों का सहयोग न प्राप्त कर सके। कई मन्त्री, मिल-मालिक, लेखक, आलोचक तथा फ़िल्मस्टार यहाँ मौजूद नहीं हैं।…"

'शेम ! शेम !" सभा ने नारा मारा।

"परन्तु" मुनीश ने अपनी बात आगे बढ़ायी, "यदि हम अपने पैरों पर खड़ा होना चाहते हैं तो हमें संगठित रूप में अपने अधिकारों के लिए समाज से जूझना पड़ेगा।…"

बड़े हीरो ने लेखक को घूरा, "आपसे यह किसने कह दिया कि हम लोग ब्लैक लेते हैं ?"

"डायलॉग फ़ाइनल नहीं हैं।" मँझले प्रोड्यूसर ने जल्दी से कहा। "आगे वढ़ो जी।" उसने लेखक से कहा क्योंकि स्कॉच की दूसरी बोतल में हाथ लग चुका था।

"लोग तालियाँ बजाने लगे"—लेखक शुरू हो गया, "तब मुनीश ने कहा, "यह तालियाँ बजाने का समय नहीं है।"

"लोग तालियाँ क्यों बजा रहे थे ?" छोटी हीरोइन ने पूछा।

"पब्लिक साली खुश हो गयी थी हीरो की बात सुनकर।" मँझले प्रोड्यूसर ने दिल ही दिल में छोटी हीरोइन को कई मर्दाना गालियाँ देने के बाद कहा।

"हीरो ने कहा क्या था ?" छोटी हीरोइन ठन गयी कि बात की तह तक पहुँचे बिना वह कहानी को आगे नहीं बढ़ने देगी।

"वह बात तो लड़का पब्लिक से कहता है जानी।" बड़े हीरो ने छोटी हीरोइन को टटोलते हुए कहा, "तुम क्या पब्लिक हो ?"

छोटी हीरोइन के बदन में गुदगुदी होने लगी और इसलिए वह अजीब तरह से हँसने लगी। और उसकी हँसी के डनलप-पिलो पर बड़े हीरो के छोटे ख़याल उछलने-कूदने लगे।···

लेखक ने मौक़े का फ़ायदा उठाकर कहानी आगे बढ़ायी।

मुनीश कह रहा था, "उट्ठो वगरना हश्र न होवेगा फिर कभी। दौड़ो ज़माना चाल क़यामत की चल गया। क्योंकि, ख़ुदा ने आज तक उस क़ौम की हालत नहीं बदली। न हो जिसको ख़याल आप अपनी हालत के बदलने का।···"

"इतनी उर्दू नहीं चलेगी," प्रोड्यूसर ने कहा, "ये तो फ़स क्लास गाने का सिचुएशन है। मार्चिंग साँग भी डाल सकते हैं और भजन भी। हीरो भगवान को चैलेंज कर रहा है···धाँसू गाना बनेगा।"

"गाना ख़त्म करने के बाद हीरो ने कहा···" लेखक ने फिर कहानी की डोर सँभाली।

"महँगाई बढ़ती चली जा रही है। रुपये का मूल्य घटता जा रहा है। जिस चीज़ के लिए कल एक जेब काटनी पड़ती थी आज उसी चीज़ के लिए लगभग दस जेबें काटनी पड़ती हैं। 50%जेबें खाली होती हैं, यही कारण है कि हमारे धन्धों का विकास असम्भव हो गया है। सरकार हमें नये औज़ार ख़रीदने के लिए न क़र्ज़ देती है न इम्पोर्ट लाइसेंस। किसी पंचवर्षीय योजना में हमारा ज़िक्र भी नहीं होता।···"

"शेम ! शेम !"

"वी विल हैव टु प्रूव, दैट वी आर वेरी मच अलाइव।" मुनीश जोश में इंग्लिश बोलने लगा। लोग जीवन में साम्प्रदायिकता का ज़हर घोलकर एम. पी. हो जाते हैं और हमें यह भी हक़ नहीं कि हम दूध में पानी मिलाकर बेच सकें।" इसलिए हम माँग करते हैं कि केन्द्रीय मन्त्रिमंडल में एक हमारा मन्त्री भी शामिल किया जाय !"

इतनी तालियाँ बजीं कि मुनीश ने ख़ुश होकर अपनी तक़रीर ख़त्म कर दी।

जौहर ने एक लीग ऑफ़ इण्डियन क्रिम्नल्ज़ बनाने का रेज़ोल्यूशन रक्खा जो मान लिया गया।

मुनीश इस लीग का अध्यक्ष चुना गया।

"सद्र बनना आपको कैसा लगा ?" एक प्रेस रिपोर्टर ने पूछा।

"दुनिया में क़ायदे के सिर्फ़ तीन सद्र हैं—सद्र निक्सन, सद्र भुट्टो और मैं !"

मुनीश ने कहा।

प्रेस वालों से जान बचाकर वह सीधा घर गया। वहाँ लाजवन्ती उसकी राह देख रही थी।

"यह नाम बहुत ओल्ड फ़ैशण्ड है।" छोटी हीरोइन ने कहा।

"बदल दूँगा।" लेखक ने कहा।

सामने मँझले प्रोड्यूसर की 555 की डिबिया रक्खी थी।

बड़ा हीरो इण्डियन किंग पी रहा था।

लेखक की पनामा की डिबिया में केवल एक सिगरेट बची थी। वह सोच रहा था कि यह अकेली सिगरेट जो अभी पी ली तो सवेरे की चाय के बाद क्या होगा। तो उसने मँझले प्रोड्यूसर की डिबिया से एक सिगरेट निकाली। मँझले प्रोड्यूसर ने उसे घूरकर देखा पर लेखक उसकी आँख बचा गया।

"आप ?" मुनीश ने पूछा।

"जी।" लाजवन्ती ने कहा, "यह देखने आयी थी कि आप क्रिम्नल्ज़ की यूनियन के प्रेसिडेण्ट बनकर कैसे लगते हैं।"

"देख लीजिए।"

मुनीश एक कुर्सी पर बैठ गया और बोला, "कौन मुजरिम है और कौन नहीं, इसका फ़ैसला कौन करेगा ? वह जज जो रिश्वत लेता है ?"

"यह डायलॉग नहीं चलेगा। मँझला प्रोड्यूसर बोला, "सेंसरवाले कैंची चला देंगे।"

"क्या कोई जज रिश्वत नहीं लेता ?" लेखक ने सवाल किया।

"जो होता है उसे दिखाया नहीं जा सकता।" बड़े हीरो ने कहा, "आप लोग आख़िर बालिग़ क्यों नहीं होते ! बड़े हीरो ने 'ग़' को बहुत साफ़ निकाला और लेखक की तरफ़ यूँ देखा जैसे बता रहा हो कि वह बी. ए. पास है और 'शीन-क़ाफ़' ठीक बोलता है।

लेखक को वह फुक्कू मियाँ याद आ गये जो अपने बेटे की होमियोपैथी डाक्टरी चमक जाने के बाद पक्के मकान में जाकर फुक्कू से फ़िदा अली अन्सारी हो गये थे। फ़िदा अली अन्सारी बनने के बाद उन्हें ख़याल आया कि उनका 'शीन क़ाफ़' सही होना चाहिए, तो वह फ़र्राटे से 'सलाम' को 'शलाम,' 'सैर' को 'शैर' और 'साथी' को 'शाथी' बोलने लगे। टोके गये तो बोले, "कमाल है ! सीन को शीन इसलिए बोलता हूँ कि शीन का क़र्ज़ा उतर जाय। पचास बरस शीन को

सीन बोला हूँ साहब।"···फ़िदा अली अन्सारी को याद करके लेखक मुस्कुरा दिया।

"जज की बात निकाल दूंगा।" लेखक ने कहा। परन्तु मुनीश को लाजवन्ती की जुमलेबाज़ी अच्छी नहीं लगी। बड़े कड़वेपन से बोला···

"आज से कोई 1965 बरस पहले जेरोश्लम में एक जज ने एक नौजवान को क्रुसिफ़ाई करवाया था। उस नौजवान का नाम क्राइस्ट था। जज मुजरिम था कि वह नौजवान ? कुछ मिसालें और दें ?"

"जी नहीं।" लाजवन्ती ने कहा, "धन्यवाद !" वह मुड़ी और चली गयी।

मुनीश झल्लाहट में सिगरेट जलाने लगा। "···वैसे यहाँ झल्लाहट का एक गाना भी रक्खा जा सकता है।" रफ़्फ़न ने अपने लिए ह्विस्की उँडेलते हुए कहा। उसे मालूम था कि प्रोड्यूसर उसे दिल-ही-दिल में गालियाँ दे रहा होगा। पर वह प्रोड्यूसर की तरफ़ देख ही नहीं रहा था।

बड़ा हीरो अब बोर हो चला था।

"कहानी बहुत अच्छी है।" बड़े हीरो ने कहा, "इन्हें डिरेक्टर के साथ बिठला दो। वह ठीक-ठाक कर लेगा।" बड़ा हीरो खड़ा हो गया, "आज साली चढ़ गयी है। ड्राइवर लाया नहीं।···"

"यह छोड़ आयेगी।" मँझले प्रोड्यूसर ने झट-से कहा।

बड़ा हीरो छोटी हीरोइन को लेकर चला गया।

मँझला प्रोड्यूसर बड़े हीरो और छोटी हीरोइन को माँ-बहन की गालियाँ देने लगा।···

रफ़्फ़न अपने पैसों की बात करना चाहता था। उसे फ्लैट का किराया देना था। बनिये का हिसाब देना था। पत्नी के गहने छुड़ाने थे।···

"ये साले स्टार अपने को समझते क्या हैं !" मँझला प्रोड्यूसर बोला, "छत्तीस परसेण्ट पर पैसा उठा के सालों को रोकड़ा दो और ऊपर से लड़की सप्लाई करो। प्रोडक्शन का साला धन्धा ही बुरा है। मज़े में बनारसी क्लाथ स्टोर चलाता रहता।···

"सब्जेक्ट तो फ़ाइनल हो गया ना ?"

"कोई सब्जेक्ट साला आज तक फ़ाइनल हुआ है कि तुम्हारा ही फ़ाइनल हो जायेगा। काम करते रहो। अभी तो साला डाइरेक्टर उँगलिआयेगा। परसों कह रहा था कि मुखरामजी का एक सब्जेक्ट सुना है। मैंने भी कल गुलशन नन्दा से एक सब्जेक्ट सुना है। साला क्या लिखता है।···" मँझले प्रोड्यूसर ने आठ-दस नाम ले डाले। और तब पाज़ देकर बोला, "अभी यह सौ का नोट रक्खो। फिर देखते हैं।"

इतने नाम सुनकर लेखक का दिल बैठ गया था, इसलिए सौ का नोट उसने

चुपचाप जेब में रख लिया और यह न कह सका कि बात दो हज़ार की हुई थी। वह खड़ा हो गया।

"अच्छा तो मैं चलता हूँ।"

"कल सवेरे असग़र भाई के पास जाकर कहानी सुना देना।" मँझले प्रोड्यूसर ने कहा, "मैं अपनी तरफ़ से पूरी कोशिश करूँगा।"

लेखक वहाँ से निकल आया।

रात चुप साधे उस स्टेशन की तरफ़ जाता देखती रही। उसके पास भी रात से कहने के लिए कोई बात न थी।…वह, जो ज़ैदी विला का भूत था!

पत्नी × मकान = ?

रफ़्फ़न जब घर पहुँचा तो जन्नत राह देखते-देखते थककर सो जाने के बाद जाग चुकी थी और यह सोच-सोचकर परेशान हो रही थी कि रफ़्फ़न अब तक वापस क्यों नहीं आया?…घर से कहानी बेचने लेखक निकला था पर वह राह देख रही थी रफ़्फ़न की।…लेखक से तो उसने प्यार किया था। विवाह तो किया था उसने गवर्नमेण्ट हायर सेकण्डरी स्कूल के हिस्ट्री टीचर से जो हर महीने तनख़्वाह पाता था। टीचर जिसे हर साल इनक्रिमेण्ट मिलता था। टीचर जिसे रिटायर होने के बाद प्राविडेण्ट फ़ण्ड की अच्छी ख़ासी रक़म मिलेगी। टीचर जो एक अच्छे खाते-पीते घर का था।

खाते-पीते घर की तो वह ख़ुद भी थी।

एक खाते-पीते घर की एक पार्टी में उन दोनों की मुलाक़ात भी हुई थी। तब वह इक्कीस बरस की एक लड़की हुआ करती थी। तब उसका रंग ऐसा तौंसा हुआ नहीं था। इंशा का शेर सुनकर जब वह आवाज़ की तरफ़ मुड़ी थी तब उसने साँवली रंगतवाले उस कवि को पहली बार देखा था जिससे आगे चलकर उसका ब्याह हुआ। इंशा का शेर उसे अब भी उसी तरह याद था और उस साँवले कवि की आवाज़ अब भी उसके कान में गूँज रही थी जैसे यह अभी कल की बात हो।

इंशा का शेर—

निज़ाकत उसे गुले-राना की देखियो 'इंशा'
नसीमे-सुब्ह जो छू जाय, रंग हो मैला

यह शेर जो याद आया तो वह बिलकुल उसी तरह शर्मा गयी जैसे पहले शर्माती थी।

उसकी सहेली ने बताया कि वह साँवली रंगतवाला 'बाग़ी' आज़मी है।

यह नाम सुनते ही वह तड़ से आशिक़ हो गयी।

आशिक़ होने में किसी का क्या जाता है जेब से ?

शायरों पर आशिक़ होने का तो फ़ैशन भी है।

ज़हरा अन्सारी और मजाज़।

सरदार जाफ़री और सुलताना।

कृष्णचन्द्र और सलमा।—

पर 'बागी' ने उस पार्टी में उसका कोई नोटिस ही नहीं लिया ! वह तो नफ़ीस से लगा हुआ था। और नफ़ीस इश्क़ के सिलसिले में बड़ी मशहूर लड़की थी। उसकी बड़ी बहन के इश्क़ में तीन लड़के आत्महत्या कर चुके थे। उसकी मँझली बहन पर इतने लोग आशिक़ हुए कि बेचारी ने घबराकर एक इण्डस्ट्रिअलिस्ट से ब्याह कर लिया और माशाअल्लाह से अब दो बच्चों की माँ है। ज़ाहिर है कि नफ़ीस को इश्क़ के सारे गुर याद थे। तो भला बेचारी कनीज़ फ़ातमा उर्फ़ जन्नत उसके मुक़ाबले में क्या टिक सकती थी ! जन्नत के ख़ान्दान में आज तक किसी ने इश्क़ किया ही नहीं था।

नफ़ीस की सूरत तो कोई ख़ास अच्छी नहीं थी। चौड़ा मुँह। मोटे होंठ। नाटा क़द। छोटे बाल। बेहूदा उँगलियाँ। फूली हुई नाक। मगर फ़िगर ग़जब का था। कमर ग़ायब। कूल्हे चौड़े। सीना और चौड़ा। और आज फ़िगर ही अस्ली चीज़ है। शक्ल कौन देखता है। वैसे फ़िगर उसका भी कोई ऐसा ख़राब नहीं था। पर ईमान की बात है कि नफ़ीस के फ़िगर से उसके फ़िगर का कोई मुक़ाबला नहीं था।

मध्यम वर्ग की लड़कियों को ख़्वाब देखने की बुरी लत होती है। उसने भी परम्परा अनुसार 'बाग़ी' आज़मी का ख़्वाब देखना शुरू कर दिया लेकिन चूँकि वह एक मध्यम वर्ग की लड़की थी इसलिए उसके ख़्वाब शादी से शुरू होकर सुहाग-रात तक पहुँचते तो शर्माकर अपनी आँखें बन्द कर लेती।

शादी के कुछ दिनों बाद उसके पास केवल ये ख़्वाब रह गये। रोमांस की पन्नी थोड़े ही दिनों में उतर गयी और उसका 'बाग़ी' आज़मी 'अजी सुनते हो' बनकर रह गया। महँगाई के साथ जीवन की मिठास कम होने लगी। यह बात नही थी कि दोनों को एक-दूसरे से प्यार न रह गया हो या प्यार कम हो गया हो। पर ज़रूरतें तो ज़रूरतें होती हैं और यदि पति ज़रूरतें भी पूरी न कर सके तो उसके होने से फ़ायदा क्या। और फिर नारायणगंज की कड़वाहट !

ऐसे में 'बाग़ी' आज़मी बम्बई के एक मुशायरे में गया और एक प्रोड्यूसर ने उसे वहाँ लपक लिया ! प्रोड्यूसर को साहित्य की समझ नहीं थी। पर वह जिस हीरोइन से साथ फ़िल्म बना रहा था उसे शेरो-शायरी का बड़ा चसका था। वह

मुशायरों में भी जाया करती थी। बम्बई में कोई अच्छा शायर आता तो वह अपने पाली हिल के बँगले पर उसकी दावत भी किया करती थी। और प्रोड्यूसरों और उभरते हुए सितारों को झक मार के शायरी को पसन्द करने की क्रैफ़्ट सीखनी पड़ती थी। चुनाँचे जब प्रोड्यूसरों ने देखा कि वह बड़ी हीरोइन तो 'बाग़ी' आज़मी की पोएट्री पर 'फ़्लैट' हो गयी है तो लोगों ने उसे धड़ाधड़ साइन करना शुरू कर दिया। म्युज़िक डाइरेक्टरों ने उसे हाथों-हाथ लिया।

तो 'बाग़ी' आज़मी बम्बई आ गया। अब तक वह फ़िल्म में गाने लिखने को घटिया काम कहा करता था। फ़िल्में साइन करने के बाद उसने फ़िल्मों के बारे में अपनी राय बदल दी। फ़िल्म मास मीडिया बन गयी। और जब फ़िल्म मास मीडिया बन गयी तो उसने पत्नी को बम्बई बुला लिया।

ट्रैजिडी यह हुई कि 'बाग़ी' आज़मी की पहली फ़िल्म की आठ रीलें बनते-बनते वह बड़ी हीरोइन फ़्लाप हो गयी। वह जो फ़्लाप हुई तो बम्बई में 'बाग़ी' आज़मी टके का तीन हो गया। जो प्रोड्यूसर और जो उभरते हुए सितारे उसे ज़बरदस्ती घर बुलाया करते थे और शराबें पिलाया करते थे और उसे दुनिया का सबसे बड़ा शायर माना करते थे और जिनकी बहनें और बेटियाँ उसे भाई साहब और अंकिल कह-कहकर लिपटी पड़ती थीं, उन्होंने उसकी शायरी के बारे में अपनी राय बिल्कुल बदल दी। और जो लड़कियाँ उससे फ़्लर्ट करना चाहती थीं वह उसे बोर और लीचड़ कहने लगीं। म्युज़िक डाइरेक्टरों ने कहना शुरू किया कि उसमें रस नहीं है। गाने तो लिखते हैं हैरत जयपुरी, जादूगर पंजाबी या सुखानन्द हवलदार···

ज़िन्दगी के इस मोड़ पर उसके कवि दोस्तों ने उसे राय दी कि वह शायर तो बहुत अच्छा है पर फ़िल्मी गाना चीज़ ही और है। गाने में कम्प्टीशन भी बहुत है। अच्छा हो अगर वह कहानियाँ बेचना शुरू कर दे।

उसे पता था कि वह कहानी लिखना नहीं जानता। दोस्तों से उसने यह कहा भी। जवाब मिला—यहाँ कहानियाँ लिखना जानता कौन है। यहाँ तो सबसे बड़ा राइटर वह है जो चेज़ की कहानियाँ मार सके। जो हिन्दी फ़िल्मों की कहानियों का चोला बदल सके। हीरो को हीरोइन और हीरोइन को हीरो बनाकर 'नयी, कहानी 'लिख' सके। पहले हिन्दी फ़िल्में देखकर दो-चार उपन्यास लिखो। हिन्द पाकेट बुक्स को हर कवि सिफ़ारिशी चिट्ठी लिखने को तैयार था। दो-एक उपन्यास छप जाने के बाद, उन्हें यक़ीन था कि उसका बेड़ा पार हो जायेगा। प्रोड्यूसरों और डाइरेक्टरों को तो पढ़ने का मौक़ा नहीं मिलता। पर उनकी बीवियाँ ग़ज़ब की पढ़ाकू होती हैं। सूरत से ही क़ाबिल दिखायी देती हैं। और उन्हें क़ाबिल बनाने में पाकेट बुकों का बड़ा हाथ होता है।

क़िस्सा यह था कि जो बात म्युज़िक डाइरेक्टरों को नहीं मालूम थी वह बात

इन कवियों को मालूम थी। वह जानते थे कि वह उन सबसे अच्छा कवि है और किसी टटपुँजिया म्युज़िक डाइरेक्टर ने भी उससे गाने लिखवा लिये तो उन्हें बड़ी परेशानी हो सकती है। उसका एक गाना भी हिट हो गया तो उसके फ्लैट पर म्युज़िक डाइरेक्टरों की भेड़िया-धसान हो जायेगी क्योंकि उन तमाम कवियों के गाने बरसों से कुछ शब्दों की बैसाखी लिये चल रहे हैं।

फिर भी बहुत दिनों तक वह उपन्यासकार न बन सका, हिम्मत ही न पड़ी। पर जब जन्नत ने नोटिस दिया कि अब घर नहीं चल सकता तो उसे उपन्यासकार बनना ही पड़ा। उपन्यास लिखना उसे बहुत मुश्किल काम दिखायी दिया। उसे थोड़े शब्दों में अपनी बात कहने की आदत थी। यहाँ जगह ही जगह थी। जन्नत अलग सूरत पर सवार रहती कि जल्दी ख़त्म करो उपन्यास। उसे उपन्यास के ख़त्म होने या न होने में कोई दिलचस्पी न थी। वह तो यह चाहती थी कि उपन्यास ख़त्म हो कि घर में पैसे आयें। बाक़ी बिलों, तक़ाज़े के ख़तों से जान छूटे। उपन्यास बिस्तर की चादर, गेहूँ की बोरी, नमक का पैकट, लौंग की पुड़िया, और चाय का डिब्बा बन जाये।

उसकी रग-रग में एक कड़वाहट-सी दौड़ने लगी।

यह सब देखकर जन्नत का दिल दुखता। क्योंकि अभी तक उसे अपने कवि से प्यार था।

इस जहाने-ज़रो-ज़ुलमत में भटकते रहे हम
नज़्में लिक्खीं तो दुकानों पे ख़रीदार न थे
हमने नावेल लिखे, अफ़साने लिखे, गीत लिखे
अपने सिक्कों ही की ख़ातिर कहीं बाज़ार न थे
नित नये हाथों में और नित नयी दूकानों पर
रोशनाई के लिए अपने को बेचा किये हम
ताकि सिर्फ़ इसलिए कुछ लिखने से बाक़ी न रहे
कि क़लम ख़ुश्क थे और लिखने से मजबूर थे हम

जन्नत को किसी की नज़्म का यह टुकड़ा डंक मारता रहता। रोशनाई के लिए अपने को बेचने का मतलब क्या है?···ख़राब लिखो, ख़राब लिखो, ख़राब लिखो···घर का किराया देना एक अच्छी नज़्म लिखने से ज़्यादा बड़ा काम है। बिजली का बिल भरना एक अच्छी कहानी लिखने से कहीं ज़्यादा ज़रूरी है। पाठकों के तारीफ़-भरे ख़त गर्म चाय की एक प्याली नहीं बन सकते। एक रुपये का नोट नहीं बन सकते।···कुछ नहीं बन सकते। अच्छी कविताएँ और महान कहानियाँ लिखने का शौक़ चर्राये तो शादी-ब्याह के चक्कर में न पड़ो। चाँद में रहनेवाली किसी लड़की से प्यार करो और किसी दफ़्तर में क्लर्की करो और जब तक

जिया जाये जियो और साहित्य की सेवा करो और आटोग्राफ़ बाँटो और फिर एक दिन चुपचाप मरकर चन्दे से दफ़्न हो जाओ या जल जाओ।···पर शादी करनी है तो पहला काम यह करो कि अपना तखल्लुस बदल डालो। किसी शादी-शुदा आदमी को यह हक ही नहीं कि वह अपना तख़ल्लुस 'बाग़ी' रक्खे। जिन्दगी इतने जूते लगायेगी कि सूरत बदल जायेगी।···

'बाग़ी' आज़मी की सूरत बदल गयी।

पहला उपन्यास सिफ़ारिशों के बावजूद लौटा तो नहीं पर प्रकाशक ने यह ज़रूर लिखा कि उसका स्टाइल अभी बचकाना है। उसकी भाषा कमज़ोर है। प्लाट में जान नहीं। पर चूँकि श्री 'चंचल' मोहन ने सिफ़ारिश की है इसलिए वह उपन्यास को ठीक-ठाक करके प्रकाशित कर रहा है।

जन्नत ख़ुश हो गयी। 'चंचल' भाई की तारीफ़ों के पुल बाँधने लगी। जन्नत को खुश रखने के लिए वह भी खुश होता रहा। रायल्टी को ख़र्च करने का प्रोग्राम बनाता रहा। यहाँ तक कि जब जन्नत ने ख़्वाब देख डाला कि उनके पास एक इटैलियन फ़िएट और पाँच बेडरूम का एक फ़्लैट है और वह हर महीने उसका एक उपन्यास लाखों की संख्या में छपकर हाथों-हाथ बिक रहा है तो बोर होकर वह सिगरेट ख़रीदने फ़ज़्लू खाँ बेताब की दूकान की तरफ़ चला गया।

'फ़ज़्लू खाँ बेताब मिरज़ापुरी' बड़े ग़ज़ब के आदमी थे। फ़िल्मों में गाने लिखने की नीयत से बम्बई आये थे। वैसे वहीदा रहमान पर आशिक़ भी थे और उन्हें यक़ीन था कि जब उनके गाने हिट हो जायेंगे तो वहीदा रहमान को कम-से-कम उन पर आशिक़ हो जाने में कोई एतराज़ न होगा···'बाग़ी' से उनकी मुलाकात वहीदा रहमान ही के सिलसिले में हुई थी। मजरूह सुलतानपूरी ने एक रात उनकी दूकान पर पान खाते-खाते कहीं उनसे कह दिया : बेताब साहब, इनसे मिलिए। यह हैं 'बाग़ी' आज़मी। शेर-वेर तो ख़ैर यूँ ही-से कहते हैं पर वहीदा बी की तीन फ़िल्में लिख रहे हैं।···बस वह दिन और आज का दिन। 'फ़ज़्लू ख़ाँ बेताब मिरज़ापूरी' उससे किसी तरह पैसा लेने पर तैयार ही न हुए। एक दिन उसे किसी और दूकान से सिगरेट लेते देख लिया तो मरने-मारने पर तैयार हो गये।

···पहला उपन्यास छपा तो जन्नत ने बड़ी ख़ुशी मनायी। नज़र-न्याज़ का चक्कर चला। पड़ोस की औरतों को ख़ासतौर से यह बात बतायी गयी कि 'बाग़ी' आज़मी यानी उसके पति का पहला उपन्यास छपकर निकल आया है और जल्द ही उस पर एक फ़िल्म बननेवाली है। पड़ोसनों पर इसका रोब भी पड़ा। जन्नत ने एक-आध को पकड़कर वह उपन्यास सुना भी डाला। पड़ोसिनों को उपन्यास पसन्द आया पर खुद जन्नत को बुरा लगा। प्रकाशक ने उसे ज़रा ज़्यादा ठीक-ठाक भी कर दिया था और वह उपन्यास था भी ख़राब!

रफ़्फ़न उसे अपना कहने से शर्माने लगा।

कथाकारों ने कहा—अरे भई किस चक्कर में पड़ गये तुम। गाने लिखो, गाने। कहानी तुम्हारे बस का रोग नहीं है।

गाना लिखनेवाले कहानी लिखने की राय दे रहे थे और कहानी लिखनेवाले गाने लिखने की।

ग़रज़ कि सैयद अली रफ़अत 'बाग़ी' आज़मीं के दिन बहुत बुरे गुज़र रहे थे। कवि दोस्तों की सिफ़ारिश पर प्रोड्यूसर उसे कहानियाँ सुनाने के लिए बुलाते और उसकी कहानी सुनकर कहते —कहानी तो बहुत अच्छी है पर ऐक्शन बिलकुल नहीं है। इन्सिडेण्ड भी नहीं है। यह बातें सुनकर जब वह पहले दिन लौटा तो अपने-आपसे बहुत ख़फ़ा लौटा। उसने प्रकाशक की ठीक कीं हुई कहानी पढ़ी। और अपने-आपको गाली देने लगा।

जन्नत बोली—"घबराते क्यों हो। यह तो पहला नावेल है। प्रैक्टिस बढ़ेगी तो अच्छे लिखने लगोगे।"

वह थोड़ी देर तक जन्नत की तरफ़ देखता रहा। फिर बोला, "परेशानी की बात यह है कि यह कहानी तुरग़नीफ़ की हुआ करती थी!"

जन्नत से यह कहते-कहते जो वह अपनी नजरों से गिरा तो फिर उठ ही न सका। प्रकाशक ने तुरग़नीफ़ का उपन्यास 'ठीक-ठाक' कर दिया था। प्रोड्यूसर तुरग़नीफ़ का उपन्यास सुनकर कह रहे थे कि उसमें न ऐक्शन है न इन्सिडेण्ट। लेखक मित्र तुरग़नीफ़ का उपन्यास पढ़कर उसे समझा रहे थे कि कहानी लिखना उसके बस का रोग नहीं है।···कहानी लिखना तुरग़नीफ़ के बस का रोग नहीं तो फिर किसके बस का रोग है! क्या चूड़ीवाला फाइनेंसर या बी. ए. कटारी डाइरेक्टर या शहज़ादा कशमीरी हीरो या मिसेज़ एक्स. वाई. सांधू यानी मिसेज़ डाइरेक्टर के बस का रोग है कहानी लिखना? शायद।। हाँ शायद। हाँ बे उल्लू के पट्ठे, शायद। अबे चुराना ही था तो चेज़, क्रिस्टी, गार्डनर या फ़्लेमिंग की कहानी चुराता। तुझे चोरी करना भी नहीं आता।···और सच्ची बात तो यह है कि उसे सलीके से कोई काम करना न आया। एक जन्नत से दूसरी जन्नत तक उसने जो काम किया बेवक़ूफ़ी का किया।

भाई जानू से प्यार करनेवाली जन्नत से उसकी अपनी जन्नत तक अब्दुस्समद ख़ाँ से लेकर मँझले प्रोड्यूसर तक उसकी दुनिया में जो आया किसी और तरफ़ देखता हुआ आया। वह अकेले का अकेला रह गया। जन्नत बाजी का ब्याह भाई जानू से हो गया और वह उससे ख़फा रहने लगी। अब्दुस्समद ख़ाँ के आख़िरी लौंडे की बात उसने मज़ाक-मज़ाक में कर्नल साहब को बता दी। ख़ाँ साहब निकाल दिये गये। ज़ैदी विला का किचन बावर्चीख़ाना बन गया और गोल कमरा ड्राइंग-रूम। मिसेज़ नार्थ मर गयीं। फिर भाई जानू पाकिस्तान चले गये। ज़ैदी विला

को कस्टोडियन ने नीलाम कर दिया। उसमें गुरचरण शाह आ गये। 'बाग़ी' आज़मी अपनी गंगा के किनारे, अपने ग़ाज़ीपुर में बे-घर हो गया। एक बार वह एक मुशायरे में ग़ाज़ीपुर गया तो अपने एक दोस्त जगत मुरारी के साथ ठहरा। गुरचरण शाह ने उसकी दावत की और वह ज़ैदी विला में मेहमान बनकर गया। गोल कमरे में बैठा। लगा कि कर्नल साहब अपनी कुर्सी पर बैठे सिगार पी रहे हैं। अब्बू सोफ़े में धँसे जज साहब से किसी और जज की बेवकूफ़ी की कोई कहानी सुना रहे हैं। भाई जानू अपने डेढ़ बरस के बच्चे ज़ैनुल आबिदीन उर्फ़ भुट्टे ख़ाँ से खेल रहे हैं। सैदानी बी की आवाज़ आ रही है—इस बच्चे ने अपने उस्ताद का कहा न माना, इसलिए जहन्नुम की आग में जल रहा है।···कहीं दूर से उसकी अपनी आवाज़ आ रही थी। वह बड़े जोश में अपनी कोई कविता सुना रहा था। गुरचरण शाह लहक-लहक के तारीफ़ कर रहे थे। सामनेवाली दीवार पर जहाँ कोई क्रास लेते हुए कर्नल साहब की तस्वीर टँगी रहा करती थी। वहाँ से गुरचरण शाह के पिता छोटे शीशों का चश्मा लगाये उसे घूर रहे थे। धक-धक-धक। उसका दिल धड़क रहा था। एक रोशनदान से एक उल्लू झाँक रहा था। सारा धड़ उल्लू का था। सिर मोलवी तक़ी हैदर का। दूसरे रोशनदान से गर्मी की दोपहर झाँक रही थी। तीसरे रोशनदान में शर्फ़ुआ था। मत्तो, सकूनत बूआ, माली, उसकी पत्नी रुकमनिया और बिल में घुसनेवाला साँप, बाबू जगदम्बा प्रसाद और उनका थैला···मौलसरी के पेड़ पर चढ़ी हुई दोपहर। फुफ्फू के लेहाफ़ में दुबकी हुई जाड़े की रातें।···यह तमाम यादें बड़े शौक़ से उसकी नज़्में सुन रही थीं और सिर धुन रही थीं। वह अपनी नज़्म भूलकर किसी और की नज़्म सुनाने लगा।

मेरा फ़न मर गया यारो
मैं नीला पड़ गया यारो
मुझे ले जा के ग़ाज़ीपुर में गंगा की गोदी में सुला देना
वो मेरी माँ है
वो मेरे बदन का ज़हर पी लेगी
हज़ारों बार मुझको खो चुकी है वो
मुझे खोकर वो फिर एक बार जी लेगी
वो मेरी माँ है वो मेरे बदन का ज़हर पी लेगी

मगर शायद वतन से दूर मौत आये
तो मेरी यह वसीयत है कि यह काग़ज़ मेरे घर के पते पर भेज दो और
मुझको ले जाकर
अगर उस शहर में छोटी-सी एक नद्दी भी बहती हो तो मुझको
उसकी गोदी में सुला दो और उस नद्दी से यह कह दो कि ये गंगा

का बेटा आज से तेरे हवाले है
वो नद्दी भी मेरी माँ
मेरी गंगा की तरह मेरे बदन का ज़हर पी लेगी···

जिलाधीश और दूसरे सरकारी लोग उछल-उछलकर उसकी तारीफ़ कर रहे थे। उन बेचारों को पता भी न चला कि वह क्या सुना रहा था और क्या सुना रहा है। उन्हें तो बस यह मालूम था कि जब कोई शायर शेर सुना रहा हो तो उछल-उछलकर तारीफ़ करनी चाहिए!

यह उन दिनों की बात है जब बड़ी हीरोइन उस पर मेहरबान थी और उसका सितारा अभी डूबा नहीं था। ग़ाज़ीपुर एक छोटा-सा शहर है। धूम मच गयी थी उसके आने की। लोग उससे दलीपकुमार, राजकपूर, राजकपूर-नरगिस-इश्क़, मीना कुमारी और महबूब ख़ाँ की 'मदर इण्डिया' की बातें करना चाहते थे। पर वह एक मशहूर शायर भी था इसलिए कुछ शेरो-शायरी का होना तो लगभग ज़रूरी ही था।

चुनाँचे वही बातें निकल आयीं। गुरचरण शाह ने उसके साथ अपनी एक तस्वीर भी खिंचवा डाली। वह एक मशीन की तरह लोगों की बातों का जवाब देता रहा। लतीफ़ों पर हँसता रहा। पर उसकी आँखें बीते हुए दिनों पर लगी हुई थीं।

अतीत बड़ा भयानक होता है। और यदि किसी को अपने अतीत से प्यार हो तब तो उससे बड़ा दुश्मन कोई होता ही नहीं···वह अपने ही घर में मेहमान था :

ये दरो-बाम समझते नहीं अब मेरी ज़बाँ
अपने घर में कभी मेहमाँ न हुआ था सो हुआ
तारीफ़ से गोल कमरे की छत उड़ गयी।
ये दुनिया है।
मेरे ज़ख़्मों की क़ीमत ज़िन्दगी में इसने कब दी थी जो अब देगी
बयाने-दर्दे महरूमी पे इसने झूमकर तारीफ़ की है मेरे शेरों की।

वह फिर बहक गया और किसी और के शेर सुनाने लगा। गोल कमरे की दीवारों के सिवा कोई नहीं समझ सका कि उस पर क्या गुज़र रही है।···उसने क़सम खा ली कि अब वह ग़ाज़ीपुर नहीं आयेगा।

ग़ाज़ीपुर सिटी स्टेशन पर बहुत लोग उसे छोड़ने आये। सब थे। ज़ैदी विला की किसी याद के सिवा। चँबेली और जूही के खेतों ने हाथ-हिलाकर उसे बिदा किया। फूलों के खेतों को यह बात मालूम थी कि अब अपने कवि से उनकी मुलाक़ात नहीं होगी।

बम्बई आ जाने के बाद भी वह कई दिनों तक उस ज़ैदी विला ही में बैठा रहा जो अब गुरचरण निवास बन चुकी थी। वह अपने दिल को टटोलता रहा। वह

जानना चाहता था कि उसे गुरचरण से शिकायत है या नहीं। वह जानना चाहता कि उसे कर्नल साहब की कुर्सी पर बैठे हुए गुरचरण शाह कैसे लगे। वह जानना चाहता था कि दीवारें यदि ज़िन्दा होती हैं तो उन्हें यह नये रहनेवाले कैसे लगे जो एक बिलकुल दूसरी बोली बोल रहे थे और बिलकुल ही नये सपने देख रहे थे। जब कोई बच्चा मौलसरी के पेड़ पर चढ़कर बये के बच्चे चुराता होगा तो क्या उस पेड़ को मेरी याद आती होगी ? और वह सड़क जिस पर वह गर्मी की दोपहर के साथ आँख-मिचोली खेला करता था ?···

जन्नत यह तूफ़ान देख रही थी। पर बेबस थी।

'चंचल' न आ जाता तो शायद वह ज़ैदी विला से बाहर ही न आया होता। वह 'चंचल' को ज़ैदी विला में बुलाना नहीं चाहता था इसलिए ख़ुद ही बाहर निकल आया और ज़िन्दगी ने लपककर ज़ैदी विला का दरवाज़ा जमका कर बन्द कर दिया।

'चंचल' उसके पास हमेशा बड़ी तरकीब से आया करते थे। आते और मैले सोफ़े पर पसर जाते। जन्नत से कहते—भाभीजी। चाय हो जाय।

जन्नत चाय बनाती।

इधर-उधर की बातें होने लगतीं।

और तब वह एकदम से कहते—यार एक मुखड़ा नहीं बन रहा है। हीरोइन एक पेड़ पर चढ़ी बैठी है। हीरो की कार ठीक उसी पेड़ के नीचे बिगड़ जाती है।

"अमें चंचल।" बाग़ी बात काटता, "यह साले हीरो की कार कभी किसी ऐसे पेड़ के नीचे क्यों नहीं बिगड़ती जिस पर चढ़ी हुई हीरोइन टिकोरा न खा रही हो ?"

"हाय ! कितने दिनों के बाद टिकोरा सुना है। अमिया और कैरी सुनते-सुनते कान पक गये यार। अपनी बोली की बात ही और है। अब सवाल यह है कि यहाँ गाना क्या हो ? हीरो चाहता है कि वह गाये। हीरोइन साली चाहती है कि वह गाये। अब साँग राइटर-साला क्या करे ?"

"पेड़ के नीचे गाड़ी बिगड़ी, पेड़ पे है तकदीर, ऊपर देख तो ले।" बाग़ी ने कहा।

'चंचल' ने लपककर उसका मुँह चूम लिया।

दस मिनट में गाना बन गया।

'चंचल' जन्नत को अलग ले गया और दो सौ रुपये देकर बोला, "उसे पता न चले। पर गाना लिखा उसने है तो पैसे मैं कैसे रख लूँ।"

रफ़्फ़न को पता भी न चला कि वह कब और कैसे घोस्ट राइटर बन गया। वह चौंका तो उसने देखा कि वह 'चंचल' के लिए गाने लिख रहा है। गाने हिट हो रहे हैं। उसने कभी अपने-आपसे यह सवाल नहीं किया कि जब उसी के गाने

हिट हो रहे हैं तो कोई उससे गाना लिखवाता क्यों नहीं। वह जानता था कि यह सवाल खतरनाक है।···

'चंचल' बहुत ऊँची आवाज़ में उससे हमदर्दी किया करता था। इतना बड़ा शायर और फ़ाक़े करे? लानत है इस समाज पर।···धीरे-धीरे यह बात फैल गयी कि 'चंचल उसकी परवरिश कर रहा है।···तो साहब क्यों कर रहा है। इश्क़ चल रहा होगा···'चंचल' ने इस बात को यूँ झुठलाया कि लोगों को बिलकुल—यक़ीन हो गया···

'चंचल' बेचारे की ट्रैजिडी यह थी कि वह केवल ज़बानी इश्क़ कर सकता था। उसका बचपन बाथ-रूमों में गुज़रा था और अब भी बाथ-रूमों ही में गुज़र रहा था। पर वह जानता था कि अच्छी कविताएँ लिखने से कुछ नहीं होता। अस्ल चीज़ है इमेज। कवि का इमेज और इश्क के बिना कवि का इमेज नहीं बनता। इसीलिए थोड़े-थोड़े दिनों बाद वह एक-आध इश्क़ कर लिया करता था। बाक़ी काम उसका पब्लिसिस्ट किया करता था। फ़िल्मी पत्र-पत्रिकाओं में उसके इश्क़ की कहानियाँ छपने लगतीं। कुछ ऐसी लड़कियों के ख़त छपते जिनको उसने इश्क़ में धोका दिया था।···खबर गर्म होती कि अब उसकी शादी होनेवाली है। उसका कोई इश्क़ इस खबर से आगे न बढ़ता। थोड़े दिनों सन्नाटा रहता और फिर उसका कोई और इश्क़ शुरू हो जाता।···तो भला वह जन्नत से अपने इश्क का फ़ायदा क्यों न उठाता। वैसे जब वह रफ़्फ़न के घर जाता तो उन लोगों को माँ-बहन की सुनाता जो यूँ उसे बदनाम करते रहते हैं।

···पर रफ़्फ़न के लिए बात ज़रा सख्त हो गयी। वह अपनी पत्नी के दलाल के रूप में जीना नहीं चाहता था। उसने 'चंचल' के लिए लिखना छोड़ दिया। 'चंचल' के हाथों के तोते उड़ गये क्योंकि उसकी गीतकारी का सारा ढाँचा 'बाग़ी' काव्य की खाल से मँढ़ा हुआ था। उसकी अपनी शायरी की सोत को सूखे तो एक ज़माना हो चुका था। वह बड़ी मुश्किल में पड़ गया। उसने खुद गाने लिखने की कोशिश की पर कोई गाना हिट न हो सका और म्यूज़िक डाइरेक्टर दूसरे कवियों की तरफ़ देखने लगे।

अब 'चंचल' बेचारा मुँह न खोलता तो क्या करता। उसने यह कहना शुरू किया कि बाग़ी ने जन्नत के कम्पे में उसे फाँसने की कोशिश की। वह कोई देवता नहीं पर वह अपने दोस्तों की पत्नियों के साथ सोता भी नहीं···वैसे जन्नत कोई 'मुश्किल' औरत भी नहीं है। बड़ी कुआपरेटिव है। वह तो उन्हें चार सौ रुपये माहवार दिया करता था।

यह ख़बर जो फैली तो शहज़ादा कशमीरी ने फ़ायदा उठाने का इरादा किया। 'बाग़ी' से उसकी हल्की-सी मुलाक़ात थी। उसने उस मुलाक़ात को बढ़ाने का फ़ैसला किया।

उसका बाज़ार भी डाँवाडोल हो चला था। हीरोइनें तो केवल चलते हुएं हीरो से इश्क़ की पब्लिसिटी क़रवाती हैं और वह अब चलता हुआ हीरो रह नहीं गया था। पर औरत की आदत पड़ चुकी थी। जन्नत भी बुरी नहीं थी।

एक दिन वह बिना किसी नोटिस के आ गया। लोग उसकी लम्बी-सी शिव-रले कार को अब भी पहचानते थे। बिल्डिंग के सामने भीड़ लग गयी। हद तो यह है कि जो श्री दीनानाथ चावला किसी मुसलमान के उस बिल्डिंग में आने का बुरा माने बैठे हुए थे कि उनके घरवाले पिंडी के दंगों में मारे गये थे, वह भी कोई बहाना निकालकर अपनी पत्नी समेत आ गये। पत्नी उसे 'भाईसाहब' पुकारने लगी और चावला साहब जन्नत को भाभीजी कहने लगे। उस दिन चावला साहब ने हँसते-हँसते यह भी मान लिया कि उनके घरवालों के क़त्ल में 'बाग़ी' आज़मी का कोई हाथ नहीं था। उन्होंने शहज़ादा कशमीरी को यह भी बताया कि 'बाग़ी' दूसरे मुसलमानों की तरह पाकिस्तानी नहीं है। इधर-उधर की बातें होती रहीं। मिसेज़ चावला हँसती रहीं। उनका आँचल बार-बार ढलकता रहा और वह उसे बार-बार बराबर करती रहीं।

शहज़ादा कशमीरी तो बिलकुल बेतकल्लुफ़ी पर उतरा हुआ था। वह उत्तर प्रदेश के खानों की तारीफ़ करता रहा और जन्नत ख़ुश होती रही।

शहज़ादा बराबर आने लगा। चावला साहब भी बराबर आने लगे। और मिसेज़ चावला से शहज़ादा कशमीरी का सिलसिला बैठ गया। रफ़्फ़न ने तो इस बात पर ग़ौर नहीं किया पर जन्नत ताड़ गयी।

चावलाजी ख़ुद भी जुगजुगाये हुए थे। हँस हँसकर कई बार बता चुके थे कि उन्हें ऐक्टिंग का बड़ा शौक़ है। बम्बई आने का मतलब यही था।

पता चला कि बारह-तेरह साल पहले एक फ़िल्म में वह साइड हीरो का रोल कर भी चुके थे। और उसी चक्कर में उनकी शादी भी हो गयी थी। मिसेज़ चावला का नाम पुष्पा था। उनके पिता के पास पचास हज़ार थे और चावला, जिनका फ़िल्मी नाम सुदीप कुमार था, एक लीडिंग रोल की तलाश में थे। पचास हज़ार में फिल्म का प्रोपोज़ल बना देनेवालों की बम्बई में कमी नहीं है। बेरोज़गार डाइरेक्टर माखन अजमेरी ने धड़ से प्रोपोज़ल बना डाला।

माखन अजमेरी का असली नाम एम. ए. ख़ान था। महबूब स्टूडियो में लाइट-ब्वाय हुआ करते थे। उन्होंने महबूब ख़ान को डाइरेक्ट करते देखा था। दलीप कुमार पर 'अद्धा' फ़ोकस किया था। एक दिन फ़रीदून ईरानी से यह तक कह चुके थे कि सोलर को थोड़ा टिल्ट करना चाहिए।···तो भला वह डाइरेक्टर बनने के ख़्वाब क्यों न देखते।···उसी दिन से उनकी जेब में बिग बजट से लेकर स्माल बजट तक के प्रोपोज़ल रहने लगे। मीना कुमारी तो उनकी बहन बनी हुई थीं। हर ईद को उनके लिए ख़ास तौर से सेंवय्यों का मुज़ाफ़र बनवातीं। और

दलीप कुमार, भैया मैं तो उन्हें यूसुफ़ कहता। अंजुमने-इसलाम हाई स्कूल में मेरे साथ पढ़ा करता था। हाकी खेलने का शौक़ीन था। मैं कप्तान था तो मैंने उसे बी टीम में लगा लिया···जभी से बेचारा मुझे मुईन भाई कहता है। कहीं मिल जाता है तो हमेशा कहता है कि मुईन भाई मुझे लेकर एक फ़िल्म बना डालो···अब यह बातें सुनकर चावला साहब कैसे न रोब खाते। प्रोपोज़ल बन गया। पुष्पा के लिए भी साइड हीरोइन का रोल निकल आया। पिक्चर अनाउन्स हो गयी। चावला साहब और पुष्पा का इश्क़ चल पड़ा। दोनों की शादी हो गयी। फ़िल्म शुरू नहीं हो सकी। पचास हज़ार ख़त्म हो गये। पर पुष्पा अपने को हीरोइन समझने लगी। चूल्हे-चक्की के चक्कर में पड़ने के बाद भी वह अपने ख़यालों में हीरोइन बनी रही। घण्टों आईने के सामने बैठकर डाइलाग बोलती, ऐक्टिंग करती, कभी विलेन से टकराती और कभी हीरो से लव-सीन करती। रोती, मुसकुराती और कनखियों से अपने हीरो की तरफ़ देखती।

पुष्पा के ख़यालों की किसी फ़िल्म के हीरो चावला साहब नहीं हुआ करते थे।

तो पुष्पा शहज़ादा कश्मीरी पर लग गयी।

पुष्पा कसे हुए गोश्त की एक मशीन थी। शहज़ादा कशमीरी उस पर लग गया और जन्नत की जान में जान आयी क्योंकि वह तो पहली ही नज़र में भाँप गयी थी कि किस्सा क्या है। पर वह अपने रफ़्फ़न को यह बताकर परेशान करना नहीं चाहती थी।

मिसेज़ चावला ने चावला का नोटिस लेना एक दम छोड़ दिया। वह दिन-भर शहज़ादा के नशे में रहतीं और शाम को उसकी बाँहों में···ज़ाहिर है कि चावला साहब को भाँपने में बहुत देर नहीं लगी। वह भाँप गये और भाँपते ही उन्हें 'रफ़्फ़न' और जन्नत से शिकायत हो गयी।

चुनाँचे इण्डस्ट्री में यह बात फैली कि 'बाग़ी' और जन्नत शहज़ादा कशमीरी के दलाल हैं।···लोगों ने तो जन्नत के तीन-चार बच्चे भी गिरवा दिये जो उसे फिलमस्टारों से चन्दे में मिले थे।

···जन्नत इस सोच में पड़ गयी कि जो वह नुमाइश के उस मुशायरे में न गयी होती तो शायद उसकी ज़िन्दगी कुछ और हुई होती।

जन्नत अलीगढ़ की मशहूर लड़कियों में थी। अपने मामूँ ग़ुलाम रसूल 'शैदा' के साथ रहा करती थी।

अलीगढ़ में इश्क़ के कई अन्दाज़ होते हैं। सबसे पापुलर इश्क़ होम्योपैथी वाला होता है कि जो फ़ायदा न करे तो नुक़सान भी नहीं करता। इसीलिए लग-भग हर लड़का लगभग दस-बारह इश्क़ तो कर ही डालता है। लड़कियों के आँकड़े तो जमा नहीं किये हैं पर एक्सपर्ट्स का ख़याल है कि लड़कियाँ लड़कों से पीछे

नहीं हैं।

तो बात यहाँ से शुरू होती है कि—

अलीगढ़ नुमाइश की रात जवान हो चुकी है। कबाबपराठों की गली में कान पड़ी आवाज़ सुनना मुश्किल है। पर्दे वाली और बे-पर्दा दोनों ही क़िस्मों की लड़कियाँ धक्के खा रही हैं। 'पंजाब सेंट्रल होटल' में मैली कमीज़ों वाले ब्यरर कबाब पराठे की प्लेटें लिये इधर से उधर भाग रहे हैं। एक कैबिन से 'शैदा' साहब दो लड़कियों के साथ निकलते हैं। बे-पर्दा लईक़ है। बुर्क़े वाली जन्नत है।

युनिवर्सटी हाकी क्लब का ब्लेज़र पहने हुए असलम ने अपने साथी को कुहनी मारी, "जन्नत।"

"वहाँ ?" साथी पूछता है।

"उस बुर्क़े में। मैं उसकी चाल पहचानता हूँ।"

"चाल जैसे कड़ी कमान का तीर।"

"अब तो ख़्वाबों में आने लगी है।"

"बिलकुल ग़लत। वह रात को घर से बाहर ही नहीं निकलती।"

"शैदा साहब।" असलम खड़ा हो जाता है, "सलामलैकुम साहब।"

"अमें आप लोग पहले ही राउण्ड में हार गये और हारे भी लखनऊ से। अरे हारना ही था तो कम-से-कम पंजाब से हारे होते।"

असलम सिर खुजलाने लगता है।

"यही तो हैं असलम भाई।" लईक़ जन्नत के कान में फुसफुसाती है, "खलीक़ बिया पर वर्क कर रहे हैं।"

"आहिस्ता बोल मुर्दार। मामूँ मियाँ ने सुन लिया तो···"

"अच्छा देखिए। मुशायरे में बिला टिकट घुसने की ज़रूरत नहीं है।"

शैदा साहब लड़कियों को लेकर आगे बढ़ जाते हैं।

"जन्नत कितनी ख़ूबसूरत लग रही थी।" असलम कहता है।

"बुर्क़ापोश महबूबा उर्फ़ घामड़ आशिक़।" साथी कहता है, "किताब देखी नहीं, डस्ट कवर पर मर मिटे।"

"नहीं यार। ख़लीक़ बिया के अलबम में इसकी तस्वीर देख चुका हूँ। पचास रुपया देकर तिवारी से निगेटिव भी ख़रीद लिया है।"

"हमसे अच्छे तो यह फ़ोटोग्राफ़र हैं। मरने के बाद इनके घरों से कैसे-कैसे निगेटिव्ज़ निकलेंगे। पर अब खिसको यहाँ से। फ़ातमा आपा ने बीस-बाईस आटोग्राफ़ बुक्स दे रक्खी हैं। बाग़ी आज़मी के आटोग्राफ़ लेने हैं। आटोग्राफ़्स नहीं लूँगा तो वह नकहत से नहीं मिलायेंगी।"

"मगर तुम तो···"

"आज ही आशिक़ हुआ हूँ। चुहिया तो एक्बाल हेडक पर शुरू हो गयी है।"

"यह तिरछे ख़ाँ किसलिए चले आ रहे हैं।"

"नजमा है यार। उर्दू में पी-एच. डी. कर रही है। इसी के लिए तो बाग़ी यहाँ का कोई मुशायरा मिस नहीं करते।"

"तो फिर यह तिरछे ख़ाँ ?"

"अरे तिरछे ख़ाँ तो बाथरूम लवर हैं। कहते हैं कि आदमी को अपना काम अपने हाथ से करना चाहिए। नहीं तो अल्लाह मियाँ ने हाथ दिये क्यों हैं। सलाम्लैक खाँ साहब।"

"सलाम्लैक।" तिरछे ख़ाँ कहते हैं, 'यह असलम है। हाकी कपतान। यह बाकर है। क्रिकेट कपतान। यह जोगेन्दर है। एस. एफ. कपतान। यह हैं माजिद। चार साल से लगातार ज्यागरफ़ी में एम. ए. कर रहे हैं। और भई यह हैं मेरी नजमा आपा।"

"जब आप एक्बाल बरूला की आपा हुआ करती थीं तो एक बार आपसे मिला था।" माजिद कहता है।

क़हक़हा लगता है।

तिरछे ख़ाँ और तिरछे हो जाते हैं।

यह है वह वातावरण जिसमें जन्नत को अपने जवान होने की ख़बर एक्सप्रेस डिलिवरी से मिलती है।

मुशायरे में नफ़ीस उसके पास ही बैठी अपने और 'बाग़ी' आज़मी के इश्क़ की रिपोर्ट दे रही है। पर्दे के बाहर 'बाग़ी' अपनी नज़्म सुना रहा है। जन्नत को 'बाग़ी' का चेहरा दिखायी नहीं दे रहा है। वह एक कान से नफ़ीस की बातें सुन रही है और दूसरे कान से 'बाग़ी' की कविता और सोच रही है कि नफ़ीस की कहानी उसकी कहानी क्यों नहीं है।···

···नफ़ीस कह रही है, "पर ख़लीक़ ! उस सिखड़े कुलजीत से इश्क़ लड़ाते तुम्हें शरम नहीं आती ? छी ! यह हिन्दू और सिख बड़े ही कमीने होते हैं। पता है इन्होंने मुसलमान औरतों के साथ क्या किया है।"

"औरत हिन्दू हो या मुसलमान। दोनों के साथ मर्द सुलुक एक ही करता है।" न जाने कौन लड़की कहती है।

"बेहूदा बातें न करो।" नफ़ीस कहती है, "मैं तो डाक्ट्रेट लेकर पाकिस्तान चली जाऊँगी।"

"तो फिर बाग़ी बेचारे का क्या होगा ?"

"शायर तो अच्छा है। पर सिर्फ़ स्कूल मास्टर है। इश्क़ के लिए ठीक है। यह नज़्म इन्होंने मुझी पर लिखी है।"

बाग़ी नज़्म पढ़ रहा है।

···सुर्मई जिल्द पे हल्की-सी हया की सुर्ख़ी
अधखुले होंठों में इज़हारे-तमन्ना की नमी
नर्म रुख़सार हैं साये की तरह
जिनको छूना भी है दुश्वार न छूना भी मुहाल
जिनका एहसास मगर
मेरे तपते हुए होंठों की गुज़रगाहों पर
एक लम्हे के लिए आ के चला जाता है
होंठ जल जाते हैं···

तारीफ़ के शोर में जन्नत बाक़ी नज़्म नहीं सुन पाती। कहानी अधूरी रह जाती है .···वह पलटकर नफ़ीस की तरफ़ देखती है। रंग साँवला, सुर्मई जिल्द पे हल्की-सी हया की सुर्ख़ी ! उसे यकायक याद आता है कि खुद उसका रंग भी साँवला है। और यह याद आते ही वह शर्मा जाती है।

दूसरा दिन।

पूरा गर्ल्ज़ कालेज 'बाग़ी' आज़मी के नाम से गूँज रहा है। लड़कियाँ एक-दूसरे को आटोग्राफ़ बुक्स दिखाती फिर रही हैं। नफ़ीस गुलमोहर के पेड़ के नीचे बैठी किसी को 'बाग़ी' का ख़त सुना रही है जो उसने उसे अलीगढ़ आने से पहले लिखा था।

"अरे शेर तो उन्होंने मेरी आटोग्राफ़ बुक पर लिखा है।" जन्नत किसी लड़की से कह रही है। कन्धे टूट रहे हैं, सहरा की यह वहशत भारी है। घर जायें तो अपनी नज़र में और सुबुक हो जायेंगे।"

"यह शेर भी दिया तो किसे; कि जिसकी समझ ही में न आये कि कहा क्या जा रहा है।" नफ़ीस कहती है।

"वाह, मैं समझती क्यों नहीं।" जन्नत कहती है, "शायर कहता है···"

"हाँ, क्या कहता है शायर ?" नफ़ीस टुकड़ा लगाती है।

लड़कियाँ हँस पड़ती हैं।

जन्नत लाल पड़ जाती है।

"और सुनो।" लईक़ भागी-भागी आती है। "ग़ज़ब हो गया। ख़लीक़ बिया बाग़ी आज़मी पर मर मिटीं।"

"हटो। तुम भी क्या-क्या ख़बरें लाती हो। वह तो घोड़ा कपतान पर आशिक़ थीं।" नफ़ीस कहती है।

"तुम्हारी ग्रामर कभी ठीक नहीं होगी।" लईक़ कहती है, "अरी बन्नो मैं

'थी' की बात ही नहीं कर रही हूँ। मैं तो 'हैं' की बात कर रही हूँ।" लईक़ हँस पड़ती है। "वह तो मजाज़, असलम भाई, डाक्टर जलील और घोड़ा कपतान के साथ-साथ आलिया मोटी, आलिया दुबली और आलिया नाटी पर भी आशिक़ हैं। देखती नहीं हो कैसी चूई पड़ती हैं मुंदियाँ उन पर। अल्ला ख़लीक़ यह पेन तुम ले लो। भई अल्ला आज तुम कैसे ग़ज़ब की लग रही हो। जी चाहता है तुम्हें कच्चा खा जाऊँ। फिर कमरा बन्द।..."

"क्या बकती हो।" जन्नत डाँट पिलाती है, "लड़कियाँ कहीं लड़कियों से इश्क़ करती हैं।"

"क्यों? शहनाज़ आपा और ललिता दीदी का इश्क़ नहीं चल रहा है तो क्या मीलाद शरीफ़ चल रहा है। और भैया साफ़ बात है, अब कोई बुरा माने या भला, पर मैं भी मोटे शाहिद पर आशिक़ हो गयी हूँ।"

"वह तो बहुत मोटे हैं।" जन्नत कहती है।

"कोई बात नहीं।" लईक़ कहती है, "मोटे शाहिद का इश्क़ कैन्सिल। तुम पर आशिक़ हुई जाती हूँ। मतलब तो आशिक़ होने से है।"...

उसी रात नफ़ीस की पार्टी में जन्नत और सैयद अली रफ़अत बाग़ी आज़मी का आमना-सामना हुआ। और जन्नत उस पर आशिक़ हो गयी।

और इसीलिए दूसरे दिन सवेरे की चाय के साथ जब मामूँ 'शैदा' ने यह ख़बर दी कि आज उनके यहाँ मुशायरा है, बाग़ी आ रहा है और आज जन्नत भी अपने शेर सुनायेगी, तो जन्नत के हाथ-पाँव फूल गये। बोली, "मैं तो नहीं सुनाती इतने बड़े शायर को अपने फटीचर शेर।"

"सुन रहे हैं अब्बू इसकी बात।" शैदा साहब ने अपने पिता की मदद चाही पर उनकी माता बीच में फाँद पड़ीं। बोलीं, "ठीक तो कह रही है लड़की। जवान जहान लड़की ग़ैर मर्दों को शेर कैसे सुनायेगी!"

"आप भी किस ज़माने की बातें करती हैं अम्माँ।"

"जिस ज़माने की हूँ उसी ज़माने की बात भी कहती हूँ।" बड़ी बी ने तुनककर कहा, "मुझे तो यह फ़िक्र है कि कोई जत का लड़का मिले तो दो बोल पढ़वा के बिदा कर दूँ।" बड़ी बी हत्थे से उखड़ गयीं। "बाप हर तीसरे दिन लिखता है कि जन्नत का ब्याह कर दो और मामूँ साहब उससे शेर पढ़वा रहे हैं।"

"बकने दो उसे। जन्नत का उसे ज़रा भी ख़याल रहा होता तो इसे यहाँ छोड़कर पाकिस्तान न चला गया होता!" जन्नत के नाना ने कहा।

"कोई इनकी सुने। मियाँ तुम तो सठिया गये हो। आख़िर वह जन्नत का बाप है।"

"और हम तो जन्नत के कुछ हैं ही नहीं।" नाना ने हुक़्क़े की नय सीधी करते हुए कहा।

"अब्बू, वह रिश्ता तो ऐसा बुरा नहीं। लड़का माशाअल्लाह से जौनपुर में कलक्टर लगा हुआ है।"

"सुन लो दुल्हन।" नाना ने कहा, "मेरी जन्नत कलक्टर से नहीं ब्याही जायेगी। अफ़सरों से बेटी ब्याहनेवाले कोई और होते हैं। आव बेटा, चाय पियो। तुमने शेर-वेर कहना छोड़ दिया है क्या ?"

"हरगिज़ नहीं। कल ही एक नज़्म लिखी है।"

नाना को नानी ने घूरा। वह हुक़्क़ा पीने लगे। बात टल गयी। जन्नत वहाँ से सरक गयी। उसे तो शाम का इन्तज़ार करना था।···शाम जो उसके शायर को उसके घर लानेवाली थी।

शाम हुई तो घर में कहीं तिल धरने की जगह नहीं थी।

ड्राइंग-रूम में मर्दों की भीड़ थी और अन्दर लड़कियाँ ठुँसी हुई थीं। और 'शैदा' साहब कह रहे थे, "ज़रा ग़ौर से सुनियेगा मियाँ रफ़अत। हाँ बेटा सुनाओ।"

पर बेटा सुनातीं क्या। बेटा का हलक़ तो सूखकर काँटा हो रहा था।

शैदा साहब ने फिर आवाज़ लगायी, "जन्नत। सुनाओ बेटा।"

"बेटा, ज़रा अभी शर्मा रही हैं।" लईक़ ने जलकर कहा।

जन्नत सुर्ख़ पड़ गयी।

"अरे शेर नहीं पढ़े जा रहे हैं तो आयतलकुर्सी* पढ़, मुर्दी।"

जन्नत ने लईक़ की तरफ़ घूरके देखा। दूसरी लड़कियाँ अपनी हँसी रोकने में लगी हुई थीं।

जन्नत ने थूक घोंटकर हलक़ तर किया और बड़ी मुश्किल से बोली, "मत्ला अर्ज़ करती हूँ···"

फिर तो जैसे उसका हिआव खुल गया। वह भूल गयी कि वह अजनबी बाग़ी आज़मी, मशहूर बाग़ी आज़मी, महबूब बाग़ी आज़मी को शेर सुना रही है।···

रफ़्फ़न भी इस नयी आवाज़ पर चौंक पड़ा। वह देख सकता था कि क्लासिक्स की जड़ता के झाड़-झंखाड़ में छिपी हुई एक नयी आवाज़ है जो नयी बातें कहने की कोशिश कर रही है। सिम्बल सारे वही थे। वही बुलबुल। वही सय्याद। वही क़फ़स। वही आशियाना। बहार। ख़िज़ाँ। ज़ंजीर। दामन। गिरेबाँ। तूर। बिजली। मूसा। मसीह। दश्त। सहरा। दरिया और प्यास। पर इन अर्थहीन सिम्बल्ज़ की मोटी खाल के बहुत नीचे जैसे कोई चीज़ साँस ले रही

* कुरआन का एक ख़ास टुकड़ा।

थी। कोंपल-सी फूट रही थी। हवा-सी कोई चीज़ चल रही थी और रफ़्फ़न को छू रही थी। जन्नत की आवाज़ आ रही थी—

"हम भी जुगनू की तरह, सहरा में
शाम होती है, तो जल जाते हैं"

वह रात रफ़्फ़न पर सख़्त गुज़री। वह तय करके आया था कि नफ़ीस से सारी बातें साफ़ कर लेगा। और उसका दिमाग़ जन्नत के शेरों से ठसाठस हो रहा था और नफ़ीस का ख़याल कब से दिल के बाहर खड़ा आवाज़ें दे रहा था।···

वह मुमताज़ हास्टल में अपने चचाज़ाद भाई नवाज़िश अली ज़ैदी के साथ ठहरा हुआ था। उसकी मुहब्बत में असलम भी शैदा साहब के घर से नवाज़िश अली ही के कमरे में आ गया था। उसने तय कर लिया था कि बाक़ी ज़िन्दगी वह इश्क़िया शायरी में गुज़ार देगा। बोर होकर रफ़्फ़न ने आँखें बन्द कर लीं और असलम ने यह सोच लिया कि वह सो गया है। इसलिए वह लम्बी-लम्बी साँसें लेने लगा।

नवाज़िश अली ने कहा, "पार्टनर, ज़रा आहिस्ता साँस लो, भाईजान सो रहे हैं।"

"हाय।" असलम ने कहा—

उस ग़ैरते-नाहीद की हर तान है दीपक।
शोला-सा लपक जाय है, आवाज़ तो देखो।

"जन्नत के बिना जिया नहीं जा रहा है पार्टनर। जी नहीं लग रहा है यहाँ।"

"तो न रहो।" नवाज़िश ने कहा, "घर चले जाओ। मगर ख़ुदा के लिए मुझे पढ़ने दो। मैं कपतानी करने नहीं आया हूँ। पढ़ने आया हूँ। जन्नत का वज़ीफ़ा पढ़ना हो तो क़िले पर जाके रियाज़ करो।"

"उसकी आवाज़ में कितना दर्द है, यार।"

"अबे तो थ्रोट पेंट की एक शीशी भेज दो।"

"जन्नत। जन्नत।" असलम ने नारा लगाया।

"भेजता हूँ तुझे जन्नत में।"—फिर रफ़्फ़न तक नवाज़िश की भिंची हुई आवाज़ आयी, "साले, वह भाई जान पर जान देती है।"

रफ़्फ़न का इरादा तो यह था कि जाग पड़े पर अब बात वहाँ तक पहुँच चुकी थी कि उसके लिए जाग पड़ना आसान नहीं था।

दूसरे दिन वह 'पैराडाइज़' में नफ़ीस से मिलनेवाला था।

नफ़ीस वैसे बड़ी अच्छी लड़की थी। नमाज़ी। परहेज़गार और हिन्दुओं से नफ़रत करनेवाली। हिन्दुओं से नफ़रत की वजह यह नहीं थी कि वह पाकिस्तानी थी। थी तो वह कट्टर हिन्दुस्तानी। स्टूडेंट फेडरेशन में थी। स्ट्रेची हाल में

जमाआत वालों के हाथ पिट चुकी थी। कई जमाअती उससे ब्याह करके उसका ईमान दुरुस्त करना चाहते थे। पर उसका ईमान बड़ा पक्का था। न शेर लिखती थी, न कहानियाँ, पर पी डब्ल्यू. ए. की बड़ी पक्की मेम्बर थी। फ़ैज, सरदार जाफ़री, मख़्दूम मुहिउद्दीन और साहिर के सिवा किसी के शेर ही नहीं पढ़ती थी बैंत बाज़ी में। बाग़ी आज़मी के शेर वह इसलिए नहीं पढ़ती थी कि फिर लोग क्या पढ़कर उसे छेड़ेंगे। ठुकी-ठुकाई प्रगतिशील लड़की थी। फिर भी हिन्दुओं से नफ़रत करती थी।

बम्बई चले जाने के बाद एक मुशायरे में रफ़्फ़न इलाहाबाद गया तो पहली ख़बर उसे यह मिली कि नफ़ीस सेठ मूलचन्द के चौथे बेटे की रखैल हो गयी है। वह सन्नाटे में आ गया। यह सोचकर नहीं कि एक मुसलमान लड़की किसी हिन्दू सेठ के चौथे बेटे की रखैल कैसे बन गयी बल्कि यह सोचकर कि सेठ के चौथे बेटे के बिस्तर में घुसने से पहले वह अपनी नफ़रत को तकिये के नीचे छिपाती होगी या नहीं। पर अभी यह भविष्य वर्तमान से बहुत दूर था। अभी तो वह उससे मिलने जा रहा था।

'पैराडाइज़' खचाखच भरा हुआ था। जब वह नफ़ीस के साथ दाख़िल हुआ तो लड़कों और लड़कियों दोनों ही की गरदनें मुड़ीं। फिर आटोग्राफ़वालियों ने आना शुरू किया। उनका दबाव ज़रा कम हुआ ही था कि अशरफ़ आपा आ गईं, दो बड़ी ताज़ा-ताज़ा लड़कियों के साथ। उन्होंने उसी के मेज़ पर छापा मारा।

अशरफ़आपा उन लोगों में थीं जिन्हें इश्क़ लड़वाने में बड़ा मज़ा आता है। अलीगढ़ में वह इश्क़ की एक्सपर्ट और शायरों पर आशिक़ होने वाली लड़कियों की गार्जियन समझी जाती थीं। शायरों के लिए उनके घर का दरवाज़ा हमेशा खुला रहा करता था—प्रगतिशील शायरों के लिए। कई प्रगतिशील शायर तो हफ़्ते में लगभग दस-बारह बार उनके साथ खाना खाया करते थे। सूरत-शक्ल से इन्टलेक्चुआल नज़र आनेवाली तमाम लड़कियाँ अशरफ़आपा के यहाँ जमा हुआ करती थीं और यहीं वह इस शायर को उस लड़की पर और उस लड़की को इस शायर पर आशिक़ करवाया करती थीं। वह न होतीं तो शमशाद मार्केट में खूब-सूरत लिफ़ाफ़ों और लेटरपैडों की बिकरी आधी भी न रह जाती और जब्बार मियाँ और बहादुर साहब को कोई और काम करना पड़ता।

"आदाब अशरफ़आपा।" रफ़्फ़न खड़ा हो गया।

"अरे, तुमने तो आपा को पहचान लिया।" अशरफ़आपा ने बैठते हुए कहा।

"वो बात ये है आपा कि···"

"हाँ-हाँ। सर न खुजाओ। और इन लड़कियों से मिलो। यह तुम्हारी पंखियाँ हैं। यह लम्बी वाली रुक़य्या है और यह माइ फ़्यर लेडी साजेदा। इमपोर्टेड लड़कियाँ हैं। पाकिस्तान की ढली हुई। पिछले साल तुम कराची के मुशायरे में

गये थे ना तो यह दोनों वहीं तड़ से तुम पर आशिक़ हो गयी थीं, यह सोचकर कि क्या पता फिर मौक़ा मिले या न मिले।"

इस बीच में दोनों लड़कियाँ खी-खी करती रहीं। शर्माती रहीं। नफ़ीस को घूरती रहीं और अपने-अपने दुपट्टे से खेलती रहीं।

रुक़य्या बोली, "तीन ख़्वाहिशें लेकर हिन्दुस्तान आयी थी। अब्बू का घर देखना चाहती थी। देख लिया। चचा अब्बा उसमें खेती कर रहे हैं। फिर ताजमहल देखना चाहती थी कि···"

"ताजमहल बनवाने की फ़रमाइश कर-करके अपने मियाओं का जीना दूभर कर सको।···" अशरफ़ आपा ने टुकड़ा लगाया।

नफ़ीस ने उसे आँख मारी। वह खड़ा हो गया। "ज़रा रशीद साहब से मिलने जा रहा था।"

नफ़ीस भी खड़ी हो गयी।

"तुम क्या इसकी ब्याज हो कि चली जा रही हो इसके साथ। बैठो।"

नफ़ीस बिचारी क्या करती। बैठ गयी। वह जाने की बात कह चुका था इसलिए चला गया।

'पैराडाइज़' के बाहर शमशाद मार्केट की मख़सूस चहल-पहल थी। उसके कन्धे पर पीछे से एक हाथ आ गया।

"हलो पोएट द ग्रेट।"

चन्द्रशेखर मुसकुरा रहा था।

शेखर उसका पुराना यार था। इतना तेज कि शर्माजी उसे हिन्दी विभाग में न खपा सकने की कोई तरकीब ही न सोच सके।

"यह महिलाएँ कौन थीं?" शेखर ने पूछा।

"पाकिस्तानी।"

"सौन्दर्य हिन्दुस्तानी या पाकिस्तानी नहीं होता और यदि होता है तो मैं जा रहा हूँ पाकिस्तान।"

"चलते हो चाय पीने?"

"चाय से इन्कार करना बुरी बात है।"

"वी. एम. हाल चलते हैं। जावेद से भी मुलाक़ात हो जायेगी।"

वी. एम. हाल उन दिनों प्रगतिशील लड़कों का अड्डा हुआ करता था। डाक्टर नूरुल हसन प्रोवोस्ट थे और मुनिस रज़ा जैसे खाटी कम्युनिस्ट वार्डनी कर रहे थे। और जावेद कमाल वहाँ का कैण्टीन चला रहे थे। जावेद को चाय बेचने का कोई ख़ास शौक़ नहीं था। शायर आदमी था। एम. ए. पास। बेरोज़गार। ख़लीलुर्रहमान आज़मी, डाक्टर मुनीबुर्रहमान, वामिक़ जौनपूरी, मुईन अहसन जज़्बी—सभी वहाँ बैठते थे, चाय पीते थे; साहित्य पर गप लड़ाते थे और उतनी

देर के लिए जावेद जी लिया करता था और इन लोगों के जाने के बाद वह फिर मर जाया करता था ।

रफ़्फ़न को देखकर वह ख़ुश हो गया ।

सामने एक मेज़ पर महबूबुर्रहमान 'हक्का-बक्का' लड़कों-लड़कियों के एक गिरोह के साथ गिटार और गिटार-संगीत में पाये जानेवाले बिटेमिज़ पर बहस कर रहे थे । रफ़्फ़न के आ जाने से लड़कियों का ध्यान बँटने लगा तो वह सीधे रफ़्फ़न की मेज़ पर आये और सलाम करने के बाद बोले, "रफ़्फ़न भाई ! चांस ख़राब हो रहा है । बिचारा घोड़ा कपतान मारा जायेगा ।"

रफ़्फ़न हँस पड़ा ।

यह महबूब सरहदी सूबे में रहा होता तो खुदाई ख़िदमतगार हो गया होता । लड़कियाँ इससे बेधड़क मिलती थीं कि उन्हें मालूम था कि यह अपने इश्क़ की बात नहीं करेगा क्योंकि अल्लाह ने ग़लती से इसके सीने में दिल की जगह गिटार रख दिया है ।···

अलीगढ़ । अलीगढ़ ।

ये अब्र हमेशा बरसा है, ये अब्र हमेशा बरसेगा ।

रफ़्फ़न अलीगढ़ में दो-चार दिर रह लेता तो बरस-दो बरस जीने के लिए तैयार हो जाता । वह हमेशा इसी सुकून की तलाश में अलीगढ़ आया करता था । उसने तो कभी यह सोचा भी नहीं था कि अलीगढ़ में उसे एक जन्नत भी मिल जायेगी ।

मगर जन्नत का मिलना इतना आसान नहीं था । जन्नत मरे बिना मिलती जो नहीं । उसे भी कई बार मरना और जीना पड़ा । जन्नत की निसबत कहीं और लग गयी । घरवाले ठन गये कि जन्नत तो उसी को मिलेगी । बिलकुल फ़िल्मी चक्कर लग रहा था । रफ़्फ़न का तख़ल्लुस 'बाग़ी' ज़रूर था पर जन्नत की शादी के क़िस्से में वह कर ही क्या सकता था । जन्नत के ख़त आते रहे कि बात चल रही है । कुछ करो । फिर ख़त आने लगे कि बात पक्की हो गयी । कुछ करो । फिर ख़त आने लगे कि तारीख़ पड़ गयी । कुछ करो । पर वह क्या कर सकता था । वह जन्नत के ख़त पढ़कर उदास हो सकता था । तो वह ख़त पढ़-पढ़कर उदास होता रहा ।

मगर जन्नत बहुत परेशान थी । वह अपनी तबाही का तमाशा देख रही थी ।

पहले घर पर रंग हुआ । भाइयों-बहनों के जोड़े बने । मिरासनें आने लगीं । ढोलक रख दी गयी । गालियाँ गायी जाने लगीं । रिश्तेदार आने लगे । घर मेहमानों में छलकने लगा । दूसरी शादियों की बातें होने लगीं । किसने क्या दिया था दहेज में । किसने वलीमे की दावत में क्या खिलाया था । कौन अपने देवर पर ज़रा ज़्यादा मेहरबान है। पाकिस्तान बन जाने से अच्छे लड़कों का कैसा काल पड़

गया है। कौन अपनी बीवी को कितना परेशान करता है।···जन्नत चुपचाप माइयों बैठी यह सब सुनती रही।

भरे-पुरे घर में शैदा साहब के सिवा कोई ऐसा नहीं था जो जन्नत के दिल की दुखन का राज़ समझ सकता हो। उन बिचारों ने बड़ी कोशिश भी की पर वह उम्र में अपने बाप से छोटे थे।···बिलकुल फ़िल्मी चक्कर। वफ़ादार मामू जान पर खेल गया। शैदा साहब ने घुटने टेक दिये कि जो जन्नत की शादी किसी और से हुई तो वह जान दे देंगे। घरवाले इसके लिए तैयार नहीं थे। तो हुआ यह कि जो मेहमान एक आई. ए. एस. दूल्हा का स्वागत करने इकट्ठा हुए थे उन्होंने रफ़्फ़न का स्वागत किया।

मोलवी साहब पूछ रहे थे, "जन्नत काज़मी बिंते सैयद अली रज़ा काज़मी···" मोलवी साहब की आवाज़ न जाने कहाँ चली गयी। वह खुद भी ज़ैदी विला चला गया और अपनी जन्नत की तरफ देखने लगा जो भाई जानू के कुरते में बटन टाँक रही थी और मिसेज़ नार्थ से अंग्रेज़ी पढ़ रही थी और खाने की मेज पर कर्नल साहब की तरफ दोप्याजे का डोंगा बढ़ा रही थी और गुलबहरी को डाँट रही थी और सबके साथ उसे अकेला छोड़कर पाकिस्तान जा रही थी···जन्नत। मिसेज़ जन्नत अली सामिन ज़ैदी। जन्नत बाजी। जन्नत भाबी।···सब चले गये। वह उस ज़ैदी विला में अकेला रह गया जिसमें वह कई पेड़ों के साथ जवान हुआ था।

"···क्या आपको यह कुबूल है?" मोलवी साहब पूछ रहे थे।

"क़ुबूल है।"

"अन कहतो मोवक्केलकी अलल महरिल मालूम।"* मोलवी साहबने निकाह के सेग़े शुरू कर दिये।

रफ़्फ़न को अब भी यक़ीन नहीं आ रहा था कि उसने इश्क़ किया और अब उसकी शादी हो रही है। पर शादी तो हो रही थी। अजीब-सी शादी थी। घर-वाला कोई नहीं था। न बहन ने सिर पर आँचल डाला। न माँ ने इमाम ज़ामिन बाँधा। न बहनोई ने पोखर खोदी। न छोटी बहनें नेग के लिए लड़ीं और न ही ज़ैदी विला के दरवाजे पर कोई डोला छेंकनेवाला होगा।

ज़ैदी विला। यह किसके घर का नाम है? क्या गुरचरण शाह ज़ैदी सैयद है? क्या उन्हें मालूम है कि मौलसरी के पेड़ पर पहली बार बयों ने किस साल घोंसले बनाये थे? क्या उन्हें मालूम है कि जामुन के पूरबवाले पेड़ की छाँव में एक सुग्गे की क़ब्र है। क्या उन्हें मालूम है कि बाग़ीचे की महताबी पर चाँदनी रातों में कैसी-कैसी महफ़िलें जमा करती थीं? गुरचरण शाह को तो कुछ भी नहीं

---

* भाषा अरबी है। शीया निकाह यूँ ही शुरू होता है।

मालूम और जिसे यह बातें मालूम थीं वह एक किराये के घर में रह रहा था।

सट्टी मस्जिद की एक गली में एक छोटा-सा घर था। आँगन मुश्किल से तीन चार पलँग-भर का। कमरे ऐसे कि अगर ज़ैदी विला में होते तो कोठरी कहे जाते। दीवारें ऐसी कि दो ईंटों के बीच की हर दरार में गुजरे हुए न जाने कितने साल तले-ऊपर बैठे हुए झाँक रहे होंगे और सोच रहे होंगे कि अब तो यहाँ तिल धरने की भी जगह नहीं रह गयी है।···

इस घर में उतरने के बाद ही जन्नत को पता चल गया कि प्यार तो उसने बेशक 'बाग़ी' आज़मी से किया था पर उसका ब्याह तो किसी सैयद अली रफ़अत ज़ैदी, हिस्ट्री के एक टीचर से हो गया। जन्नत सन्नाटे में आ गयी। वह तो अच्छा हुआ कि यह शादी शैदा मामू की ज़ोर-ज़बरदस्ती से हुई थी और घरवाले ख़िलाफ थे, नहीं तो साथ की बीबियाँ आयी होतीं और यह भाँडा फूट गया होता कि उसकी शादी 'बाग़ी' आज़मी से नहीं हुई है, मास्टर अली रफ़अत से हुई है। मास्टर अली रफ़अत बी. ए. बी. टी. (अलीग)। ··अल्लाह का शुक्र है कि कोई बीवी दुल्हन के साथ की बीबी बनने पर तैयार ही न हुई। और शैदा मुमानी ठीक निकाह के वक़्त चली गयीं सौरी में। तो उसके साथ सिर्फ़ फ़त्तो बुआ आ सकी। तो उससे क्या पर्दा !

जन्नत तो दुल्हन बनी हुई थी। आँखें बन्द किये बैठी रही। पर फ़त्तो बुआ ने बड़बड़ाना शुरू कर दिया।

"ऐ मियाँ।···" फ़त्तो बुआ ने बाक़ी बातें अपनी आँखों से कहीं। रफ़्फ़न काँप गया। फ़त्तो बुआ ने दीवारों और आँगन और दरवाज़ों की तरफ़ कुछ देखा ही यूँ था। उस एक बेमुरव्वत निगाह ने रफ़्फ़न को बुरी तरह घायल किया।···

फ़त्तो बुआ जितने दिन रही उतने दिन उसने अपना ज़्यादा वक़्त बड़बड़ाने में लगाया, "उई नौज। यह मुआ घर है कि सण्डास। कोई निखौंदी नाक को बन्द किये-किये कब तक जिये।···मेरी बच्ची की तो क़िस्मत फूट गयी···" रफ़्फ़न को देखकर वह एक अजीब अन्दाज़ से 'ऊँह' कहकर चुप हो जाती। पर उसकी चुप रफ़्फ़न के लिए ज़्यादा दुखदायी साबित होती।···जन्नत को अभी यह चीज़ें साफ़-साफ़ नहीं दिखायी दे रही थीं, क्योंकि उसके पपोटे तो अभी प्यार की नींद से बोझल-बोझल-से थे।

मगर फ़त्तो आराम की ज़िन्दगी की आदी थी और रफ़्फ़न से उसकी शादी भी नहीं हुई थी तो भला वह सट्टी मस्जिद के उस घर में क्यों रहती। बेनाम घर भी कोई रहने की जगह होता है ? 103, सट्टी मस्जिद, 'शहर और डाकख़ाना ग़ाज़ीपुर ? नाम इतना बड़ा और घर इतना छोटा कि आँगन में कोई पाँव फैला के लेट भी न सके। अरे भई घरों के भी क्या-क्या नाम होते हैं। आशियाना। साहिल। ताजे अकबर। लालाज़ार। सुलतान जहाँ मंज़िल। पानवाली कोठी।

इन्तिख़ाबे साहिल। शाहीन विला···यह होते हैं घरों के नाम। नाम ही सुनकर रहने को जी चाहने लगे। 103, सट्टी मस्जिद। तोबा।···फ़त्तो जन्नत को अकेला छोड़कर चली गयी।

103, सट्टी मस्जिद, शहर और डाकख़ाना ग़ाज़ीपुर। जन्नत की आत्मा पर नाम की यह तख्ती ठुँक गयी। वह एक ख़ूबसूरत और जवान लड़की से घिसघिसा के 'मीर' तक़ी मीर का एक शेर बन गयी---

सुब्ह होती है शाम होती है
उम्र यूँ ही तमाम होती है

वैसे 103, सट्टी मस्जिद में सुब्ह तो ख़ैर होती ही नहीं थी। सीधी दोपहर होती थी। लगता था जैसे सुब्ह का नाश्ता रात रहे हो जाता है। बग़ल में पुत्ती बाई का कोठा था। बाजूबन्द खुलते रहते थे। हाथ में मोरे मेहँदी लगी है, लट उलटी सुलझा जा!···

रफ़्फ़न से जन्नत को प्यार तो अब भी था। पर प्यार में कोई 103, सट्टी मस्जिद नहीं बन सकता। कहाँ नज्द का रेगिस्तान और कहाँ 103, सट्टी मस्जिद। लैला से जन्नत तक आते-आते प्यार की कहानी बदल गयी है। यह एक फटीचर प्यार है। इसमें शायद न कोई कविता है और न कोई कहानी।···यह सोचकर जन्नत का दिल डूब जाता। पर बियाओं को वह बड़े लम्बे-चौड़े ख़त लिखा करती थी। लिखती कि रफ़्फ़न का अस्ली घर कितना बड़ा है। लिखती कि रफ़्फ़न के पिता शहर के क़ितने बड़े वकील थे और शहर में उनकी कितनी इज़्जत थी। उनके पाकिस्तान चले जाने के बाद भी ज़ैदी विला को जानेवाली सड़क 'ज़ैदी रोड' ही कही जाती है। लिखती कि रफ़्फ़न से प्यार करने में कितना मज़ा आता है। लगता है जैसे सैकड़ों लड़कियाँ दीदे फाड़े उन्हें हसरत से देख रही हैं। लिखती कि रफ़्फ़न ने उस पर एक बड़ी अच्छी नज़्म लिखी है।···वह जानती थी कि बियायें इन ख़तों को पढ़ के ललचा जायेंगी।

रफ़्फ़न अन्धा नहीं था। वह देख सकता था कि उसकी जन्नत पर क्या गुज़र रही है।···और तब उस पर यह बात खुली कि प्यार कोई बहुत टिकाऊ चीज़ नहीं होता। ज़रा धूप कड़ी पड़ जाये तो फूल की तरह कुम्हला जाता है। समय मैल छाँटने के लिए वर्तमान के घाट पर ज़रा ज़ोर-से पटक-पटककर धोने लगे तो बारीक कपड़े की तरह जगह-जगह से मसक जाता है। किसी कहानी की तरह बार-बार कहने-सुनने में बदल जाता है।···उसे पता भी न चला कि इस भाग-दौड़ में उसकी शायरी की भाषा और शैली बदल रही है।

चाँदनी के उजले काग़ज़ पर कैसा गीत लिखें
बोलो तुमको ग़ैर लिखें या अपना मीत लिखें

एक-एक जीवन बनकर गुज़रा प्यास का एक-एक मील
प्यास के हर-हर मील पे आयी आँसू की एक झील
होंटों के सूखे खाते में हार कि जीत लिखें
बोलो तुमको ग़ैर लिखें या अपना मीत लिखें।

रफ़्फ़न चौंक पड़ा। क्या यह उदास-उदास-सा शायर मैं हूँ ? उसने अपने-आप से सवाल किया। यह उदासी तो तब भी नसीब नहीं बनी थी जब जन्नत अब्बा और भाई जान के साथ पाकिस्तान चली गयी थी। यह उदासी तो तब भी नसीब नहीं बनी थी जब 'ज़ैदी विला' पर कस्टोडियन ने क़ब्जा कर लिया था। यह उदासी तो तब भी नसीब नहीं बनी थी जब वह अपने शहर में अपने लिए घर तलाश कर रहा था।···और जिस रात वह 103, सट्टी मस्जिद में पहली रात सोया था और 'ज़ैदी विला' की यादों ने उस पर हल्ला बोल दिया था और उससे पूछना शुरू किया था कि वह कहाँ रहें।

ज़िन्दगी में पहली बार वह प्यार से डरा।

प्यार का ग्राफ़ भी ज़िन्दगीकी दूसरी चीज़ों की क़ीमतोंके ग्राफ़ से जुड़ा होता है। प्यार का एक साफ़-सुथरा घर नहीं बन सकता। चाय बनकर प्यालियों में नहीं उँडेल सकता। इस्त्री बनकर कपड़ों की सलवटें नहीं दूर कर सकता। सेनेमा के दो टिकट नहीं बन सकता। 103, सट्टी मस्जिद में सवेरा बनकर नहीं आ सकता। वह केवल यह कर सकता है कि ख़्वाहिशों के घावों में उँगली नचा-नचाकर याद दिलाता रहे कि आदमी घायल है। प्यार कोई 'फ़िक्सो' नहीं है कि तड़ से सपनों के टुकड़े इकट्ठा किये और जोड़ लिये। प्यार एक बेदर्द चीज़ है। दुश्मन। हराम-ज़ादा।

रफ़्फ़न अपनी जन्नत को 103, सट्टी मस्जिद में नहीं रखना चाहता था। क्योंकि वह जानता था कि जो लोना 103, सट्टी मस्जिद की दीवारों को चाट रहा है वह उसके प्यार को भी चाट जायेगा। वह जन्नत से शर्माने लगा और अपने अन्दर घुसता चला गया। जन्नत की आवाज़ मद्धम होती चली गयी, और फिर बन्द हो गयी।

जब जन्नत ने देखा कि रफ़्फ़न तक उसकी आवाज़ ही नहीं जा रही है तो उसे अपनी आवाज़ ऊँची करनी पड़ी।—और यूँ पहला झगड़ा हुआ। बात बहुत छोटी-सी थी।

"क्या सोच रहे हो ?"

"कुछ नहीं।'

रफ़्फ़न फिर सोच में पड़ गया।

"कौन याद आ रहा है ?"

"कोई नहीं।"

रफ़्फ़न फिर सोच में पड़ गया।

"नफ़ीस, सईदा, सुरेखा, बानो, या महजबीन ?"

"मैं तो इन्हें याद करना कब का छोड़ चुका हूँ।"

"कोई नाम रह गया क्या ?"

"हाँ।"

"वह कौन है ?"

"जन्नत।"

जन्नत इस जवाब के लिए तैयार नहीं थी। सटपटा गयी। सटपटा गयी तो सटपटाहट को छिपाने के लिए बोली—

तेरी वफ़ा से क्या हो तलाफ़ी की दह्र में।
तेरे सिवा भी हम पे बहुत-से सितम हुए।

रफ़्फ़न ने कोई जवाब नहीं दिया।

जन्नत ग़ालिब के इसी शेर को गुनगुनाने लगी। तेरी वफ़ा से क्या हो तलाफ़ी···

रफ़्फ़न झल्ला गया।

"देखो जन्नत···"

"देखने के लिए है क्या ? मैं ताजमहल की फ़रमाइश तो करती नहीं। पर एक साफ़-सुथरा घर तो माँग ही सकती हूँ।"

"माँगो।"

जन्नत उबल गयी।

रफ़्फ़न की यह मजबूरी थी कि वह बुरा भी नहीं मान सकता था। पर वह अपनी मजबूरियों पर ज़रूर झल्लाया और उसकी आवाज़ में इस झल्लाहट की कड़वाहट आ गयी।···सुबह के कोई साढ़े तीन बजे जन्नत बोली, "मेरे जाने का बन्दोबस्त कर दीजिए। मैं जाना चाहती हूँ।···"

रफ़्फ़न सन्नाटे में आ गया। उसने सोचा भी नहीं था कि बात कभी इतनी भी बढ़ सकती है कि आने-जाने की बात निकल आये।

"मैंने कुछ कहा था।"

"सुन लिया था मैंने।"

"सुन लिया तो जवाब दो।"

"कल सत्ताईस तारीख़ है। चार दिन और रुक जाओ।"

"ठीक है, वह कंगन बेच आना कल जो अम्मीजान ने दिया था।"

"यहाँ के सोनार मुझे पहचानते हैं, मैं घर की कोई भी चीज़ बेचने नहीं जाऊँगा।"

प्यार का एक रूप यह भी है। यही भी एक रस है। भक्ति से आगे की एक

मंज़िल है। शायद वह दोनों यह बातें इसलिए कर रहे थे कि वह दोनों ही एक-दूसरे को शर्मिन्दगी से बचाना चाहते थे।

प्यार × ज़रूरत × आमदनी = ?

रफ़्फ़न जानता था कि इस घर में जन्नत समा नहीं पा रही है। इस घर में तो वह ख़ुद भी नहीं समा पा रहा था। वह जन्नत को 103, सट्टी मस्जिद में रखकर अपने प्यार की निगाहों में ज़लील होना नहीं चाहता था। पर चारा ही क्या था! उसकी तनख़्वाह इससे बड़ा घर नहीं ले सकती थी। घर।···उसे इससे बड़ा घर भी मिल सकता था और इससे बड़ी नौकरी भी, पर उसकी परेशानी यह थी कि वह अपने शहर से बाहर नहीं जाना चाहता था। 103, सट्टी मस्जिद में रहने का उसे शौक़ नहीं था। यह उसकी ख़ामोश बग़ावत थी।

मगर जन्नत कह रही थी कि उसने ताजमहल की फ़र्माइश तो की नहीं। वह तो सिर्फ़ एक साफ़-सुथरा घर माँग रही है। ठीक तो कह रही है जन्नत। उसे इस जहन्नम में रखना वाकई बड़ी ज़्यादती की बात है। तो उसने फ़ैसला किया कि वह जन्नत को लेकर कहीं और चला जायेगा···

उसे नारायणगंज के हाजी मस्तान नेशनल डिगरी कालेज में हिस्ट्री पढ़ाने की जगह मिल गयी। वह बहुत खुश हुआ। जन्नत भी बहुत खुश हुई। बोरिया-बिस्तर बँध गया। वह दिल-ही-दिल में बहुत उदास था। सड़कों और गलियों से बिदाई लेने निकला।···यह रास्ता बाबू रामअवतार चा मुख़्तार के घर जाता है। यह गली जाती है भैरव चा के घर। इस सड़क पर आगे चलकर हुसैन चा का घर है। है कि था? उस वाली सड़क के आगेवाले नुक्कड़ से दायें मुड़ें तो हमीदुल्ला अहरारी चा का घर आता है।···वह सामने मुन्नी का घर है। नन्दलाल का घर पीछे रह गया···यह महाबीर साहब की दूकान है। वह गजानन्द की। यह रफ़ीक़ सौदागर की दूकान है। रफ़ीक़ सौदागर को मरे एक ज़माना हुआ पर दूकान अब भी उन्हीं की कही जाती है। अकबर दर्ज़ी। पंचम कुँजड़ा। सिटी अस्पताल। कोतवाली। टाउन हॉल···ज़ैदी विला।

ज़ैदी विला।
रफ़्फ़न वलद कस्टोडियन ज़ैदी।
मिसेज़ नार्थ।
अब्दुस्समद ख़ाँ बावरची।
सैदानी बी।
मौलसरी का पेड़।
जन्नत और भाई जानू।
भाई जानू और जन्नत।
मास्टर जगदम्बा प्रसाद।

"अगर गोश्त दो रुपये सेर मिलता है तो मास्टर साहब का क्या दाम हुआ ?"

इतनी बहुत सारी और भाँति-भाँति की यादों से बिदाई लेना कोई ठट्ठा खिलवाड़ नहीं है।···ट्रेन शायद चल रही थी और शहर उससे दूर भागा जा रहा था।

उसने जन्नत की तरफ़ देखा। जन्नत खिड़की से गरदन निकाले बाहर झाँक रही थी।

"क्या सोच रही हो ?"

"कुछ नहीं।"

छोटी लाइन की छोटी-सी ट्रेन रास्ते के धक्के खाती चली जा रही थी। डिब्बा खचाखच भरा हुआ था। सामान ज़्यादा था। मुसाफ़िर कम थे। आँखों के रेगिस्तानों में आवाज़ के पाँव धँसे जा रहे थे। झुर्रियों की ज़न्जीरों में जकड़े हुए चेहरे। मैली बण्डी या कुरते से झाँकती हुई मैली-कुचैली और चिगुड़ी-मिगुड़ी ज़िन्दगी। होंठों पर धरना मार के बैठी हुई प्यास। आँखों के खुले मैदानों में दौड़-पट्टा मारती हुई बेबसी।···डिब्बा खचाखच भरा हुआ था। कहीं इतनी जगह भी नहीं थी कि पल-भर के लिए कोई थकी हुई निगाह टिक जाये। तो रफ़्फ़न फिर जन्नत की तरफ़ देखने लगा। जन्नत अब भी बाहर देख रही थी।

"क्या देख रही हो ?"

"कुछ नहीं।"

"न कुछ देख रही हो, न कुछ सोच रही हो तो फिर कर क्या रही हो ?"

"कुछ नहीं।"

सागर का सारा ज़हर इन दो शब्दों में खिंच आया था।

कुछ नहीं।

कुछ नहीं।

अरे भई, कुछ क्यों नहीं।

गर नहीं प्यार तो नफ़रत ही सही।···कुछ नहीं है तो अदावत ही सही। रफ़्फ़न ने एक सिगरेट सुलगा ली। मज़ा नहीं आया। जी चाहा कि जलती हुई सिगरेट को बाहर कुछ यूँ फेंके कि उसकी आग जन्नत की बाँहों के चन्दन को छूती हुई जाये ताकि जन्नत बिगड़कर उसकी तरफ़ देखे। सिगरेट को फेंकने के लिए उसका हाथ उठ भी गया था कि ख़याल आया कि पूरी-की-पूरी सिगरेट को यूँ फेंक देना बड़ी बेवकूफ़ी की बात है। उसका हाथ रुक गया।

एक सिगरेट=एक आना।

एक आना=एक निवाला खाना।

एक निवाला खाना=एक चुल्लू पसीना।

एक चुल्लू पसीना=एक क़तरा ख़ून=अपना ख़ून।

सिगरेट की आग झाड़कर उसने सिगरेट को उसकी डिबिया में वापस रख दिया।

गुस्से में भी आदमी साले को सोचना पड़ता है कि गुस्सा करे या न करे। करे तो कितना करे। यदि बहुत महँगा पड़ रहा हो तो गुस्सा करने से यह कहीं अच्छा है कि आदमी टाल जाये और सामने बैठे हुए उस बूढ़े की तरफ़ देखने लगे जो चलती ट्रेन में काँपते हाथों से सिगरेट जलाने की कोशिश कर रहा है।

रफ़्फ़न ने अपनी दियासलाई से उसकी सिगरेट जला दी। बूढ़े ने एक लम्बा-सा कश लेने के बाद उसकी तरफ़ देखा।

"कहाँ जा रहयो, भय्या ?"

"नराएनगन्ज।"

"नये मास्टर हौ का ?"

"जी।"

बूढ़ा मुस्कुरा दिया।

"कउन जात हौ।" यह कोई सवाल नहीं था। बात शुरू करने का एक तरीक़ा था।

"सय्यद।" रफ़्फ़न ने टेढ़ा जवाब दिया। सामने वाले ने इस ज़ात का नाम ही नहीं सुना था। चकरा गया।

"हम लोग मुसलमान हैं।" जन्नत ने कहा।

बूढ़ा हँस पड़ा। बोला, "ऊहे त हमहूँ कहें कि ए भय्या ई सय्यद कउन जात निकल आइल बाय। नरायनगन्ज में पचास घर ज़रूर रहल होई मियाँ लोगन का।"

"का कहत बाड़ा तूं। पचास घर त कभईं ना रहल होई।"

"अब कितने घर हैं।" रफ़्फ़न ने भी यह सवाल नहीं किया था।

"मुसलिम पर्सनल-ला में अमेंडमेंट न हुआ तो दस-बीस बरस में सौ-सवा सौ घर हो जायेंगे।"

रफ़्फ़न ने अधेड़ उम्र के उस आदमी की तरफ़ देखा जो 'फ़िल्म फ़ेयर' में छपी हुई मधुबाला की तस्वीर को देखने में लगा हुआ था।

रफ़्फ़न मुसकुरा दिया।

"आपको कोई एतराज़ है ?" उसने सवाल किया।

अधेड़ उम्र का आदमी चौंक पड़ा।

"हम त भय्या इ कह रहें कि गाजी मियाँ के रउजे पर जाके चिराग-बत्ती करो।..." किसी और तरफ़ से आवाज़ आयी।

रफ़्फ़न उस अधेड़ उम्र के आदमी की तरफ़ देखकर हँस पड़ा।

"यह गाजी मियाँ कौन हैं श्रीमान् ?" अधेड़ उम्र वाले ने सवाल किया।

"अरे ऊहे बहराइच वाले !" दूसरे सिरे पर बैठे हुए आदमी ने कहा। "अउर एक ठो ग़ाजी मियाँ ई रहे।" उसने अपने बेटे को उसकी माँ की गोद से उठाकर उसका मुँह चूम लिया। बच्चे के माथे के एक सिरे पर काजल का एक बड़ा-सा टीका लगा हुआ था।

"ग़ाज़ी मियाँ भी सय्यद थे।" रफ़्फ़न ने कहा।

किसी ने उसकी तरफ़ ध्यान नहीं दिया।

मधुबाला की तस्वीर वाला आदमी सँभलकर बैठ गया।

"ग़ाज़ी मियाँ गये अपनी···" जन्नत को देखकर वह रुक गया।

"कहाँ गये ग़ाज़ी मियाँ ?" जन्नत ने बड़ी बेदर्दी से सवाल किया।

मधुबाला वाला बिलकुल सटपटा गया। रफ़्फ़न को हँसी आ गयी। वह बाहर की तरफ़ देखने लगा। ट्रेन के बाहर, दूर आमों के झुण्ड के उस पार सूरज डूब रहा था। उसे एकदम से ख़याल आया कि वह सवेरे से बैठा हुआ है। कमर तख़्ता हो रही है। उसने टाँगें फैला दीं। आवाज़ें अब भी आ रही थीं। मधुबाला वाला अपनी बात पर अड़ा हुआ था कि ग़ाज़ी मियाँ से कुछ माँगना भारत की स्वतन्त्र आत्मा का अपमान है। बूढ़ा किसान अपनी बात पर डटा हुआ था। और ट्रेन भागी चली जा रही थी। और दूर एक गाँव के पीछे सूरज डूब चुका था। और सन्ध्या की मटियाली रोशनी में रफ़्फ़न को जन्नत साफ़ दिखायी दे रही थी। उसने अपनी टाँगें ज़रा और फैला दीं। उसका जूता उस जवान औरत के पैरों से छुल गया जो आती हुई शाम और जाते हुए दिन से बेपरवा अपने बच्चे को दूध पिला रही थी। उसने आँखें उठाकर रफ़्फ़न की तरफ़ देखा। रफ़्फ़न की आँखें बन्द थीं और उसकी आत्मा की थकन उसके माथे पर आल्ती-पाल्ती मारे बैठी हुई थी। उसकी गँवार और बेतकल्लुफ़ निगाह थोड़ी देर उसके चेहरे पर रुकी रही··· फिर जब बच्चा उसके थनों को अपने लाल-लाल हाथों से थपथपाने लगा तो उसके सारे बदन में गुदगुदी की एक लहर दौड़ गयी। मुसकुराकर उसने बच्चे के मुँह से दूध निकाल लिया। उसकी बाछों में दूध लगा हुआ था। उसने अपनी खुरदुरी उँगलियों से बच्चे की बाछें साफ़ करके उसे उछाल दिया और बच्चा खुश होकर खिलखिला दिया। सारे मुसाफ़िर मुड़कर उधर देखने लगे। रफ़्फ़न ने आँखें खोल दीं। माँ सबसे बेख़बर अपने मुँह से बच्चे के पेट में गुदगुदी कर रही थी। वह मुसकुरा दिया।

"मुसकुरा चुके हो तो एक बात पूछें ?" जन्नत ने कहा।

वह उठकर बैठ गया।

"तुम्हें माँ ज़्यादा अच्छी लगी या बच्चा ?"

"क्या ?" रफ़्फ़न का खून खौल गया, "पागल हो गयी हो क्या ?"

"नहीं।" जन्नत ने उसके बड़े-से सवाल का छोटा-सा जवाब दे दिया।

वह ग़ुस्से के बावजूद हँस पडा। और पहली बार, उसने ऐसा महसूस किया कि वह इस शक्की जन्नत से कितना प्यार करता है। उसने हाथ बढ़ाकर जन्नत को नाक दबा दी।

"हुँह-हूँ। क्या करते हो।" जन्नत की आवाज़ की कड़वाहट ख़त्म हो गयी। "कब आयेगा यह नराएनगंज ?"

"कोई घण्टे-भर के बाद।"

सारा तनाव पल-भर में ख़त्म हो गया। उसके माथे पर आल्ती-पाल्ती मारे बैठी हुई थकन नीचे लुढ़क गयी।···बाहर रात हो चुकी थी। अन्दर बच्चा माँ की गोद में सो चुका था। मधुबाला की तस्वीर वाला ऊँघती हुई माँ को देख रहा था। अधेड़ उम्र वाला किसान खैनी मल रहा था और रफ़्फ़न नारायणगंज की राह देख रहा था।

नारायणगंज

नारायणगंज उन दोग़ली बस्तियों में से एक था जिसे न शहर कह सकते हैं, न गाँव। जिसमें बुराइयाँ दोनों की थीं। अच्छाई किसी की नहीं थी। यह एक छोटा-सा शहर या एक बड़ा-सा गाँव था।

सारे हिन्दुस्तान की तरह नारायणगंज भी बरसों तक 'इन्क़िलाब ज़िन्दाबाद' का नारा लगाते-लगाते थक-सा गया था। आवाज़ फँस गयी थी। न कोई नारा रह गया था, न कोई मक़सद। ज़िन्दगी मँगई नदी की तरह सूखी पड़ी थी। जो काठ का पुराना पुल न होता तो आने-जानेवालों को यह ख़याल भी न होता कि वह किसी नदी को पार कर रहे हैं।

नारायणगंज की ज़िन्दगी में इस बे-नदी के पुल का बड़ा महत्त्व है। शहर से आनेवाले एक्के पुल के इधर-उधर रुकते हैं। एक्केवान घोड़ों के पाँव उठाते हैं। उनके मुँह में गुड़ की डली डालते हैं। मुसाफ़िर पुल से नीचे उतरकर सूखी नदी में पेशाब करते हैं।···और अगर इस बीच में क़ासिमाबाद जानेवाली लारी गुज़र जाये तो थोड़ी देर के लिए पुल धूल के बादल में छिप जाता है। पर आमतौर से लारी पुल पर रुकती है और आमतौर से लारी में कोई-न-कोई थानेदार, डिप्टी कलेक्टर या एम. एल. ए. ज़रूर होता है। बाबूराम पानवाला होंठों पर मुसकुराहट चिपकाकर उन्हें पान खिलाता है। लेमोनेड पिलाता है और लारी के गुज़र जाने के बाद उन्हें देर तक गालियाँ दिया करता है।

बाबूराम को कुश्ती लड़ने और गाना गाने का बड़ा शौक़ था। पर जब से वह पाँव तोड़कर दुकान पर बैठने लगा है, सारा समय पुराने दंगलों और जल्सों के क़िस्से सुनाया करता है। आने-जानेवाले मुसाफ़िर वही हैं। उन्हें यह क़िस्से ज़बानी याद हो चुके हैं फिर भी वह इन्हें शौक़ से सुनते हैं और मज़ा लेते हैं।

बाबूराम सन बयालीस में जेल-यात्रा भी कर आये थे और यही उनकी सबसे बड़ी और सबसे ख़ूबसूरत याद थी। वैसे तो वह याद भी लाजवाब थी जिसमें गामा पहलवान ने अखाड़े में आकर उनकी पीठ ठोंकी थी।···वह इन दोनों यादों को ख़ास-ख़ास मौक़ों पर निकाला करते थे।

बाबूराम को सिर्फ़ एक दुख था। उनके इकलौते बेटे रामअवतार को न कुश्ती का शौक़ था न गाने का। वह जब मज़े में होते तो अपनी पत्नी दुखिया से कहते, "लल्ला की पैदाइस में जरूर कोई घपला है। जेका बाप गुरुजी कहा जाये अउर जेकी मतारी जबान के दाव-पेच में अइसी चउकस कि कोई मिलिट-भर ना टिक सके ओके सामने, ऊ लड़े से घबराये।"···

लेकिन रामअवतार एक चुप्पा लड़का था। उसकी आँखें इतनी उदास थीं कि उन्हें आँखें कहना मुश्किल था। कभी मुसकुराता तो लगता कि मुसकुराहट उसके होंठों तक आकर पछता रही है।

यह सूखा सड़ा-सा रामअवतार शारदा से प्रेम करता था। यह शारदा बड़ी तेज़ लड़की थी। वह कचहरी तहसील के केला पान वाले की इकलौती लड़की थी। केला दिल से यह चाहता था कि शारदा का ब्याह रामअवतार से हो जाये। पर बाबूराम को यह रिश्ता मन्ज़ूर न था। वह अपने एम. ए. पास लड़के को केला जैसे अपढ़ तँबोली की लड़की से ब्याहना नहीं चाहता था। केला यह सुनकर जल जाया करता था। अरे शारदा अगर एक जाहिल तँबोली की लड़की है तो रामअवतार भी नारद का बेटा नहीं है। रामअवतार एम. ए. पास है तो क्या हुआ। शारदा भी मिडिल पास है। रामअवतार के एम. ए. पास होने की ख़बर सुनी-सुनायी है। किस गाँववाले ने उसे एम. ए. पास करते देखा है? पर शारदा तो यहीं और डंके की चोट पर मिडिल पास हुई है।

शारदा का एक भाई था। कालीचरण। रामअवतार की ज़िद में केला ने उसे एम. ए. तक पढ़ाने का फ़ैसला किया। पर जब लगातार छः बरस वह हाई स्कूल ही में टिका रहा तो उसकी पढ़ाई बन्द करवा दी गयी। और जब पढ़ाई बन्द हो गयी तो मजबूरन कालीचरण राजनैतिक बन गया कि राजनैतिक होने के लिए कोई बहुत पढ़ा-लिखा होना ज़रूरी नहीं है।—तो कालीचरण का ज्यादा वक़्त राजनीति के चक्करों में गुज़रने लगा। बचा-खुचा समय वह हाई स्कूल के लड़कों को राय-मशविरा देने में गुज़ारता था। चूँकि वह हाई स्कूल में लगातार छः साल फ़ेल हो चुका था इसलिए वह अपनी गिनती तज्रबाकारों में किया करता था

और लड़कों से राय देने की कोई फ़ीस नहीं लिया करता था।

कालीचरण को शायरी का भी ख़ासा शौक़ था। उसे दुनिया से एक ही शिकायत थी और वह यह कि लोग उसकी 'सिरियस पोएट्री' सुनकर हँसने लगते हैं। उसे हास्य-रस का कवि मानते हैं।···दुनिया के तमाम बड़े कलाकारों को दुनिया से यही शिकायत रही है।···घर के पैसे मार-मारकर कालीचरण 'विद्रोही' ने अपना काव्य-संग्रह भी छपवा मारा था।

कालीचरण रामअवतार का दोस्त था और उसी के साथ साप्ताहिक 'वर्तमान' में काम भी किया करता था···या कम-से-कम उसका ख़याल था कि वह साप्ताहिक 'वर्तमान' में काम करता है।

'वर्तमान' एक निडर पत्रिका थी।

रामअवतार 'वर्तमान' का सम्पादक था और उसकी सारी तनख़्वाह 'वर्तमान' की भेंट चढ़ जाया करती थी। जब कभी बिलकुल ही ठाला हो जाया करता तो रामअवतार अमजद से माली मदद ले लिया करता था। यह अमजद हाजी मुहम्मद रफ़ी बीड़ी वाले का चहीता बेटा था और जब से हाजी साहब ने शहज़ादी रण्डी को घर में डाल लिया था तब से अमजद का पाँसा और चढ़ गया था।

यह हाजी मुहम्मद रफ़ी बीड़ी वाले नारायणगंज नेशनल हायर सेकेण्ड्री स्कूल के मैनेजर भी थे। यह आदमी तो अँगूठा टेक थे पर चूंकि स्कूल की नयी बिल्डिंग के लिए सबसे ज़्यादा पैसा इन्हीं ने दिया था इसलिए एक भरी सभा में इन्हें मैनेजर बना दिया गया था। मैनेजर बनने के दस-बारह दिन के बाद बीड़ी के कारख़ाने पर नया बोर्ड चढ़ गया। इस नये बोर्ड पर उनके मैनेजर होने की बात भी जोड़ दी गयी थी।

नारायणगंज नेशनल हायर सेकेण्ड्री स्कूल की वर्किंग कमेटी के अध्यक्ष थे श्री मक्खनलाल अग्रवाल, एम. एल. ए. (स्वतन्त्र)।

मक्खनलालजी आदमी कम थे और ब्रीफ़-केस ज़्यादा! इस ब्रीफ़-केस के बिना वह अधूरे-अधूरे नज़र आते थे—इतने अधूरे कि पहचानना मुश्किल हो जाय। यह ब्रीफ़-केस पुराने समाचारपत्रों, पुराने ख़तों और लीडरों के साथ खिंची हुई मक्खनलालजी की तस्वीरों से भरा रहता था। जब कोई काग़ज़ निकालने के लिए वह ब्रीफ़-केस खोलते तो लगभग हमेशा काग़ज़ के साथ दो-एक तस्वीरें भी टपक जातीं और एक झेंपी हुई हँसी के साथ उन तस्वीरों को यूँ समेटते कि किसी-न-किसी को एक-आध तस्वीर उठा लेने का मौक़ा मिल ही जाता। और फिर वह शुरू हो जाते कि वह तस्वीर किस मौक़े की है। और किस तरह उन्होंने एक दिन भरी सभा में पन्थजी को घुड़क दिया और जवाहरलालजी किस तरह मुंह फेरकर मुसकुराने लगे।

श्री मक्खनलाल अग्रवाल हिन्दुस्तान के हर बड़े आदमी को जानते थे।

पचास-साठ के फेंटे में थे। और यह बात सब जानते थे कि वह किसी को नहीं जानते फिर भी वह आये दिन किसी-न-किसी के काम से बनारस, लखनऊ और कभी-कभार दिल्ली का चक्कर लगाते रहते थे।

उनकी ज़िन्दगी की सबसे महत्त्वपूर्ण बात यह थी कि वह और जवाहरलाल-जी एक ही जेल में रह चुके थे। किसी अखिल भारतीय कांग्रेस सम्मेलन में जवाहर-लाल नेहरू के साथ उनकी तस्वीर खिंच गयी थी। मतलब यह कि उस भीड़ में वह भी थे। बस यही तस्वीर उनके 'राजनैतिक' होने की डिगरी थी।

पर अब वह साइकिल चलाते-चलाते थक गये थे। बूढ़े हो चले थे। मीलों साइकिल चलाना आसान भी नहीं होता, ख़ास तौर पर गर्मी, जाड़े और बरसात में—कोई चौथा मौसम होता नहीं। इसलिए वह बहुत दिनों से एक जीप की फ़िक्र में थे। वैसे उन्हें लखनऊ में एक घर भी पसन्द आ गया था। इसलिए अगला चुनाव वह हर हालत में जीतना चाहते थे। वैसे 'फ़्लोर' क्रास करने की बात भी उनके ध्यान में थी। वह यह बात जान गये थे कि स्वतन्त्रता देशों के लिए तो ठीक है पर एम. एल. ए. को महँगी पड़ती है क्योंकि चुनाव जीत जाने के बाद भी स्वतन्त्र एम. एल. ए. को ऊपर की कोई ख़ास आमदनी नहीं होती। उनसे कहीं ज़्यादा तो नारायणगंज कांग्रेस कमेटी का सेक्रेटरी कमा रहा था। इसलिए वह कांग्रेस का टिकट हथियाने की फ़िक्र में थे और इसके लिए ज़रूरी था कि वह सोशल-वर्क का कोई रैकेट चलायें।

नारायणगंज में हर प्रकार की यूनियनें चल रही थीं। बीड़ी मजदूर यूनियन। तीन नग। कांग्रेस वाली, कम्युनिस्ट और प्रजा सोशलिस्ट। आच्छा साहब फिर रक्शा ड्राइवर्ज़ यूनियन, चार नग। कांग्रेसी, कम्युनिस्ट, प्रजा सोशलिस्ट, और सोशलिस्ट। और फिर साहब भगवान् आपका भला करे, एक्का-ताँगा यूनियन, दो नग। कांग्रेसी और कम्युनिस्ट। ख़्वान्चा ओनर्ज़ यूनियन, दो नग। प्रजा सोश-लिस्ट और सोशलिस्ट। विद्यार्थियों की यूनियन, आठ नग। कांग्रेसी, प्रजा सोश-लिस्ट, कम्युनिस्ट, मुसलिम राजपूत, भुमिहर नवयुवक, मोमिन अन्सार, पासी विद्यार्थी परिषद् और हरिजन विद्यार्थी संघ।···यार लोगों ने कोई ख़ाना ख़ाली ही नहीं छोड़ा था।···

महिलाएँ बची हुई थीं। और नारायणगंज कान्सटिचुएन्सी में महिलाओं का बहुमत था। तो उन्होंने एक महिला सुधार समेती बनाने का फ़ैसला किया। इस समेती को चलाने के लिए उन्हें एक लड़की की ज़रूरत पड़ी। सारे नारायणगंज में शारदा के सिवा किसी में राजनीति के कीटाणु नहीं थे। मिडिल भी पास थी, ग़रीब भी थी और ख़ूबसूरत भी। किसी सभा में उनके या किसी और नेता के गले में फूलों का गजरा डालेगी तो अच्छी लगेगी।

तो एक महिला सुधार समेती बन गयी और शारदा को एक ब्रीफ़-केस मिल

गया। और जब वह ब्रीफ़-केस लिये आफ़िस जाने के लिए घर से निकलती तो केला की छाती गौरव के दवाव से मसकने लगती।

शारदा के लीडर बनते ही नारायणगंज में सबसे बड़ा परिवर्तन यह हुआ कि केला खड़ी बोली बोलने लगा। और हर समस्या पर उसकी एक राय भी होने लगी। हिन्दी-उर्दू झगड़े से लेकर हिन्दुस्तान-पाकिस्तान हाकी मैच तक, हर प्रश्न पर वह बेतकान बोलने लगा। बस जब कभी ठाकुर रघुनाथ सिंह की टमटम दुकान के सामने से गुज़रती तो अलबत्ता केला के मुँह में ताला-सा पड़ जाता।

ठाकुर साहब बड़े रोब-दाब के आदमी थे। लड़ाई के दिनों में न जाने कितना चन्दा देकर रायबहादुर बने थे, पर जब उन्होंने यह देखा कि हिन्दुस्तान अब आज़ाद हुए बिना नहीं मानेगा तो ठाकुर साहब ने सन् 46 में रायसाहब की पदवी लौटा दी। उनके पदवी लौटाते ही लोग यह भूल गये कि सन् 42 में किस तरह उन्होंने सरकार का साथ दिया था। उनके सिर पर गांधी टोपी थी। तो भला सन् 43 या सन् 50 में गांधी टोपी पर कौन शक कर सकता था। किसी के पास इस बात पर सोचने के लिए तो समय था नहीं कि गांधी टोपी अब बाज़ार में मिलने लगी है। गांधी आश्रम की दुकानों पर खुले आम बिकती है। जो चाहे ख़रीद ले। जो चाहे पहन ले। जो चाहे देश-भक्त दिखायी देने लगे।···ठाकुर साहब सन् 48 आते-आते उस क्षेत्र के सबसे बड़े सोशल नेता बन गये। वह किसी पार्टी में नहीं गये। गांधीजी भी तो किसी पार्टी में नहीं थे।···

ठाकुर साहब के पिता स्वर्गवासी ठाकुर बाबूनाथ सिंह कचहरी तहसील में प्रैक्टिस किया करते थे। वकालत ऐसी चमकी कि वह ज़िले के सबसे बड़े ज़मीनदार होकर मरे। वह मरे तो बाबू रघुनाथ सिंह को जमी-जमायी ज़मीनदारी मिली और वह चैन करने लगे। गवर्नर साहब दौरे पर आते तो ठाकुर साहब उन्हें शिकार खिलवाते। कलेक्टर जैसे लोग तो आये दिन की बात थे। और तहसीलदार वग़ैरा तो किसी गिनती-शुमार में नहीं थे।

लड़ाई के दिनों में ठाकुर साहब फ़र्स्ट क्लास आनरेरी मैजिस्ट्रेट भी बना दिये गये थे। हफ़्ते में तीन दिन उनकी कचहरी लगती। पूरे क्षेत्र में उनकी तूती बोलने लगी। पूरे क्षेत्र में तो उनकी तूती अब भी बोल रही थी। पाँच सौ बीगहों की खुद काश्त थी। ज़मीनदारी के चले जाने से उन्हें कोई ख़ास नुकसान नहीं हुआ। आम वह पहले ही खा चुके थे। गुठलियों के दाम उन्होंने सरकार से ज़मीनदारी बाण्डों की सूरत में वसूल कर लिये।

चाहते तो वह यही थे कि किसी तरह एक-आध बार जेल भी हो आयें, पर डाक्टरों ने मना कर दिया। पर सारा नारायणगंज जानता था कि डाक्टरों ने मना न कर दिया होता तो नारायणगंज की जनता के हितों की लड़ाई लड़ते वह जेल अवश्य गये होते। इसलिए न जाने के बावजूद उनकी इज़्ज़त जेल हो आनेवालों से

ज़्यादा थी।

नारायणगंज उनकी मुट्ठी में था।

चुनाव के दिन आते तो सभी पहले उनका आशीर्वाद लेने आते। वह सबको चन्दा देते। वह रूलिंग पार्टी में अपोजिशन के प्रतिनिधि थे। और सरकार के तो ख़ैर वह आदमी थे ही—यानी पाँचों उँगलियाँ घी में और सिर कढ़ाई में।

ठाकुर साहब की बड़ाई यह थी कि उन्होंने कभी एम. एल. ए. या एम. पी. बनने का ख़्वाब नहीं देखा। वह ख़्वाबों के क़ायल ही नहीं थे। प्रैक्टिकल आदमी थे। वह जानते थे कि चुनाव लड़नेवालों को झूठे-सच्चे वादे करने पड़ते हैं। और वादे करने से वह हमेशा कतराया करते थे। क्योंकि वादा करके आदमी हमेशा फँस जाता है। या तो आदमी वादा पूरा करे या फिर झूठा बने। तो वह इस चक्कर ही में क्यों पड़ें? और इसीलिए उनकी इज़्ज़त में दिन दूनी और रात चौगुनी तरक़्क़ी हो रही थी। सारा नारायणगंज जानता था कि जो वह चाहें तो उत्तर प्रदेश के मुख्यमन्त्री तो यूँ बन सकते हैं चुटकी बजाके। पर नारायणगंज की मुहब्बत उनके पाँव में ज़ंजीर बन गयी है। और यही कारण है कि ठाकुर साहब अपनी टमटम पर निकलते तो सारा नारायणगंज यूँ झुक-झुककर सलाम करता कि लगता, जैसे वहाँ ज़मीनदारी ख़त्म ही नहीं हुई है।

बस साप्ताहिक 'वर्तमान' पर ठाकुर साहब का जादू नहीं चला। रामअवतार बार-बार यह लिख रहा था कि टाउन एरिया में अपने पिट्ठुओं को भेजकर ठाकुर साहब नारायणगंज को दोनों हाथों से लूट रहे हैं।

'वर्तमान' पर ठाकुर साहब का बस नहीं चल रहा था क्योंकि 'वर्तमान' जिस प्रेस में छपता था उसके मालिक के बाप बाबूराम तम्बोली का गुरुभाई था और इसीलिए हज़रत उस्ताद नबी बख़्श 'फ़ानी' के चहीते बेटे अनवर हुसैन 'दाग़' अपने यार रामअवतार के लिए जान पर खेले हुए थे और 'वर्तमान' उनके 'अनवरया प्रेस' में धड़ल्ले से छप रहा था।

श्री अनवर हुसैन 'दाग़' शागिर्द अल्लामा 'आसी' लखनवी की ट्रैजिडी यह थी कि हिन्दी के साप्ताहिक 'वर्तमान' के प्रिण्टर पब्लिशर होने के बावजूद वह हिन्दी का एक अक्षर नहीं जानते थे। वैसे उर्दू भी वह बड़ी मुश्किल ही से जानते थे परन्तु मुसलमान होने के कारण वह उर्दू को अपनी मातृभाषा मानते चले आ रहे थे। और चूँकि उनके पिता उस्ताद नबीबख़्श 'फ़ानी' कुश्ती और शायरी दोनों ही के उस्ताद थे इसलिए मजबूरन उन्हें भी शायरी करनी पड़ी, क्योंकि कुश्ती लड़ने का तो उनमें बूता नहीं था।

श्री अनवर हुसैन 'दाग़' नारायणगंजवी चूँकि एकलौती औलाद थे और उस्ताद नबीबख़्श 'फ़ानी' इन्हें अपनी निगाहों से ओझल करना नहीं चाहते थे, इसलिए उस्ताद ने बेटे के लिए एक प्रेस डाल दिया। और यूँ श्री अनवर हुसैन 'दाग़' हफ़्ता-

वार 'इमरोज़' निकालने लगे।

'इमरोज़' में ज़्यादातर 'दाग़' साहब की बेदाग़ ग़ज़लें ही छपा करती थीं। बाद में जब रामअवतार की दोस्ती में उन्हें प्रगतिशील हो जाना पड़ा तो वह ग़ज़ल के ख़िलाफ़ हो गये और सिर्फ़ ब्लैक-वर्स पर उतर आये।

अनवरया प्रेस में 'इमरोज़' के सिवा बीड़ी के इश्तेहार और सिनिमा के टिकट छपा करते थे। मगर ख़ुदा का करना ऐसा हुआ कि एक दिन श्री अनवर हुसैन दाग़ से राय-मशविरा किये बिना अंग्रेज़ हिन्दुस्तान छोड़कर चले गये और जिनाह साहब पाकिस्तान में जा बैठे। हाजी मुहम्मद रफ़ी बीड़ीवाले ने अपनी बीड़ी का नाम तुरन्त बदल डाला। 'मुहम्मद रफ़ी बीड़ी' 'मुर्ली छाप बीड़ी' हो गयी और उसके लेबिलों पर श्रीकृष्ण की तस्वीर छपने लगी कि वह एक गाय से टिके मुर्ली बजा रहे हैं और उनके चरणों में 'मुर्ली छाप' बीड़ी का एक बण्डल रखा है।

यह बात तो बिलकुल साफ़ है कि मुर्ली छाप बीड़ी और उर्दू का कोई मेल नहीं है। तो यह लेबिल हिन्दी में छपने लगे। और धीरे-धीरे 'इमरोज़' 'वर्तमान' बन गया।

रात के खाने के बाद श्री अनवर हुसैन 'दाग़' लेटकर हुक़्क़ा पीते और अपने बेटे बाक़र हुसैन 'आतिश' से 'वर्तमान' सुनते। यह बाक़र हुसैन 'आतिश' बारह बरस के थे। चौथे में पढ़ते थे। तो 'वर्तमान' सुनने-सुनाने में पूरा सप्ताह ख़त्म हो जाता था और नया 'वर्तमान' आ जाता था।

परन्तु यह बड़े दुर्भाग्य की बात है कि नारायणगंज की सबसे महत्त्वपूर्ण ख़बर 'वर्तमान' में नहीं छपी। वह ख़बर यह थी कि केला अपने नये पक्के मकान में पाख़ाना बनवा रहा है।

बात यह है कि केला तम्बोली ने इसे उचित न जाना कि नारायणगंज महिला सुधार समेती की सेक्रेट्री 'फरागत करने' खेतों में जाये। अब एक तो यही बात बहुत बड़ी थी कि केला के घर में पाख़ाना बन रहा था! उस पर तुर्रा यह लग गया कि यह पाख़ाना ख़ास ठाकुर साहब के पाख़ाने के नक्शे पर बन रहा था। यह नक़्शा महँगुवा भंगी से हासिल किया गया था।...

केला ने जिस दिन घर में पाख़ाना बनवाने का इरादा किया उसी दिन उसने यह भी तय कर लिया कि अब शारदा का ब्याह रामअवतार से नहीं होगा। रामअवतार और शारदा का जोड़ ही क्या था। जिसके घर में एक पाख़ाना तक न हो वहाँ भला शारदा ब्याहके कैसे भेजी जा सकती थी। वह तो शारदा का ब्याह किसी एम. पी. से करने की सोच रहा था। एम. पी. की तनख़्वाह तो ज़्यादा नहीं होती पर ऊपर की आमदनी बहुत होती है। और जो कहीं मिनिस्ट्री का 'चानस' मिल जाये तो छः महीनों में सात पुश्तों का बन्दोबस्त हो जाये।

...केला के पाख़ाने ने नारायणगंज की समाजी ज़िन्दगी में एक उथल-पुथल

कर दी। नौजवान केला के साथ थे। मक्खनलाल केला के साथ थे। उन्होंने एलान कर दिया था कि घर में पाख़ाना बनवाना हर नागरिक का पैदाइशी अधिकार है। उन्होंने एक प्रेस कान्फ़रेन्स बुलायी। नारायणगंज में रामअवतार अकेला पत्रकार था। वही नहीं आया। कोई घण्टा-भर राह देखने के बाद मक्खनलालजी ख़ुद ही 'वर्तमान' के ऑफ़िस आ गये।

उस समय 'वर्तमान' के ऑफ़िस में बड़ा तनाव था। श्री अनवर हुसैन 'दाग़' नारायणपुरी बहुत उदास थे। कह रहे थे :

"अरे रामअवतार क्या बिगाड़ेगा ! मगर ठाकुर साहब जिस दिन चाहेंगे उस दिन पाकिस्तान का जासूस साबित करवाके अन्दर करवा देंगे।" इतना कहके वह एक ठण्डी साँस लेने के लिए रुके कि ठण्डी साँस लेना उर्दू-काव्य की एक परम्परा है। "तुम लोगों को यह सब छापना है, तो भय्या मैं तो साफ़ बात कहता हूँ, ख़रीद लो इस प्रेस को।"

शारदा ने 'दाग़' साहब के बमकने का कोई ख़ास नोटिस नहीं लिया। यह तो हफ़्तावार दौरा था जो 'वर्तमान' के निकलने के बाद 'दाग़' साहब पर पड़ा करता था। अबके रामअवतार ने बड़ा सख़्त सम्पादकीय लिख दिया था।

टाउन एरिया के अध्यक्ष का चुनाव हुआ था और ठाकुर साहब के पिट्ठू बाबू चिरौंजीलाल वर्मा चुन लिये गये। बाबूजी का पूरा नाम था : बाबू चिरौंजीलाल वर्मा, एडवोकेट हाई कोर्ट, हाल प्रैक्टिस तहसील नारायणगंज।

रामअवतार ने लिखा था :

"पिछले तीस बरसों से टाउन एरिया पर ठाकुर साहब के दल चट्टों का क़ब्ज़ा चला आ रहा है। इन तीस बरसों में नारायणगंज और ग़रीब, और गन्दा और वीरान हुआ। और अब पाँच साल के लिए फिर नारायणगंज की तक़दीर लिखने का काम बाबू चिरौंजीलाल जैसे पढ़े-लिखे आदमी को सौंप दिया गया है। जिस वकील ने पिछले बीस बरस में एक अर्ज़ी दावा तक न लिखा हो वह नारायण की तक़दीर लिखने बैठ गया तो उसमें स्पेलिंग और ग्रामर की इतनी गलतियाँ होंगी कि उसका कोई मतलब निकालना असम्भव हो जायेगा।..."

अपने बेटे बाक़र हुसैन आतिश से यह एडिटोरियल सुनने के बाद 'दाग़' साहब सीधे प्रेस आ गये थे। शारदा जानती थी कि वह अपने दिल का बुखार निकाल रहे हैं। इसीलिए वह चुपचाप अपने काम में लगी रही।

"मैं दीवार से बात नहीं कर रहा हूँ।" दाग़ साहब ने सामनेवाली दीवार से कहा, "साफ़ बात कहता हूँ। आप लोगों को यह सब खुराफ़ातें छापनी हों तो प्रेस ख़रीद के दिल का अरमान निकालिए।"

"तो फिर आप क्या कीजिएगा, अनवर भाई ?"

"अनवर भाई घर बैठ के कद्दू छीलेंगे। झक मारेंगे। झक भी नहीं मारी

जायेगी तो जूते की एक दुकान खोल लेंगे। दी अनवरिया शू स्टोर।"

"नाम तो बड़ा शानदार है।" शारदा ने कहा, "पर क्या अंग्रेज़ी में नाम रखिएगा ?"

"हाँ, क्योंकि पब्लिक पर अभी तक अंग्रेज़ी का रोब पड़ता है। सब तो सब, मियाँ बाक़र हुसैन आतिश तक जब कोई बात मनवाना चाहते हैं तो अंग्रेज़ी में कहते हैं। अब मैं यह तो कह नहीं सकता कि मैं अंग्रेज़ी नहीं जानता। इसलिए उनकी बात मान लेता हूँ।"

शारदा खिलखिला के हँस पड़ी।

और ठीक उसी वक़्त मक्खनलालजी ने प्रवेश किया।

मक्खनलाल कभी अपनी साइकिल को बाहर नहीं छोड़ते थे। वह साइकिल को ऑफ़िस में ले आये और उसे प्रेस से टिकाकर खड़ा करने लगे। उनका भारी ब्रीफ़केस अड़चन पैदा करने लगा।

"अरे यार, मक्खनलाल तुम एक मोटर क्यों नहीं ले लेते। हमारा एम.एल.ए. और साइकिल पर फिरे। बड़े शरम की बात है।"

"क्या कहूँ दाराजी। अभी एक फ़ोन घुमाय धूँ तो दन देना कार हाज़िर। पर हम ठहरे जनता के प्रतिनिधि। जनता पैदल चले और हम मोटर पर दनदनाते फिरें, यह हमको मंजूर नहीं। अभई पिछले महीने जब हम देहली गये तो पन्थजी बोले कि फुलोर केरास करके इधिर आ जाओ। हम तुमको उत्तर प्रदेश का शिक्षा मन्त्री बनवा देते हैं। हम साफ़ बोल दिया कि पन्थजी अपनी विजारत रखिए अपनी जेब में। मक्खनलाल जनता से बिसवासघात नहीं कर सकते..."

मक्खनलालजी शायद अभी कुछ देर और बोलते, पर रामअवतार आ गया और उन्हें याद आ गया कि वह उनकी प्रेस कान्फ्रेन्स में नहीं आया था। तो उन्होंने तुरन्त बात की धारा मोड़ दी। बोले, "यह क्या बात हुई रामअवतार-जी।..."

"मुझे हाजी साहब ने बुला लिया था। उनका कहना है कि मेरा एडिटोरियल स्कूल की नीति के ख़िलाफ़ है।"

"मुझको बड़े बा-रसूख जरियों से पता चला है" मक्खनलाल ने आवाज़ गिराते हुए कहा, "कि रफ़ी मियाँ पारलीमेण्ट का चुनाव लड़ना चाहते हैं। इस-लिए वह चाहते हैं कि स्वतन्त्र प्रेस का गला घूँट दिया जाये। पर तुम डटे रहो। ज़रूरत पड़ी तो मैं यहाँ लगायत लखनऊ ऊधम जोत दूँगा। अच्छा तो मैं चलता हूँ। यह मेरा इशटेटमेण्ट है, जरा अच्छी जगह पर छाप देना। फोटो की जरूरत होय तो घर से मँगवा लेना।"

मक्खनलाल चले गये।

"अनवर भाई प्रेस बेचकर जूते की दुकान खोलना चाहते हैं।"

"क्यों ?"

"क्योंकि मुझे जेल यातरा करने का कोई ख़ास शौक़ नहीं है। लिखोगे तुम और धरा जाऊँगा मैं। यानी कि ब-कौले-ग़ालिब :

पकड़े जाते हैं फ़रिश्तों के लिखे पर नाहक़।
आदमी कोई हमारा दमे-तहरीर भी था।"

"जूते की दुकान में कितना खर्च होगा ?"

"मैंने हिसाब लगवाया था। पाँच हज़ार एक सौ ग्यारह में खुल जायेगी।"

"ठीक है। तो फिर आप दुकान खोल लीजिए।"

बात तय हो गयी। पर बात इतनी आसान न थी। रामअवतार पाँच हज़ार एक सौ ग्यारह के चक्कर में पड़ गया। बाबूराम और दुखिया ने चूल्हे के अन्दर जो हांडी दबायी थी, वह निकाली गयी। पाँच सौ सिक्के निकले। मलिका और बादशाह वाले।

यह बात बाबूराम भी मानता था कि यदि पाँच हज़ार एक सौ ग्यारह में एक क्रान्ति मिल जाये तो सौदा महँगा नहीं है।···पर बाबूराम यह भी मानता था कि सिक्के चाहे मलिका ही के क्यों न हों, पाँच सौ और पाँच हज़ार में बड़ा फ़र्क होता है।

गयी रात को कालीचरण आया, तीन सौ लेकर। घर से चुरा के लाया था।

"चोरी के पैसे से जो वर्तमान ख़रीदा जायेगा, कालीचरण, वह किसी भविष्य का आधार नहीं बन सकता।" रामअवतार ने कहा।

तो रामअवतार सवेरे-सवेरे अमजद से मिलने गया।

हाजी मुहम्मद रफ़ी बीड़ीवाले चूंकि अपनी रातें शहज़ादी के साथ गुज़ारा करते थे इसलिए नौ-साढ़े नौ से पहले घर नहीं आया करते थे। तो अमजद अकेला मिल गया।

उसी दिन 'अनवरया प्रेस' का बोर्ड उतरकर 'वर्तमान प्रेस' का बोर्ड चढ़ गया। यह नया बोर्ड देखकर हुसैन 'दाग़' की आँखों में आंसू आ गये कि एक उम्र का साथ छूट रहा था।

सामने ही अशरफ़ुल्लाह पेण्टर की दुकान थी जो बोर्ड भी पेण्ट करता था और ख़ाली वक़्त में क़व्वाली गाया करता था। वह अपनी दुकान में बैठा 'अनवरया प्रेस' के पुराने बोर्ड पर 'दी अनवरया शू स्टोर ऐण्ड सन्स' लिख रहा था।

चौथे दिन 'अनवरया शू स्टोर ऐण्ड सन्स' खुल गया।

किसी ने पूछा, "अनवर भाई। बेटा तो एक ही है फिर 'सन्स' का क्या मतलब हुआ ?"

"इतनी अंग्रेजी तो आपकी दुआ से यह ख़ादिम भी जानता है। मियाँ बाक़र हुसैन आतिश आपकी दुआ से माश अल्लाह चौथे में पढ़ रहे हैं। 'सन्स' का मतलब

जानता हूँ। पर आपसे यह किसने कह दिया कि घर-में ने ज़िन्दगी का क़िवाड़ बन्द कर लिया है। चले आते हैं लोग मुँह उठाये, अंग्रेज़ी पढ़ाने।"

बात कहनेवाला खिसिया गया।

अनवर हुसैन दाग़ जूते के डिब्बों की झाड़-पोंछ करने लगे।

परन्तु ईमान की बात यह है कि दुकान पर उनका जी नहीं लग रहा था। रह-रहकर प्रेस का वातावरण याद आता और वह दिल मसोसकर रह जाते। गाहकों से उलझ जाते। तू-तू मैं-मैं होती। कभी-कभी हाथापाई तक की नौबत आ जाती।···

तो सातवें दिन दुकान बन्द करके वह सीधा 'वर्तमान' प्रेस चला गया। प्रेस चल रहा था। वह एक तरफ़ चुपचाप बैठकर चलते हुए प्रेस को देखने लगा और तब उसे पता चला कि यही प्रेस तो उसकी पूरी ज़िन्दगी था। शारदा और राम-अवतार और कालीचरण तीनों ने देखा कि अनवर हुसैन दाग़ की आँखों में आँसू हैं। वह तीनों दूसरी तरफ़ देखने लगे। वह नहीं चाहते थे कि अनवर को पता चले कि उन सभी ने उसे रोते देख लिया है।

"यार।" अनवर ने बड़े ज़ोर से नाक साफ़ करते हुए कहा।

"अरे, अनवर भाई···" शारदा बोली।

"दुकान कैसी चल रही है?" रामअवतार ने पूछा।

"यार कारोबार तो जूते का भी बुरा नहीं, पर प्रेस की बात ही और थी।"

"हाँ।" कालीचरण ने कहा, "अच्छा जूता भी साल-छ: महीने में ख़राब हो जाता है। पर अच्छे-से-अच्छा समाचार भी दूसरे दिन पुराना हो जाता है। इस विषय को लेकर मैंने एक नयी कविता लिखी है।" वह गला साफ़ करने के लिए रुका।

"बोर मत करो कालीचरण।" रामअवतार ने कहा।

"क्यों न करें। बोर करना तो इनका पैदाइशी अधिकार है।"

कालीचरण शारदा को घूरने लगा। तमाम लोग हँस पड़े।

"शीर्षक है, समय।

समय।

गंजी चाँदवाला यह बूढ़ा।

भाँत-भाँत के टानिक खाता।

टानिक जिसमें ग़रीब जनता का लहू मिला है···"

"तुम लोगों को तो प्रेस चलाना भी नहीं आता।" दाग़ साहब उछलकर प्रेस के पास जा खड़े हुए और शारदा को घूरने लगे। कालीचरण की कविता उसके होंठों से लटकी रह गयी।

"रोलर पर रोशनाई यूँ नहीं चढ़ाते। तुम तो दीवार पर चूनाकली कर रही

हो जैसे।···" उन्होंने प्रेस के उतार-चढ़ाव पर एक पूरी तक़रीर कर डाली। वह दरअस्ल चाहते यह थे कि कोई उनसे यह कह दे कि वह शाम का यहीं आ जाया करें। कि उनके बिना न काम चलता है और न ही काम में जी लगता है। पर जब काफ़ी देर तक यह बात किसी ने न कही तो वह मुँह लटकाये घर चले गये।

उस रात पहली बार उन्हें अपनी पत्नी पर ग़ुस्सा आया।

"यह खाना है कि रातब।···"

खाना खाये बिना वह लेट गये। लेटकर भी बक़ते रहे : शायर चाहे ग़ालिब हों चाहे अनवर हुसैन दाग़, बीवी नहीं मिल सकती ठिकाने की। दिन-भर जूता बेचो और रात को भूके पेट सोजाव। अरे तो फिर शायरी किस वक़्त करो। शायरी समझने की तमीज़ नहीं और चले हैं प्रेस चलाने···" वह बीच में कहीं यह भूल गये कि वह,मियाँ बाक़र हुसैन आतिश की माँ पर ख़फ़ा हो रहे थे। वह रामअवतार पर ग़ुस्सा करने लगे। "एम. ए. पास कर लेना दूसरी बात है। प्रेस चलाना बिल्कुल दूसरी बात है। बुर्ज़ुर्ग लोग चूतिये नहीं होते जो यह कह गये कि जिसका बन्दर वही नचावे···"

यह चक्कर कई दिनों चला। मियाँ बाक़र हुसैन आतिश की माँ की ज़िन्दगी ग़ीक़ हो गयी। दाग़ साहब नींद में भी रामअवतार को प्रेस चलाने की ही ऊँच-नीच समझाते रहे।

तो एक दिन वह बुर्क़ा पहनकर घर से निकली। उसने सुन रखा था कि कोई महिला सुधार समेती बनी है जो औरतों की दाद-फ़रयाद सुनती है। वह सीधी वहीं गयी।

और जब श्री अनवर हुसैन दाग़ उस रात प्रेस पहुँचे तो रामअवतार ने कहा, "यार अनवर ! जिसका बन्दर वही नचावे। यह प्रेस का काम तो हमसे नहीं चलता। तुम दुकान बन्द करके घण्टे-दो घण्टे के लिए यहीं क्यों नहीं आ जाया करते।"

दाग़ साहब की बाछें खिल गयीं। वह इतना खुश हुए कि कालीचरण से लिपट गये। फिर शर्माये। खिसियानी हँसी हँसे। थोड़ी देर तक प्रेस को सहलाते रहे और फिर बोले :

"यार रामअवतार, तू मान या न मान, पर यह कालीचरण शेर अच्छे कहता है।"

···और उस रात उन्होंने मियाँ बाक़र हुसैन आतिश की माँ से मियाँ बाक़र हुसैन आतिश की शादी की बात की। और दूसरे दिन उन्होंने पहले गाहक को अपनी ताजा ग़ज़ल सुनायी। और दूसरे गाहक को उन्होंने कोई एक घण्टे तक इन्क़िलाब का उतार-चढ़ाव समझाया।

वैसे ईमान की बात तो यह है कि इन्क़िलाब की बात पूरी तरह खुद उनकी

समझ में भी नहीं आयी थी। रोज़ी-रोज़गार देनेवाला तो अल्लाह है। अगर किसी को रोज़ी नहीं मिलती तो इसमें सरकार का क्या क़सूर। जवाहरलाल नेहरू तो तक़दीर लिखते नहीं।

परन्तु मियाँ बाक़र हुसैन आतिश की माँ का ख़याल था कि तक़दीरें तो अब हिन्दी में लिखी जाती होगीं। अल्लाह मियाँ और उनके फ़रिश्तों को हिन्दी आती न होगी। तो कोई आदमी रक्खा गया होगा तक़दीर लिखने को। शायद जवाहर-लाल ही इस काम पर लगाये गये हों। ऐ पर क्या अल्लाह मियाँ को यह माटी मिला हिन्दू ही मिला था इस काम पर लगाने को? मौलाना आज़ाद क्या मर गये थे?

अनवर हुसैन दाग़ भी यहाँ मियाँ बाक़र की माँ की अक्ल के क़ायल हो गये। तो इसका मतलब यह हुआ कि जवाहरलाल की मुख़ालेफ़त नहीं करनी चाहिए। ग़ुस्से में उल्टी-सीधी तक़दीर लिख दी तो लेने के देने पड़ जायेंगे।

यह बात सुनकर रामअवतार तो मुसकुरा देता। पर शारदा उखड़ जाती और कालीचरण तो एक ही साँस में रामअवतार से सुनी हुई सारी बातें घुमा के मार बैठता अनवर भाई को। और अपने जोश में वह रामअवतार को यह बताना भी भूल जाता कि उसके घर में बननेवाला पक्का पाख़ाना अब किस मन्ज़िल में है।

वैसे पाख़ाने का काम दिन दूनी और रात चौगुनी तरक़्क़ी कर रहा था। छत पड़ चुकी थी। गिट्टियाँ पीटी जा रही थीं। केला का सारा दिन पिटती हुई छत पर उकड़ूँ बैठकर पक्के पाख़ाने के फ़ायदे बताने में गुज़र जाता था। वह हर आने-जानेवाले को यह भी बताया करता था कि पक्का पाख़ाना बनवाने में कितने पैसे ख़र्च होते हैं।

अब सीधा हिसाब यह है कि जितने पैसे पहले पूरा (बिना पाख़ाने का) घर बनवाने में ख़र्च हुआ करते थे उससे कहीं ज़्यादा पैसे एक पक्का पाख़ाना बनवाने में ख़र्च होते हैं, इसी से पाख़ाने के महत्त्व का अन्दाज़ा लगाया जा सकता है।

गाँव में इस पाख़ाने की धूम मच गयी थी।

धीरे-धीरे यह ख़बर ठाकुर साहब तक भी पहुँच गयी कि केला के घर नया पक्का पाख़ाना बन रहा है। ज़ाहिर है कि उनको यह बात अच्छी नहीं लगी। ज़मीनदारी ख़तम होने का मतलब यह तो नहीं कि दो टके के लोगों के घरों में पाख़ाने बनने लगें।

दूसरे ही दिन बाबू चिरौंजीलाल, एडवोकेट हाईकोर्ट ने स्टे आर्डर ले लिया। दस बजे अदालत बैठी। दस बजकर दो मिनट पर स्टे की ऐप्लीकेशन पड़ी। दस बजकर साढ़े सात पर स्टे आर्डर मिला। दस बजकर सत्तरह पर आर्डर केला पर तामील किया गया। दस बजकर अट्ठारह पर काम रुक गया। साढ़े दस बजते-

बजते यह बात सारे नारायणगंज को मालूम हो गयी। लोग ज़मीन की मिलकियत पर बहसने लगे और किसी ने इस बात पर ध्यान ही नहीं दिया कि नारायणगंज नेशनल हायर सेकेण्ड्री स्कूल का नया टीचर अपनी पत्नी और सामान समेत आ गया है।

स्टे आर्डर सर्व होने के ठीक बारह घण्टे के बाद नारायणगंज के ऊँघते-पिनकते स्टेशन पर गाड़ी रुकी। पहले मधुबाला की तस्वीर वाला उतरा। फिर ग़ाज़ी मियाँ वाला किसान और फिर जन्नत और जन्नत के बाद होल्ड-आल घसीटता हुआ रफ़्फ़न।

जन्नत बैठे-बैठे थक गयी थी। अँगड़ाई लेना चाहती थी पर अजनवी ख्वान्चे-वालों और लालटेन हिलाते बूढ़े असिस्टेंन्ट स्टेशन मास्टर के सामने अँगड़ाई लेने की हिम्मत न पड़ी। हिम्मत न पड़ी तो अँगड़ाई के लिए उठ जानेवाले हाथों से वह अपना जूड़ा ठीक करने लगी।···

मन की प्यास जहाज का पंछी

नारायणगंज के ऊँघते-पिनकते स्टेशन के बाहर, मरियल लैम्पों की रोशनी में तीन-चार एक्के ऊँघ रहे थे। इमली के पेड़ पर कव्वे शोर कर रहे थे। सामने के खुले-खुले-से मैदान के दूसरी तरफ़ सात-आठ दुकानें थीं। हलवाई बैठा बालाई उतार रहा था। बग़ल में पानवाला अपने तख़्ते पर उकड़ूँ बैठा ढोलियाँ काट रहा था। इन दोनों दुकानों पर गैस के हण्डे जल रहे थे। दूसरे दुकानें अन्धी-अन्धी-सी लग रही थीं। उनकी लालटेनों की चिमनियाँ धुआँ खाई हुई थीं।···सारे दुकान-दार स्टेशन की तरफ़ देख रहे थे।

मेहँदी की टट्टियों के उधर खड़ी हुई रेलगाड़ी लम्बे-लम्बे साँस ले रही थी। असिस्टेंट स्टेशन मास्टर अब फाटक पर आ चुका था। और एक एक्केवाले के बण्डल से बीड़ी निकाल रहा था।

तमाम एक्केवाले उस मुसाफिर के इन्तज़ार में थे जो एक ख़ूबसूरत औरत के साथ कुलियों के पीछे-पीछे चला आ रहा था।···यह कोई नया आदमी था। फेकू एक्केवान ने जुम्मन एक्केवान को कुहनी मारी और उस ख़ूबसूरत लड़की की तरफ़ देखकर अपनी जांघ खुजलाने लगा।

मधुबाला की तस्वीर वाला भी किसी-न-किसी बहाने से मुड़कर जन्नत पर एक-आध नज़र फेंक ही ले रहा था। अपनी धोती को टूँगकर उसने पीक की एक पिचकारी फेंकी जो काले प्लेटफ़ार्म पर बिखर गयी। बूढ़े किसान ने अपनी नंगी

टाँगों की तरफ़ देखा। कुछ छींट पड़ गयी थीं।

"हे दागदर साहेब…"

"क्षमा करना लोकनाथजी…" डाक्टर साहब ने दाँत निकाल दिये।

"यह आपके साथ कौन आया है डाक्टर साहब ?" असिस्टेंट स्टेशन मास्टर ने मुसकुराकर कहा।

"नये मास्टर साहब हैं अपने परिवार सहित।" डाक्टर झार्कण्डेलाल ने कहा।

"अच्छा, अच्छा…" असिस्टेंट स्टेशन मास्टर ने फेकू एक्केवान की दियासलाई बेख़याली में अपनी जेब में रखते हुए कहा। "बिचारा रामअवतार तो बिला वजह मारा गया।"

"हमरी मचिसिया…" फेकू ने हाथ बढ़ाया।

"देता हूँ बे। क्या तेरी माचिस खा जाऊँगा।" असिस्टेंट बाबू ने फेकू को घुड़क दिया। जन्नत बिल्कुल पास आ गयी थी। बहुत दिनों के बाद उन्हें एक क़ायदे की लड़की दिखी थी। और वह बिल्कुल उनके पास खड़ी अपने पर्स में टिकट टटोल रही थी। उसके माथे पर कोयले के ज़र्रे चिपके हुए थे। सारी चिंगुड़ गयी थी और उसकी कोशिशों के बावजूद ऊपर की तरफ़ सरकी जा रही थी और उसकी पिण्डलियाँ दिखायी दे रही थीं। डाक्टर साहब के हाथ से उनकी माचिस गिर गयी। वह उसे उठाने के लिए झुके। वह माचिस वैसे ख़ाली थी और वह उसे फेंकनेवाले थे। वह गिरी तो इसलिए थी कि डाक्टर साहब जन्नत की टाँगों को नज़र भर के देखना चाहते थे। पर वह जैसे ही झुके जन्नत को टिकेट मिल गये और वह आगे बढ़ गयी।

फेकू ने लपककर क़ुली पर क़ब्ज़ा कर लिया। पर दूसरे एक्केवानों ने हार नहीं मानी। क़ुली चुत्था बटेर हो गया। होल्ड-आल किसी ने लपक लिया तो सूटकेस किसी ने। टीन का वह बड़ा बक्स, जिसमें जन्नत के जहेज़ के कपड़े आये थे, इतना बड़ा था कि एक एक्केवान उसे नहीं उठा सकता था इसलिए एक एक्केवान क़ुली को घसीटने लगा।

डाक्टर साहब को फिर मौक़ा मिल गया। वह क़ुलियों और एक्केवालों पर बरस पड़े। उन्होंने जन्नत के सामान का सारा इन्तज़ाम अपने हाथ में ले लिया। और जब सामान दो एक्कों पर जम गया तब उन्होंने अपना परिचय करवाया :

"मैं डाक्टर झार्कन्डेलाल हूँ। नारायणगंज में प्रैक्टिस करता हूँ।" उन्होंने दाँत निकालकर हाथ जोड़ लिये।

जन्नत को बेसाख़्ता हँसी आ गयी।

"मैं स्कूल की कमेटी में भी हूँ। यदि आपको किसी प्रकार का कष्ट हो तो आप रात के बारह बजे भी मुझे जगा सकते हैं।"

"नहीं बिला वजह आपकी नींद ख़राब होगी।" जन्नत ने बड़े भोलेपन से कहा।

"अरे आप यह क्या कहती हैं," एकदम से ख़याल आया कि बहनजी जोड़ दिया जाय···तो दिल पर पत्थर रखकर उसने 'बहनजी' भी कह डाला। कौन कहे कि स्टाम्प पेपर पर 'बहन-नामा' लिखा जा रहा है।"

"मैं अली रफ़अत हूँ। यह मेरी बीवी हैं, जन्नत।"

"भाबीजी का नाम तो बड़ा मजेदार है।" लालजी ने फिर खीसें निकाल दीं। और उसी हँसी की लपेट में रिश्ता भी बदल गया। भाबी का रिश्ता बड़ा आसान होता है। "कुछ घर-वर का प्रबन्ध हुआ, कि नाहीं ?"

"मैंने रामअवतार को लिखा तो था। लगता है कि उसे ख़त नहीं मिला।"

"रामअवतार ?"

"क्यों ?"

"नहीं-नहीं। वैसे तो कुछ नहीं। ग़ज़ब के शायर हैं। नराएनगज का गौरव हैं। परन्तु···" वह रुक गये। "आप नये-नये आये हैं। ज़रा सावधानी से काम लेना चाहिए। ठाकुर साहब रामअवतार से ख़ुश नहीं हैं।"

"लेकिन मैं रामअवतार से बहुत ख़ुश हूँ।"

"मेरे लायक कोई सेवा होय तो जरूर-बिलजरूर याद करिएगा।" डाक्टर साहब जल्दी से जन्नत को सलाम करके सरक लिये। रफ़अत उन्हें जाता देखता रहा।

"यह तो एकदम से हवा के घोड़े पर सवार हो गये।" जन्नत बोली।

"मैं भी सोच रहा था कि एक ही स्कूल में एक सब्जेक्ट के दो टीचर्ज़ क्यों रक्खे जा रहे हैं। चलो देखते हैं।"

पहले सहारा देकर उसने जन्नत को सवार किया और फिर दूसरी तरफ़ ख़ुद बैठ गया। एक्का उलार हो गया। फेकू उचककर एक्के के बम पर बैठ गया और बैलेंस ठीक हो गया।

"कहाँ ले चलें साहेब ?"

"रामअवतारजी को जानते हो ?"

"कामरेड को कउन ना जनता साहेब।" यह कहकर उसने घोड़े पर रास मारी। "चलो गाजी मरद। कामरेड के घर चलेको है। तनी कदम बढ़ा के चलो।"

लगता है कि घोड़ा फेकू की बोलचाल की भाषा नहीं समझता था क्योंकि वह पिछली टाँगें फैलाकर पेशाब करने लगा। "कामरेड को तो सारा नराएनगंज जानता है। जहाँ उनका पसीना गिरे तहाँ इहाँ के ग़रीब लोग अपना ख़ून भल-भलाय दीहें साहब।" फेकू शुरू हो गया। "पर कामरेड हैं बहुत मिट्ठे आदमी। आज ऊ न···" फेकू रुक गया। उसे जन्नत का ख़याल आ गया। तो उसने गाली अपने दिल में पूरी कर ली। "ठाकुर साहेब उन्हें नौकरी से बर-तरफ कर दिहिन। ऊ फिरो चुप लगा गये···" फेकू की आवाज़ जैसे दूर होती गयी और फिर केवल

आवाज़ रह गयी, शब्द ग़ायब हो गये। क्योंकि रफ़्फ़न तो इस ख़याल की फाँसी पर लटक रहा था कि वह अपने दोस्त की जगह पर आया है।

रामअवतार और रफ़्फ़न ख़ासे गहरे दोस्त थे। दोनों साथ-साथ विद्यार्थी राजनीति में आये। दोनों के साथ-साथ मार्क्स-इज़्म पढ़ी। दोनों के साथ-साथ अपने प्रगतिशील विचारों के कारण मार खायी। दोनों ने साथ-साथ बढ़ती हुई-ट्युशन-फ़ी के ख़िलाफ़ युनिवर्सिटी के अधिकारियों से मोर्चा लिया। दोनों साथ-साथ जेल गये। और अब नौकरी की रणभूमि में वह एक-दूसरे के आमने-सामने खड़े थे। यह ठीक है कि उसे यह मालूम नहीं था। उसने तो रामअवतार को ख़त लिखा था और वह उसके आने की ख़बर सुनकर बहुत ख़ुश हुआ था।···फिर भी यह तो कोई बात नहीं हुई ना। यह कैसी ज़िन्दगी है। हर आदमी अपनी ज़रूरतों की छुरी लिये अपने यारों-दोस्तों का पेट काटता फिर रहा है। क्या इस घटियापन का कोई एलाज नहीं? क्या दोस्तों के पसीने पर ख़ून बहाना कोई फ़्युडल वैल्यु है?—क्या ज़िन्दगी का सारा सौन्दर्य फ़्युडल था कि फ़्युडल-इज़्म के ख़त्म होते ही ख़ुद भी ख़त्म हो गया? सारा रस सूख गया। सारा रंग उड़ गया—लानत है इस ज़िन्दगी पर। सड़ रही है कमबख़्त और उसकी सड़ाँध से दिमाग़ फटा जा रहा है। कहाँ हैं वह वैल्यूज़ जिनके लिए आदमी बड़े-बड़े काम किया करता था? क्या मैं सुक़रात, मसीह और हुसैन ही के सिलसिले की कड़ी हूँ? हूँ तो मैं इस जगह पर काम करने कैसे आ गया? यहाँ से तो मेरा यार रामअवतार निकाला गया है?···'बाग़ी' आज़मी अपनी निगाहों से गिरा, पर फेकू एक्केवाले को पता भी न चला। 'बाग़ी' कपड़े झाड़ता हुआ फिर खड़ा हो गया।···फेकू की आवाज़ पास आने लगी :

"आप कउनो उ़नियन के ले लिजिए। कामरेड उहाँ जरूर महजूद हैं। एक्का-ताँगा उनियन के सदर कउन? कि कामरेड रामअउतार। ओइसे ताँगा त अब हियाँ एक्को रह ना गया है। नबी बक्स ख़ाँव का एक ठो ताँगा रहा। बेच के पान-बीड़ी की दुकान खोल लिहिन हैं। हम एक्केवाले आप समझिए कि बस जै दिन हैं तै दिन हैं। ई गाजी मरद लोग को खिलाना बहुत जब्बर गुजर रहा अब। साइकिल रिकसा लिआये की सोच रहें हम लोग। इ हे उनियन का नाम बदली करके रकसा ड्रैबर उनियन हो जय्यहे। और ओका सदर कउन? का उहे कामरेड रामअउतार। बीड़ी बरकर उनियन का सिकटरी कउन? उहे कामरेड रामअउतार! हर मरज की दवा दरुद सरीफ। अउर सायर अइसे बाँके कि जो ललकार के सायरी सुनावे लगें तो कोई न असरफुल्ल। पेन्टर की कव्वाली सुने न सहजादी बाई का मुजरा···लिजिए भय्या। कामरेड का घर आ गया।"

एक्का रुक गया।

सामने छोटा-सा कच्चा घर था। पुरानी खपरैल ओलती तक आकर नीचे

झाँक रही थी। फेकू के घोड़े ने, मौक़े का फ़ायदा उठाते हुए, अपनी पिछली टाँगें फिर फैला दीं। जन्नत उछलकर दूर जा खड़ी हुई। फेकू 'ग़ाज़ी मरद' को गालियाँ देने लगा। जन्नत खिलखिलाकर हँसने लगी तो फेकू झेंपकर चुप हो गया।

"कामरेड।" फेकू ने हाँक लगायी, "पाहुन आये हैं।"

दरवाज़ा खुला। बाबूराम ने गरदन बाहर निकाली। रफ़्फ़न ने मुसकुराकर सलाम किया।

"आप रफ़्फ़न हो का ?"

"जी हाँ। और यह जन्नत है।"

"रामअउतार तूँहे लेवे टेसन ना पहुँचे का ?"

"न।" फेकू बोला, "कामरेड त कहीं ना देखाने।"

"चाचा को सलाम करो जन्नत।" रफ़्फ़न ने कहा।

जन्नत ने बाबूराम की तरफ़ देखा। वह एक अँगोछा बाँधे, नंगे बदन, एक्के से सामान उतरवा रहे थे।

"तसलीम।" जन्नत ने कहा।

"का ?" बाबूराम घबरा-सा गया, "का कह्यो बिटिया ?"

"सलाम कर रही हैं।" रफ़्फ़न ने कहा।

बाबूराम हँस दिया।

"तूँ लोग भीतर चलो।" बाबूराम ने कहा, "हे फेकुआ ! समान भीतर ले चल। हम रामअउतार को खोजे जा रहें।" वह वैसे ही नंगे बदन, उन्हें छोड़कर अँधेरी गली में ग़ायब हो गया।

"आओ।" रफ़्फ़न ने कहा।

रफ़्फ़न सूटकेस उठाने के लिए झुका पर फेकू ने उसका हाथ पकड़ लिया।

"ई ना हो सकता साहेब। आप लोग भीतर चलिए। समान लेके हम आ रहेंन।" फेकू ने सूटकेस उठा लिया।

"अरे नहीं।" रफ़्फ़न ने कहा। "इतना सामान तुम अकेले कैसे ले चलोगे ?"

फेकू जवाब में मुसकुरा दिया, "भाउज को भीतर चले को बोलिये।"

जन्नत को फेकू की 'भाउज' बनना कुछ अच्छा नहीं लगा। परन्तु वह चुपचाप अन्दर चली गयी। अन्दर लगभग अँधेरा था। छोटी-सी अँगनाई के पार तीन दरे के बिचले दर में एक लालटेन झूल रही थी। उसकी बत्ती पर गुल था और शोला कुछ तिकोना-सा था और धुवाँ दे रहा था। फेकू ने सूटकेस को नीचे रखकर लालटेन की बत्ती ज़रा नीची कर दी। अँधेरा और बढ़ गया।

"तुम्हारा किराया क्या हुआ भाई ?" रफ़्फ़न ने पूछा।

"केराया कइसा साहेब। नराएनगंज में कोई कामरेड के मेहमान से केराया ना लेता। सबेरे के टैम देख लिजियेगा। हऊ वाले कमरवा में आपका फोटो टँगा

है। हमरा नाम तो फ़क़ीर महम्मद है। बाकी फेकू कहे जाते हैं। एक्का ताँगा उनियन के सिगेटरी हैं। समान गिन लिजिए।"

"ठीक है भई।"

"पानी ओनी की जरूरत होय तो उधिर कोने में हैंड पम्प लगा है।"

रफ़्फ़न बँस-खट पर लेट गया।

"क्या इसी घर में रहना होगा ?" जन्नत ने पूछा।

"नहीं भई। रामअवतार ने कोई घर ठीक कर रक्खा है। क्या गर्मी है। नहा क्यों नहीं लेतीं।"

"नहाऊँ कहाँ ?"

"उधिर कोने में हैंड पम्प लगा है।" रफ़्फ़न हँस पड़ा।

"मैं तो नहीं नहाती आँगन में।"

"तो मैं नहा लेता हूँ।" वह उठ बैठा। "ज़रा पानी चला दोगी।" उसने कमीज़ उतारते हुए कहा और पतलून के बटन खोलता हुआ हैंड पम्प की तरफ़ चला गया। जन्नत चारपाई पर बैठी-बैठी उसे देखती रही। फिर उसने अँधेरे कक्चे घर की तरफ़ देखा। और फिर उस लालटेन की तरफ़ शिकायत-भरी नज़रों से देखने लगी जो अँधेरा बढ़ा रही थी। उसे वह ख़त याद आ रहे थे जो उसने बियाओं को लिखे थे।···अरे, मैं तो इतनी ख़ुश हूँ लईक़ कि क्या बताऊँ। उनके अब्बा का घर तो इतना बड़ा है कि दो सुलतान जहाँ मन्ज़िलें* समा जायें। और अब्दुस्समद ख़ाँ के खाना पकाने का तो कोई जवाब ही नहीं है। पढ़ाने की नौकरी तो यह शौक़िया करते हैं।···झूठी कहीं की ! तूने अब्दुस्समद का पकाया खाना कब खाया ! तू ज़ैदी विला के अन्दर गयी कब ?···

"रामअवतार से मिलोगी तो फड़क जाओगी।"

"ऐं। क्या कहा ?" वह मुड़ी।

रफ़्फ़न पाइप के नीचे बैठा सिर में साबुन लगा रहा था।

"ज़रा पानी चला दो।"

वह उठ खड़ी हुई।

हैंड पाइप का हैण्डिल बड़ा ठण्डा था। उसे छूना जन्नत को बड़ा अच्छा लगा। वह हैंड पम्प चलाने लगी। ऊपर। नीचे। नीचे। ऊपर। पानी की ठण्डी धार रफ़्फ़न के बदन पर गिरकर फैलने लगी। पम्प की चूँ-चूँ खट, चूँ-चूँ खट में जन्नत की चूड़ियों का संगीत मिल गया।

वह एकदम से हँस पड़ा।

"क्या हुआ ?" जन्नत के हाथ रुक गये।

* अलीगढ़ की एक कोठी।

"एक फ़िल्मी डायलॉग ध्यान में आ गया। हीरोइन हैंड पम्प चला रही है। हीरो नहा रहा है। हीरो कहता है : काश ऐसा हो सकता। हीरोइन पूछती है : कैसा ? हीरो कहता है : कि तुम हमेशा-हमेशा यूँ ही पम्प चलाती रहतीं और मैं हमेशा-हमेशा यूँ ही नहाता रहता।"

जन्नत खिलखिला के हँस पड़ी। बोली, "हीरो आख़िर इतने अहमक़ क्यों होते हैं ?"

"पता नहीं।"

"मुझे पेशाब लग रहा है।"

"ऐं ?"—रफ़्फ़न की आँखों में साबुन घुस गया। वह दोनों हाथों से जल्दी-जल्दी आँखें मलता हुआ बोला, "दरवाज़ा अन्दर से बन्द करके यहीं नाबदान पर बैठ जाओ।"

"इससे अच्छा तो वही घर था।" जन्नत फिर पम्प चलाने लगी। "पाख़ाना तो था।"

"यार तुम मिनमिनाने बहुत लगी हो।" वह हँस पड़ा। "ज़िन्दगी के ऐड-वेन्चर का मज़ा लेना सीखो। करके तो देखो।"

"करके क्या देखूँ। उतरे ही गा नहीं।"

"कमाल करती हो तुम भी। आदमी को फाँसी के तख़्ते पर नींद आ सकती है और तुम्हें अच्छे-ख़ासे नाबदान पर पेशाब नहीं आ सकता।"

"मुझे आदत नहीं है।"

"किसी को फाँसी के तख़्ते पर सोने की भी आदत नहीं होती।" उसकी आवाज़ पर सोने के पानी की तरह चढ़ी हुई मुसकान की चमक उतर गयी। उसकी आवाज़ सैण्ड पेपर की तरह खुरदुरी हो गयी। और उसकी आवाज़ की खुरखुराहट से रात की नर्म जिल्द छिल गयी।···आँगन में सन्नाटे की इतनी मोटी तह जम गयी कि कोई चाहे तो आराम से लेट जाये।

—फिर ख़ुद ही रफ़्फ़न का दिल दुखने लगा।

जन्नत का हाथ अब भी पम्प के चमचमाते हुए हैण्डिल पर था।

रफ़्फ़न ने हाथ बढ़ाकर जन्नत की चूड़ी छू दी। जन्नत मुसकुरा दी। उसने दस-बारह बार ज़ोर-ज़ोर से पम्प चलाया। पानी की मोटी धार रफ़्फ़न के सिर पर गिरी और वह शरारत से अपने दाँत बजाने लगा।

फिर जन्नत अन्दर से दरवाज़े को बन्द करके नाबदान की तरफ़ चली गयी। और अँधेरा-अँधेरा आँगन इतमिनान का साँस लेकर फिर ऊँघने लगा। रफ़्फ़न मज़े-मज़े में अपना बदन मलने लगा, कि किसी ने दरवाज़े की जन्जीर बजायी और जन्नत घबरा के खड़ी हो गयी। पाजामा बाँधते-बाँधते वह रोहाँसी हो गयी। उसका मसाना फटा जा रहा था।

"कौन ?" रफ़्फ़न ने हाँक लगायी।

"मैं हूँ बे।" रामअवतार की आवाज़ आयी।

"रुको एक मिनट।"

जन्नत फिर बैठ गयी। और उसके पेशाब की आवाज़ दबाने के लिए रफ़्फ़न ज़ोर-ज़ोर से पम्प चलाने लगा। पानी नीचे पत्थर के चौके पर बेकार गिरता रहा। पर रफ़्फ़न की इस बात ने जैसे जन्नत की छोटी-छोटी सारी शिकायतें धो डालीं।

रफ़्फ़न चुपचाप पाइप के पास खड़ा जन्नत की तरफ़ देखता रहा। वह आँगन के अँधेरे में कोई और दिखायी दे रही थी। एक परछाईं जिसे आगे बढ़कर छू लेना और अपनी बाँहों में कस लेना सम्भव था।—और जब जन्नत पाजामा बाँध चुकी तो रफ़्फ़न ने पीछे से उसके गले में बाँहें डाल दीं और वह यूँ शर्मायी जैसे पहली रात पहली छुअन पर शर्मायी थी।

"ये क्या कर रहे हो। हटो।" जन्नत ने उसे हटाये बिना कहा, "जाओ, दरवाज़ा खोलो ?"

रफ़्फ़न ने दरवाज़ा खोल दिया। और यूँ रामअवतार से जन्नत की पहली मुलाक़ात एक अँधेरे कच्चे आँगन में हुई। और पहली ही मुलाक़ात में रामअवतार जन्नत को पसन्द भी आ गया। पर रामअवतार से कहीं ज़्यादा पसन्द उसे बाबूराम आया। वह प्यार की एक फंकी था जिसे फाँकते ही सारी उदासी हज़्म हो जाये !

रामअवतार तो रफ़्फ़न से मिलकर इतना ख़ुश हुआ, इतना ख़ुश हुआ कि वह यह भी भूल गया कि वह नौकरी से निकाल दिया गया है। वह रफ़्फ़न से साहित्य की बहसों में पड़ गया।···प्रगतिशील लेखक संघ और न जाने क्या-क्या अला-बला। जन्नत को इन बातों में कोई दिलचस्पी नहीं थी। वह बाबूराम की बात भी नहीं सुन रही थी जो उन लोगों के मना करने के बाद भी चूल्हा जलाकर खाना पकाने बैठ गया था। जन्नत उसके पास जा बैठी और फुलकों के लिए पेड़े बनाने लगी।

"अरे आप रहे दें। हम अभईं बना लेते हैं ना," बाबूराम ने कहा। उसे जन्नत का यूँ पास बैठकर पेड़े बनाना अच्छा नहीं लग रहा था। उसे अंकुस-सा लग रहा था। रामअवतार की माँ के मरने के बाद से कोई औरत यूँ उसके पास नहीं बैठी थी। रामअवतार ब्याह कर लेता तो उसे यूँ चूल्हे के पास जलना न पड़ता। और रामअवतार उसका हाथ बटाना चाहता तो वह हत्थे से उखड़ जाता, "हम तूँहें यम्मे तक एही मारे पढ़ावा है का, कि तूँ घर में बइठ के चूल्हा फूंको, ऐं ?"

रामअवतार ने रफ़्फ़न को कुहनी मारी, "बाबूजी का हुलिया बैरंग हो रहा

है।" फिर उसने उनकी तरफ़ मुंह करके कहा, "आप इधर आ जाइए भाबी। बाबूजी औरतों से शर्माते हैं। हमीदा से कुश्ती नहीं लड़े थे कि उसका नाम ज़नाना था।"

"अरे जा!" बाबूराम ने उसकी तरफ़ देखे बिना कहा, "बिला नाहक में बक-बक करता है। हमीदा से त लड़के हार जाये में भी कोऊ सरमाये की बात ना रही। बाकी हम ई पूछ रहें रफ़्फ़न कि जो हम ऊ ससुरी मिरजापूरी हमीदा बानो से बजड़ के जीत जाते त का उखाड़ लेते···"

रामअवतार ने ज़ोर से गला साफ़ किया।

बाबूराम ने घबराकर जन्नत की तरफ़ देखा। जन्नत खिलखिला के हँस पड़ी।

"बाबूजी।" रफ़्फ़न ने कहा, "आपकी इस बहू का फुलके डालने में यहाँ से अलीगढ़ तक कोई जवाब ही नहीं है।"

"ल्यो बेटा पकाओ।" बाबूराम ने मौक़े को ग़नीमत जाना। वह टेंट में बीड़ी ढूँढ़ता चूल्हे के पास से सरक गया। जन्नत मुसकुराती हुई चूल्हे के पास सरक गयी और फुलके बनाने लगी। और पल-भर के लिए वह बिलकुल भूल गयी कि अभी-अभी वह इस घर से कितनी नाराज़ थी। खुश हो जाना कभी-कभी कितना आसान होता है!

वह फुलके सेंकती रही और उसके हाथों की चूड़ियाँ बजती रहीं और उसकी आत्मा पर चढ़ा हुआ तल्ख़ी का मैल उतरता रहा। और सिंकते हुए गेहूँ की सुगन्ध से आँगन महकता रहा। और रफ़्फ़न इस सुगन्ध से दूर रामअवतार से भिड़ा रहा···

"ग़लत बात है। अदब कोई तक़रीर नहीं है कि आदमी खड़ा हो जाये और प्यारे भाइयो और बहनो कहकर शुरू हो जाये। अदीब कोई स्टेनो टाइपिस्ट नहीं कि पार्टी के डिक्टेशन ले। जो चीज़ मेरे दिल को नहीं छूती उस पर मैं शेर क्यों लिखूँ···"

बाबूराम की समझ में यह बातें कभी नहीं आती थीं। पर यह बातें वह हमेशा बड़े ग़ौर से सुना करता था। उसकी आँखें रामअवतार के चेहरे पर होतीं और वह दिल-ही-दिल में यह सोचकर खुश हुआ करता था कि उसका बेटा कुश्ती लड़ना नहीं जानता तो क्या हुआ, बातों में तो पछाड़ देता है सबको। इधर जब से उसकी आँखों की रोशनी ज़रा कम होने लगी थी वह रात को रामअवतार के चेहरे का उतार-चढ़ाव नहीं देख पाता था। पर पास सरककर इसलिए नहीं बैठता था कि रामअवतार यह भाँप न ले कि उसका बाप अन्धा हो रहा है।···तो उसके कान आवाज़ों पर लगे हुए थे और आँखें जन्नत पर। वह बड़ी सफ़ाई से आलू की भाजी भून रही थी और उसकी गर्म-गर्म महक बाबूराम की नाक में बत्ती-

सी कर रही थी। यह महक उसकी बनायी हुई भाजी से कुछ अलग-अलग-सी थी।

आख़िर बाबूराम से न रहा गया। वह जन्नत के पास आकर उकड़ू बैठ गया। जन्नत उसकी तरफ़ देखकर धीरे-से मुसकुरा दी। पर उसके हाथ न रुके। करछे को कढ़ाई पर दो-चार बार ठोंककर उसने चूल्हे से टिका दिया और फिर कढ़ाई पर एक ढकना रखकर वह अरहर की दाल को बघार देने की तैयारी करने लगी।

बाबूराम हँसा, "हम त खाना खा के फँस न गये।"

"का हो गया ?" रामअवतार ने पूछा।

बाबूराम फिर हँस पड़ा। "खाना अइसा महक रहा कि हमरी त राल टपके लागी, भय्या। और पेट टनाटन बोल रहा तबला नाहीं। त खायें कइसे ?"

"पत्थर हज़म चूरन लिआ दें अन्वर भाई किहाँ से ? तुम्हारे रहने का प्रबन्ध मैंने वहीं किया है।" रामअवतार ने रफ़्फ़न से कहा, "बड़े ग़ज़ब के शायर हैं।"

"एक घर में एक शायर काफ़ी है।" जन्नत ने दाल को बघारते हुए कहा।

"बात यह है कि उनके घर में पाख़ाना हैं।" रामअवतार ने चुपके से कहा। रफ़्फ़न खिलखिला के हँस पड़ा।

"बड़ी देर से पेशाब रोके बैठी हुई है।···" वह कुछ और कहना चाहता था परन्तु उसे हँसी आ गयी। हँसी भिंची-भिंची-सी थी। जन्नत के कान खड़े हो गये। उसने लालटेन की धुँधली रोशनी में उनकी तरफ़ देखा पर कुछ दिखायी न दिया। फिर भी वह एहतिआन झल्लाकर बोली :

"खाना खाइए, खाना।"

खाना अभी पूरी तरह ख़त्म भी नहीं हुआ था कि बाहर से किसी एक्के के घुंघरू बजे।

"जोखन आ गया।" रामअवतार ने उठते हुए कहा। "तुम लोग खाओ। मैं सामान भिजवाये देता हूँ जब तक।"

"आप क्यों तकल्लुफ़ करते हैं ?" जन्नत ने उठना चाहा।

"जी चाह रहा है।" रामअवतार ने कहा।

जन्नत बैठ गयी।

जाने से पहले बाबूराम ने उसे दो रुपये का एक नोट दिया, मुँह-दिखलायी। और जन्नत पल-भर के लिए नयेली बन गयी क्योंकि जब वह घूंघट में मुँह छिपाये, आँखें बन्द किये सट्टी मस्जिदवाले मकान में उतरी थी तो किसी ने उसे इस अपनेपन के साथ मुँह-दिखलायी के रुपये नहीं दिये थे। उसकी आँखें भीग गयीं···उसने सय्यद अली रफ़अत 'बाग़ी' आज़मी के सारे क़ुसूर माफ़ कर दिये···

रात घुँघरू बाँधकर छन-छन करती भाई अनवर के घर की तरफ़ चल पड़ी। गाँवों में कोई जगह किसी जगह से दूर नहीं होती। फिर भी रास्ते में रामअवतार ने रफ़्फ़न को अनवर हुसैन 'दाग़' नारायणगंजवी के बारे में सारी ज़रूरी बातें बता डालीं। और जब रफ़्फ़न ने 'दाग़' साहब को दरवाज़े पर अपना इन्तज़ार करते पाया तो फ़ौरन पहचान गया।

'दाग़' साहब का घर बहुत बड़ा नहीं था। और उस छोटे-से घर की छोटी-सी ख़लवत में जन्नत को रहना था। 'दाग़' साहब के पिता ने ख़लवत बहू के लिए बनवायी थी, जो उनके मरने के बाद से ख़ाली पड़ी थी क्योंकि 'दाग़' साहब सद्र मकान में उठ आये थे।

रामअवतार तो अनवर भाई और रफ़्फ़न के साथ सामान को सजाने में लग गया और जन्नत लोटा लेकर सण्डास की तरफ़ भाग खड़ी हुई। जब वह बाहर निकली तो उसने देखा कि 'दाग़' साहब बाक़र हुसैन 'आतिश' से शेर सुनाने की फ़रमाइश कर रहे हैं और मियाँ 'आतिश' रेशा ख़त्मी हुए जा रहे हैं।

"सुनाइए ना।" जन्नत ने कहा।

'आतिश' मियाँ ने आँखें उठाकर जन्नत की तरफ़ देखा। और वह उसी वक़्त तड़ से जन्नत पर आशिक हो गये। 'नन्हा-सा बलमा मोरे आँगन में गुल्ली खेले।'

"अर्ज़ करता हूँ।" आतिश ने जन्नत से कहा, "तेरे कूचे में गैरों की तरह हम आ नहीं सकते—अरे ज़ालिम हम आशिक़ हैं, अरे ज़ालिम हम आशिक़ हैं!"

"हाय, हाय, हाय!" दाग़ साहब ने अपनी जाँघें पीट डालीं कि यह शेर दर-अस्ल उन्हीं का था। नारायणगंज के मुशायरों में एक ग़ज़ल वह खुद पढ़ा करते थे और एक मियाँ बाक़र से पढ़वाया करते थे। बाक़र शेर सुनाता और यह एक-एक आदमी की आँखों-में-आँखें डाले देखा करते और बाक़र की तारीफ़ें करवाया करते। "बच्चा है। पर ज़बान देखिये। घर की लौंडी है। क़ाफ़िया देखिए। कैसा ठुँका हुआ है।···" तमाम लोग जानते थे कि मियाँ बाक़र हुसैन आतिश वास्तव में दाग़ साहब की ग़ज़ल पढ़ रहे हैं। पर मजबूरन सभी को बाक़र के कलाम की तारीफ़ करनी पड़ती। रामअवतार रास्ते-भर रफ़्फ़न और जन्नत को तैयार करता आया था। तो दोनों झूम-झूम के तारीफ़ करने लगे और दाग़ साहब ने उन दोनों पर लहलोट हो गये।

दाग़ साहब प्रगतिशील कविता को कविता ही नहीं मानते थे। यह भी कोई कविता हुई। यह हमीं खेत, फटा पड़ता है जिनका जोबन। किसलिए इनमें फ़क़त भूक उगा करती है। न कोई सनअत। न कोई रिआयत।···वह रफ़्फ़न के आने से खुश नहीं थे। मगर वह तो झूम-झूम के आतिश की तारीफ़ कर रहा था।

"वाह वा, वाह! जीते रहो मियाँ।" उसके लम्बे-लम्बे बेतरतीब बाल उसके

सिर पर उछल रहे थे। जन्नत की निगाह रफ़्फ़न के उछलते-कूदते बालों पर पड़ गयी और उसके लिए हँसी रोकना नामुमकिन हो गया। उसके बदन का सारा खून जैसे खिचकर उसके चेहरे पर आ गया।

"जीते रहो मियाँ। मज़ा आ गया। अरे ज़ालिम की तकरार ने क्या फ़िज़ा बनायी है!" रफ़्फ़न ने फिर झूमकर कहा।

मियाँ 'आतिश' ने कनखियों से जन्नत की तरफ़ देखा और कहा, "शेर कहते हो बहुत खूब तुम आतिश, लेकिन। अच्छे शायर ये सुना है कि जवाँ मरते हैं।"

रफ़्फ़न को मालूम था कि यह शेर अख़्तर अन्सारी का है। फिर भी वह फड़क गया। जन्नत लोटा लेकर फिर सण्डास की तरफ़ भाग गयी क्योंकि वह जानती थी कि अगर यह पल-भर और टिकी तो हँस पड़ेगी···

सण्डास का किवाड़ भेड़कर वह अपना पेट पकड़ के हँसने लगी। दुहरी हो-हो गयी। उसकी आँखों से पानी बहने लगा। धीरे-धीरे हँसी का दौरा ख़त्म हुआ। थूक घोंटती वह बाहर आयी। लोटे को दालान के कोनेवाले दर में रखकर वह घड़ौंची की तरफ़ बढ़ गयी।

आँगन में मियाँ आतिश अब तक ग़ज़ल सुना रहे थे। वह कोरी सुराही से पानी उँडेलने लगी। एक गिलास। दूसरा गिलास—ज़ाहिर है कि वह सुबह तक पानी नहीं पी सकती थी। आख़िर उसे लौट आना पड़ा।

मियाँ बाक़र हुसैन आतिश ने उसकी तरफ़ शिकायत-भरी निगाहों से देखा। और फिर अपने माथे पर यूँ-हाथ फेरने लगे जैसे कोई शेर भूल गये हों। फिर वह अपने शायराना बालों से खेलने लगे जैसे शेर उन्हीं में फँस गये हों। उन्होंने दरअस्ल 'दिल' लखनवी को यूँ ही अपने बालों से खेलते देखा था। जभी से उन्होंने यह अदा याद कर ली थी। पर तब उनके बाल छोटे हुआ करते थे। तो उन्होंने बाल बढ़ाने का इरादा किया। तब सायरा बी यानी बेगम दाग़ नारायणगन्जवी ने बग़ावत कर दी। "ए पूता का तूँ लड़की हौ कि बाल बढ़ावे का सौक़ चर्रावा है। साएरी ना भई जूईं होय गयी···"

मगर अनवर हुसैन दाग़ नारायणगन्जवी अपने अकलौते बेटे की शायरी के रास्ते में कोई रुकावट पैदा करना नहीं चाहते थे। इसलिए सायरा बी के विरोध के बावजूद मियाँ बाक़र हुसैन 'आतिश' के बाल बढ़ गये।

बाल तो बढ़ गये। मियाँ 'आतिश' मुशायरों में धड़ल्ले से ग़ज़ल भी पढ़ने लगे मगर फिर भी उनकी ज़िन्दगी कुछ अधूरी-अधूरी-सी लगती थी। उर्दू शायरी की ज़मीन इश्क़ के सूरज के गिर्द नाचती है। हर शायर के लिए आवश्यक है कि वह एक-आध इश्क़ ज़रूर करे। पर नारायणगन्ज में कोई आशिक़ किस पर हो। ले-देकर एक शारदा थी। पर वह 'फिर' को 'फ़िर' और 'फ़ौरन' को 'फौरन' बोलती थी। तो भला वह मियाँ 'आतिश' के दिल के दर्द की भाषा क्या समझ सकती थी!···

तो मियाँ 'आतिश' के दिल की ज़मीन ऊसर पड़ी थी और वह परेशान थे कि क्या करें। उन्होंने अपनी ख़ाला फ़त्तो बी पर आशिक़ होना चाहा। पर दाल नहीं गली। तो वह अबुलख़ैर बो, नायन, पर आशिक़ हो गये। वह खाई-खेली औरत थी। फ़ौरन भाँप गयी। और भाँपते ही वह मियाँ बाक़र हुसैन आतिश पर लपक ली। घर में आती तो उन्हें लिपटा लेती और सायरा बी से कहती कि : ऐ बीबी। अब मो से मियाँ बिना ना रहा जाता। हमारा बिआह करद्यो बिक्कू मियाँ से···यह 'बिक्कू मियाँ' सुनकर वह भन्ना जाया करता था। इश्क़-विश्क़ सब ठीक पर यह 'बिक्कू मियाँ' नहीं चल सकता था। वह तो अपनी माँ से भी यही कहा करते थे कि वह उन्हें बिक्कू मियाँ न पुकारा करें। पर माँएँ भला सुनती हैं किसी की, कि सायरा बी मियाँ बाक़र ही की सुन लेतीं—तो एक दिन जलकर उन्होंने अबुलख़ैर बो से कह दिया कि वह उससे ब्याह नहीं कर सकते। वह बहुत रोयी-धोयी पर वह टस से मस न हुए।···और अब सामनेवाले पलँग पर वह बैठी थी तो वाक़ई इस लायक़ थी कि मियाँ आतिश इश्क़ कर सकें। वह चोरी-चोरी जन्नत ही की तरफ़ देख रहे थे। मौक़ा पाते ही एक-आध ठण्डी साँसें भी लेते जा रहे थे और दिल-ही-दिल में दुआएँ भी माँगते जा रहे थे, "ए पाक परवरदिगार। बस, अम्माँ बिक्कू मियाँ न पुकारने पायें···"

"ए बिक्कू।" कमरे के अन्दर से सायरा बी की आवाज़ आयी। बाक़र ने घबरा के जन्नत की तरफ़ देखा। जन्नत अपने पाँव के नाख़ूनों से खेल रही थी। तो बाक़र सीधा कमरे की तरफ़ लपक गया।

"अम्माँ, आपो हद करती हैं।" वह सायरा बी पर बमकने लगा। "कै मरतबा हम कहें आपसे कि हमें बिक्कू मत्त पुकारा कीजिए। पर आप बिक्कू-बिक्कू लगाये रहती हैं। ऊ सुनेंगी तो का सोचेंगी।"

"ए बिक्कू, तूँ हमसे ढेर मत टिरटिराया करो, हाँ···"

दाग़ साहब को एकदम ख़याल आ गया कि सायरा बी अन्दर सड़ रही हैं। तो वह एकदम से बोले, "आप लोग सफ़र के थके-हारे हैं। अब आराम कीजिए। मियाँ आतिश कहीं भागे थोड़े जा रहें। कल्ह सुन लीजिएगा।···"

रामअवतार चला गया।

जन्नत भी उठकर सीधी ख़लवत में चली गयी।

आँगन में सन्नाटा हो गया। रफ़्फ़न की उँगलियों में आधी पी हुई सिगरेट थी। दाग़ साहब ने एक लम्बी जमाही ली। फिर पाँव लटकाये-लटकाये आधे बदन से लेट गये। एक अँगड़ाई के लिए रफ़्फ़न का बदन टूटने लगा। सिगरेट फेंककर उसने एक लम्बी अँगड़ायी ली। फिर वह खड़ा हो गया।

"अच्छा अन्वर भाई, चलता हूँ।"

बिक्कू आ गया।

"अम्माँ कह रही हैं कि सुबह की नश्ता इँहईं कीजिएगा।"

"अरे तकल्लुफ़ की क्या ज़रूरत है !"

"एमें तकल्लुफ़ की का बात है ।" सायरा बी की आवाज़ आयी। "दुप्पहर का खाना पकाये की भी ज़रूरत ना है ।"

"हाँ हाँ, और क्या," अनवर ने कहा हालाँकि वह कुछ परेशान भी हुए। दोपहर के खाने का मतलब यह हुआ कि छोटा गोश्त कम-से-कम एक सेर यानी साढ़े छ: रुपये। फिर कुछ मीठा भी होगा। शकर, घी, मैदा, चिरौंजी, किशमिश, बादाम, पिस्ता और शायद ज़ाफ़रान···सायरा बी का क्या जाता है। किसी की दावत करने में। "देखिए भाई बाग़ी।" दाग़ साहब ने कहा। "ग़ैरियत बरतिएगा तो नहीं पटेगी। कल रात तक आप हमारे मेहमान। फिर परसों की परसों देखी जायेगी।"

"अच्छा खुदा हाफ़िज़। कल मुलाक़ात होगी।" रफ़्फ़न ख़लवत की तरफ़ चला गया।

"तूहें एतना भी होश नाहीं कि हम उहाँ कोठरी में सड़ रहें।" सायरा बी बाहर निकल आयीं।

"और यह लंगर चलाने की क्या ज़रूरत रही ?" दाग़ साहब ने कहा।

"ठीक है।" सायरा ने कहा। "जा बेटा बिक्कू तनी बोल आ ख़िलवतिया में कि कल उ लोगन की दावत ना है। अब ईहो कह द्यो कि रतियो के ख़ाने पर हमहीं बुलावा दिया है। अरे तैं खड़ा का है माटी मिले ?" वह बिक्कू पर उबल पड़ीं। "जाता काहे ना।"

"अच्छा बाबा, मेरा कुसूर माफ़ कर द्यो।" दाग़ साहब ने हाथ जोड़ लिये। "कल रात क्यों, तूं मुसतक़िल दावत दे द्यो।"

"रात के खाने को हम कहा रहा ?" सायरा बी चमकीं। "जूता बेचत-बेचत तोहरी अक़िलो का तल्ला घिस गया है। ईयह।" सायरा बी लोटा लेकर पाख़ाने की तरफ़ भागीं क्योंकि पेशाब रोके-रोके उनके मसाने फटे जा रहे थे। उन्हें दर-असल झल्लाहट इसी की थी। बिक्कू के अब्बा को कम-से-कम ई तो साचे के चाहत रहा कि कोई कोठरी में कब तक बइठा रहिये पिशाब रोके। बाकी साएरी सुनाये बिना जो कल ना पड़ती। बोहार जाये अइसी साएरी। आग लगे गजल मसनवी में। बिक्कूओ को बिगाड़ रहें अपने संग-संग।···वह तो जब मसाने का बोझ कम हुआ तो उनका सारा बदन जैसे ढीला पड़ गया। उन्होंने एक लम्बा साँस लिया और पहली मरतबा यह सोचा कि जन्नत की शक्ल अच्छी है। मुसकुराती है तो बहुत अच्छी लगती है। और तब वह अपनी सूरत याद करके उदास हो गयीं।

आँगन में दाग़ साहब लेटे बीड़ी पी रहे थे और मियाँ बाक़र हुसैन आतिश दूसरे पलँग पर लेटे-लेटे लहक-लहक के गुनगुना रहे थे।

आइना देख कर ख़याल आया
तुम मुझे बेमिसाल कहते थे

वह चाहते तो धीमी आवाज़ में गुनगुना सकते थे। पर वह तो अपनी आवाज़ का दर्द जन्नत तक पहुँचाना चाहते थे।···

और जन्नत रफ़्फ़न की बाँह पर सिर रक्खे सोने की कोशिश कर रही थी। रफ़्फ़न की उँगलियाँ धीरे-धीरे उसके बालों से उलझ रही थीं।···जन्नत की सारी उदासियाँ किसी जादू-टोने की तरह उतर गयीं।

रफ़्फ़न की उँगलियाँ चलती रहीं। वह आँखें बन्द किये चुपचाप पड़ी रही। वह कुछ बोलकर नारायणगन्ज में गुज़रनेवाली पहली रात का जादू नहीं तोड़ना चाहती थी। यह पल बड़े क़ीमती थे। उसे ज़िन्दगी से कोई शिकायत नहीं थी। जैसे 103 सट्टी मस्जिद, शहर डाकख़ाना ग़ाज़ीपुर में उसके कुछ दिन ही न गुज़रे हों। जैसे रफ़्फ़न नहीं सय्यद अली रफ़अत···नहीं, 'बाग़ी' आज़मी के साथ उसकी पहली रात गुज़र रही हो। पहली रात···वह शर्मा गयी।

रफ़्फ़न की उँगलियों की चाल पर नींद की धुन्ध चढ़ने लगी। धीरे-धीरे चलती हुई उँगलियाँ रुक जातीं, दो-चार पल रुकी रहतीं और फिर जैसे चौंककर जाग पड़तीं और तेज़-तेज़ चलने लगतीं···चलती रहतीं और फिर रफ़्तार धीमी होने लगती···आँखें बन्द किये सिकुड़ के लेटी हुई जन्नत चुपके-से मुसकुरा दी। और जैसे उसकी मुसकुराहट ने उसे रफ़्फ़न की तरफ़ थोड़ा-सा और सरका दिया। और जैसे रफ़्फ़न के सीने के दोनों किवाड़ खुल गये और वह सीधी उसके दिल में उतर गयी।

शान्ति हिंडोले सो बहना मोरी गड़ गयो जी
ऐजी कोई सावन
तो हमबै कोई सावन को है त्योहार जी
शान्ति हिंडोले सो बहना मोरी गड़ गयो जी···

सारी अलीगढ़ जन्नत की पलकों पर आ बैठा। उसकी आँखें भीग गयीं। वह तो अलीगढ़ गयी नहीं फिर। जाके कहेगी क्या ? 103 सट्टी मस्जिद, शहर डाकख़ाना ग़ाज़ीपुर के बारे में वह मायकेवालों को क्या बताती···कई शादियाँ हुईं। कई मौतें हुईं। पर वह हर बार कोई-न-कोई बहाना कर गयी।···

यूनियन हाल में मुशायरा हो रहा है। न जाने कौन पढ़ रहा है। ऊँह, मैं क्या जानूँ लक्को बी। पढ़ रहा होगा कोई। मैं क्या दुनिया-भर के शायरों के नाम जानती हूँ ! अरे तुमने सुना नज्जो ! जन्नत को इस शायर का नाम नहीं मालूम। शर्मा रही है बिचारी। नज्जो ने कहा।···यूनियन हॉल तारीफ़ों से उड़ा जा रहा है। बाग़ी अपने उलझे हुए बालों को माथे से हटा-हटाकर शेर सुना रहा है। वह शेर सुना रहा है और जन्नत के दिल में बादाम के शगूफ़े फूल रहे हैं।···

"नींद नहीं आ रही है क्या ?"

"हाँ। नहीं आ रही है।"

रफ़्फ़न ने उसकी तरफ़ करवट लेकर अपनी बाँह उसके गले में डाल दी। जन्नत के खुले हुए बाल उसकी कुहनी के नीचे आ गये। सिसकी लेकर उसने अपने बाल कुहनी के नीचे से निकाल लिये।

"नींद क्यों नहीं आ रही है ?"

"पता नहीं।"

"सोना चाहती हो कि नहीं ?"

"जागना चाहती हूँ।"

"मुझे भी नींद नहीं आ रही है।"

"क्यों ?"

"पता नहीं।"

रात हैरान-हैरान सुनती रह गयी। बदन की आँच कहाँ है ? प्यार की खुशबू कहाँ है ? पलँग पर तो फिर सन्नाटा हो गया।

जन्नत दम साधे पड़ी रही। उसके बदन में एक सनसनी-सी हो चली थी। वह इस सनसनी की भाषा जानती थी।···रफ़्फ़न की बाँहों का हलक़ा तंग होने लगा। जन्नत का दम घुटने लगा। और फिर, फिर दो बदन प्यार की आग में जल गये।

दोनों थक गये थे। चुपचाप पड़े हुए थे। साँस तेज़-तेज़ चल रहे थे।

वह लेटी-लेटी देख सकती थी कि सामनेवाले पलँग पर उसके कपड़े रफ़्फ़न के कपड़ों के नीचे पड़े जाग रहे हैं। अपने कपड़ों को रफ़्फ़न के कपड़ों के नीचे देखकर वह शर्मा गयी। उसने अपने पाँव मोड़ लिये।

"कपड़े पहन लो।"

"क्यों ?"

"मुझे शर्म आ रही है।"

रफ़्फ़न हँस पड़ा। जन्नत को रफ़्फ़न की हँसी बहुत पसन्द थी। उसने उसे घूर-कर देखा। वह जानती थी कि उसके घूरने पर रफ्फ़न की हँसी तेज़ हो जायेगी। रफ़्फ़न की हँसी तेज़ हो गयी।

वह लेटी-लेटी उसे हँसता देखती रही।

रफ़्फ़न जब हँसता था तो उसके चेहरे से थकन और जीवन की कड़वाहट की सारी लकीरें मिट जाया करती थीं और जन्नत थोड़ी देर के लिए यह भूल जाया करती थी कि वह रफ़्फ़न का पहला इश्क़ नहीं है।···रफ़्फ़न को शरारत-भरी निगाहों से अपनी तरफ़ देखता पाकर उसने अपनी आँखें बन्द कर लीं। रफ़्फ़न मुसकुराता हुआ ख़लवत के कोने में चुपचाप पड़े ऊँघते हुए कुवें के पास चला गया।

गगरी में डोर का फन्दा डालकर उसने गगरी कुवें में उतारी। लोहे की गगरी जैसे लोरी गाने लगी···

रफ़्फ़न जब अपने को धो-धुलाकर पलँग पर आया तो जन्नत सो चुकी थी। वह थोड़ी देर खड़ा-खड़ा उस सोयी हुई जन्नत को देखता रहा। उसने झुककर उसके होंठ चूम लिये। जन्नत मिनमिनायी। फिर उसने करवट ले ली और रफ़्फ़न के लिए पलँग पर जगह निकल आयी।

वह आहिस्ता से लेट गया। यूँ सोयी हुई जन्नत के लिए उसका दिल दुखने लगा। हो सकता है थोड़े दिनों बाद इसे यूँ जीने की आदत पड़ जाये। पर ज़िन्दगी आदत बनकर गुज़री तो क्या गुज़री। यह ज़रूरतों के खूँटे से बँधी हुई ज़िन्दगी वाक़ई दिन-ब-दिन बोरिंग होती जा रही है।

···रफ़्फ़न बेवकूफ़ी न करो। वहाँ क्या धरा है। अब भी आ जाओ तो ज़िन्दगी बन जायेगी। जो मुल्क तुम जैसे शायर को सवा दो सौ रुपये महीने से ज़्यादा नहीं दे सकता, वह मुल्क इस क़ाबिल नहीं कि उससे प्यार किया जाये। गोली मारो उस मुल्क को। मैंने ढाका यूनिवर्सिटी में बात चलायी है। मगर यह तो वही क़िस्सा हुआ कि मुद्दई सुस्त और गवाह चुस्त। और अब तो माशाअल्लाह से तुम्हारी शादी भी हो गयी है। अपनी ज़िम्मेदारियों को देखो, तोलो और फ़ैसला करो···

भाई जानू की आवाज़ इतनी साफ़ थी जैसे वह सरहाने खड़े बोल रहे हों। उसने मुड़कर देखा भी। पर सरहाने तो रात का अँधेरा खड़ा था।

भाई जानू का यह ख़त न जाने कब आया था। भाई जानू को तो उसने लिख दिया कि वह सोचकर जवाब देगा। फिर वह भाई जानू के ख़त और ढाका यूनिवर्सिटी दोनों ही को भूल गया। जो काम करना ही नहीं उस पर सोचने से क्या फ़ायदा।

ऐ मेरे शहर, गुलाबों के वतन, मेरे चमन
तेरे चौराहे हैं कन्धों पे सलीबों की तरह
बोझ से टूट गयी अहले-जुनूँ की गरदन
दरो-दीवार से टपके है बयाबाँ होना
सर झुकाये हुए आता है हमेशा सावन
नीम के साये में बैठी हुई तल्ख़ीये-हयात
लालटेनों के बयाबाँ में सिसकते आँगन
रोटियाँ हल्क़ों की मानिन्द हर एक गरदन में
दाल के चेहरे पे गुज़री हुई सदियों की थकन
तेरे सन्नाटे में गुम हो गये महताब तेरे
रात खुद बन गयी अपने ही सितारों का कफ़न

गोपियाँ आँखों के मटकों में लिये बैठी हैं
कृष्ण परदेस गया कौन चुराये माखन
आम के झुन्ड यतीमों की तरह ख़ाक ब-सर
महुवे पहने हुए ख़ुद अपनी ही ख़ुशबू का कफ़न
तिशनगी बैठी है पीपल के घने साये में
ताड़ का उतरे हुए नश्शे से दुखता है बदन
ऐ मेरे शहर, गुलाबों के वतन, मेरे चमन

उसे पता भी न चला कि वह कब गुनगुनाने लगा। उसकी यह अजीब आदत थी कि जब भी उदास होता, गुनगुनाने लगता। अपने शेर नहीं। दूसरों के शेर। क्योंकि दूसरों के शेर गुनगुनाने से अकेलेपन का बोझ हलका होता है। जैदी विला से छूटने के बाद वह अपने-आपको ज्यादातर अकेला ही पाया करता था। उसका तीन-चौथाई दिल ज़ैदी विला की यादों से भरा हुआ था। भाई जानू को यह लिखते शर्म भी न आयी कि ढाके आ जाओ। ढाके में तो वह सड़क तक नहीं मिलेगी जिसके एक किनारे पर ज़ैदी विला इमली के किसी पुराने पेड़ की तरह अपनी छाँव लिये खड़ा उसकी राह देखा करता है। मैं ज़ैदी विला को देखने के लिए पासपोर्ट नहीं बनवा सकता।···उसने यह फ़ैसला एक बार फिर किया। और यह फ़ैसला करने से उसकी सारी थकन जैसे घुल गयी। और वह सोयी हुई जन्नत की जागती हुई गरदन में बाँहें डालकर सो गया।

रामअवतार सवेरे ही आ गया।

"सोचा तुम्हें स्कूल छोड़ आऊँ।"

"मगर यह तुम्हारा चक्कर क्या है?" रफ़्फ़न ने पूछा।

"चक्कर-वक्कर कुछ ना है।" अन्दर से सायरा की आवाज़ आयी। "हम ई कह रहें कि दरिया में रहे को होय त मगर मछ से बैर करे की का ज़रूरत है भला। ऊ मुआ मक्खनलाल इनसे नाखुस है। ए भय्या चिरौंजीलाल ऐडोकेट इनसे ख़फ़ा। ई तो काम करे का लच्छन ना है।··"

रामअवतार हँस पड़ा।

"भाभी की इन्हीं बातों पर जान देता हूँ, रफ़्फ़न। थोड़े दिनों में तुम भी यही करने लगोगे।"

"भय्या मैं तो आज का नाश्ता ही करके लट्टू हो गया। जो भाभी नाश्ता ऐसा पकाती हैं वह देखने में कैसी होंगी।"

सायरा बी नाश्ते की तारीफ़ सुनकर निहालो-निहाल हो गयीं। और उन्होंने जन्नत की बेपदर्गी माफ़ कर दी। और इसीलिए रफ़्फ़न और रामअवतार के जाने के बाद वह ख़लवत से जन्नत को उठा लायीं।

सीधी-सीधी माओं के पास अपने बेटे और उसकी आनेवाली बहू के सिवा कोई और बात तो होती नहीं। हाँ बीच-बीच में महँगायी की बात ज़रूर निकल आती है लेकिन ज़रा घुमा-फिरा के।

"खुदा जीता रक्खे उनके अब्बा को। करवट-करवट जन्नत मिले। आठ तोले का ई गुलूबन्द हम्में मुँह देखलायी में दिहिन रहा। दू सौ चालीस में तय्यार भया रहा। अउर अब अइसी आग लगगयी है हर चीज में कि दू सौ चालीस में एक ठो अँगूठियो ना मिलती।···" जन्नत के लिए यह एक बिलकुल नया अनुभव था। उसे सायरा बो की भाषा भी बड़ी रसीली लगी! जैसे वह बात न कर रही हों बल्कि गा रही हों। तो वह चुपचाप सुनती रही। सायरा बी ने अपने बिक्कू की तमाम बातें एक-एक करके सुना डालीं। अपनी बाछों से पान की पीक पोंछती जातीं, उँगलियों को पलंग की पट्टी पर रगड़-रगड़ के साफ़ करती जातीं और एक बात से दूसरी बात का शगूफ़ा छोड़ती जातीं।

जन्नत को पता यह चला कि बिक्कू ने पहली ग़ज़ल पाँच साल की उम्र में लिखी थी। "ख्वाजा हैदरअली आतश आये तोरे भाई साहब के ख्वाब में और बोले : बिक्कू का तल्लुस आतश रक्खो। बस बहिनी बिक्कू ओहि दिन से मियाँ आतश भै गये।"

"ये ख्वाजा हैदरअली आतश कौन साहब थे, भाभी ?" जन्नत ने शरारत से पूछा।

"अ, मनों का जानों बहिनी। ख्वाजा साहब रज़िअल्ला-ताला के कउनो संगी-सम्बन्धी रहे होइहें।"

जन्नत खिलखिला के हँस पड़ी। "अरे भाभी, वह तो बहुत बड़े शायर थे।"

"नौज।" सायरा बी ने नाक पर उँगली नचायी। "माटी मिले शायर लोग भी ख्वाब में आये लगे।"

यह बातें जाने कहाँ तक जातीं, लेकिन नारों की आवाज़ आने लगी और दोनों औरतें दरवाजे की तरफ़ भागीं और पट की ओट से बारह झाँकने लगीं।

सामने से एक जुलूस आ रहा था। आगे-आगे शारदा थी।

"इन्क़िलाब"

"ज़िन्दाबाद।"

"ठाकुर साही"

"हाय हाय।"

"श्री माखनलाल की"

"जय।"

सायरा बी की नज़र जोखन पर पड़ गयी जो शारदा के ठीक पीछे उछल-उछलकर नारे लगा रहा था।

"नौज।" सायरा बी ने कहा। "ई मुआ जोखन त कल तक रामअवतार की पाल्टी में रहा।"

"वह ख़ूबसूरत-सी लड़की कौन है?" जन्नत ने पूछा।

"शारदा है।" सायरा बोलीं। "केलवा तमोली की बेटी। ओही के पख़ना बनवाये पर त इ उद्धम मची है।"

जुलूस अब घर के सामने आ चुका था।

श्री मक्खनलालजी हार-फूल से लदे हुए मुसकुरा-मुसकुराकर जनता को सलाम कर रहे थे। आज का दिन उनकी ज़िन्दगी का सबसे बड़ा दिन था। इतने लोग। इतनी जय-जयकार। ज़िन्दगी में पहली बार वह अपने ब्रीफ़-केस तक को भूल गये।

उनका ब्रीफ़-केस लिये कालीचरण चल रहा था और सोच रहा था कि लीडरी करने के लिए ब्रीफ़-केस कितना ज़रूरी होता है। उसने नारा लगाते-लगाते यह फ़ैसला किया कि वह पहली फ़ुरसत में एक ब्रीफ़-केस ख़रीद लायेगा।

"अब नराएनगन्ज सरीफन के रहे की जगह ना रह जय्यहे।" सायरा बी उदास हो गयीं।

"क्यों?"

"अरे क्यों का। अमोली-तमोली भी पख़ाने में हग्गे लगिहें त शरीफ लोग का करिहें?"

और जन्नत को पहली बार मालूम हुआ कि पाख़ाना भी एक स्टेटस सिम्बल हो सकता है।

"अल्लाह ग़ारत करे इ झाड़ू मारी कांगरेस को। ज़मींदारी का गयी कि शिराफ़त चली गयी। जेको देखो ऊहे पक्का घर बनवाये में लगा है।..."

जुलूस बग़ल वाले रास्ते पर मुड़ गया।

श्री मक्खनलाल केला को पाख़ाना बनवाने का हक दिलवाने के लिए भूख हड़ताल करने जा रहे थे।

भूख हड़ताल पर बैठने से पहले उन्होंने अपनी प्यारी जनता से कहा:

"प्यारे भाइयो और बहनो। महत्त्व पाख़ाने का नहीं। लड़ाई मानव जाति के अधिकारों की है। मैं पूछता हूँ कि क्या ठाकुर साहब हीरा-मोती हगते हैं कि उन्हें पक्की खुड्ढी की ज़रूरत पड़ती है फरागत होने के लिए? स्वतन्त्रता की प्राप्ति के बाद भी, जमींदारी के अबालीसन के बाद भी जनता फरागत करने के लिए खेतों-खेतों मारी-मारी फिरे? मैंने तो पिछली मरतबा मुख्यमन्त्री से साफ़-साफ़ कह दिया था कि यदि सरकार ने भाई श्री केलारामजी के पाख़ाने में पूरा सहयोग न दिया तो नरायणगन्ज की जनता इस अपमान को सहन नहीं करेगी। मुख्य मन्त्री दाँत निपोड़ के ही-ही करने लगे और बोले: माखनलालजी, आप कांग्रेस में

भरती हो जाइए तो केलारामजी का पाखाना सरकार अपने खर्चे से बनवा देगी। मैंने कहा : मक्खनलाल तो अपनी प्यारी जनता में भरती हो चुका है। पर यदि आप आज्ञा दें तो मैं कांग्रेस के टिकट पर भी चुनाव लड़ने को तैयार हूँ।···"

तालियों की गूंज में मक्खनलाल भूख हड़ताल कर बैठ गये।

मजमा छँट गया। लोगों को तालियाँ बजाने और नारे लगाने के अलावा भी कुछ काम थे। जोखन को एक्का चलाना था। अबुलखैर हज्जाम को ठाकुर साहब के पास एक उसतुरा पहुँचाना था। हफ़्ते में एक दिन वह ठाकुर साहब के पास उसतुरा पहुँचाया करता था।···गरज़ कि सब चले गये। शारदा रह गयी। श्रीमती मक्खनलाल रह गयीं। नारायणगन्ज़ महिला सुधार समेती का झण्डा रह गया···

नारायणगन्ज का इतिहासकार यह तो नहीं लिखेगा कि केला ने पहला पाख़ाना बनवाया क्योंकि पाख़ाने तो वहाँ पहले भी थे। ठाकुर साहब की हवेली में कई पाख़ाने थे। चिरौंजीलाल के घर में पहले ही से पाख़ाना मौजूद था। दाग़ साहब के घर में भी पुश्तैनी पाख़ाना चला आ रहा था। फिर जब तहसील कचहरी बनी तो उसके साथ भी कई पाख़ाने आये। डिप्टी साहब का पाख़ाना। तहसीलदार साहब का पाख़ाना। कानूनगो साहब का पाख़ाना। तहसील कचहरी के साथ-साथ नारायणगन्ज में जो नवापूरा आबाद हुआ उसमें भी पाख़ाने थे। वकीलों ने पुराने घरों की जगह जो नये घर बनवाये उनमें भी पाख़ाने थे। अबुलखैर हज्जाम जब बनारस से बहू ब्याह के लाया तो बहू के आने से पहले उसने भी एक पाख़ाना बनवा लिया था। पर रस्म चली आ रही थी कि जो जिसकी रईयत हो वह उससे पूछ के पाख़ाना बनवाये। केला ने ग़ज़ब यह कर दिया था कि एक तो उसने ठाकुर साहब से इजाज़त नहीं ली और ऊपर से ठाकुर साहब की तोड़ पर ठीकम-ठीक वैसा ही पाख़ाना बनवाया जैसा ख़ास ठाकुर साहब का पाख़ाना था।

माना कि ज़मींदारी ख़त्म हो चुकी है। फिर भी साहब, मरा हाथी लाख टके का होता है। ठाकुर साहब फिर ठाकुर साहब थे। और इसीलिए बात बिगड़ गयी। ठाकुर साहब ठन गये कि पाख़ाना तो नहीं बनेगा। बायें बाज़ू की पार्टियाँ यह तय नहीं कर पा रही थीं के यह सामराज विरोधी लड़ाई है कि नहीं। कांग्रेस सन्नाटे में थी कि वह ठाकुर साहब को नाख़ुश करना नहीं चाहती थी परन्तु यह भी नहीं चाहती थी कि लोग यह कहें कि कांग्रेस केला के साथ न होकर ठाकुर साहब के साथ है क्योंकि इस कानस्टिटुएन्सी में ठाकुर वोट न होने के बराबर थे। तो इस क्षेत्र के एम. एल. ए. साहब लखनऊ में आराम से बीमार पड़ गये। एम. पी. साहब महाराष्ट्र के बाढ़-पीड़ित क्षेत्रों का दौरा करने चले गये। जनसंघ हेरान कि किसका साथ दे। ऊँची जाति के हिन्दू का साथ देती है तो नीची जातिवाले ख़फ़ा हो जायेंगे।···बस एक मक्खलाल ऐसे थे जिनका कुछ भी दाँव पर नहीं लगा

हुआ। इसलिए वह बाज़ी खेलने बैठ गये। जीत गये तो पौबारा है। हार गये तो अपनी गिरह का क्या गया।

परन्तु उनके भूख हड़ताल करने से नारायणगन्ज के राजनैतिक कार्यालयों में एक खलबली मच गयी। केला का पाख़ाना साँप के मुँह की छछूँदर बन गया। न उगला जा रहा था, न निगला जा रहा था। ठाकुर साहब से आल इण्डिया जमई-अतुल क़ुरैश तक को चन्दा मिला था। और आम लोगों का यह कहना था कि साहब यह तो ठाकुर साहब की बड़ी ज़्यादती है।

रफ़्फ़न की समझ में भी यह लड़ाई नहीं आयी। उसे स्कूल ही में यह ख़बर मिल गयी थी। टीचर्ज़-रूम में वह अकेला बैठा सोच रहा था :

पाख़ाना + इन्क़िलाब = ?

इन्क़िलाब ज़िन्दाबाद।

यह नारा कहाँ से चला था और कहाँ आ गया।

टीचर्ज़-रूम में बैठा हुआ कोई टीचर इस प्रश्न पर विचार नहीं कर रहा था। वह पे-कमीशन की रिपोर्ट की राह देख रहे थे। किताबों के बारे में कोई बात नहीं कर रहा था। किसी शिवशंकर प्रसाद की बात हो रही थी जो हाजी मुहम्मद रफ़ी का मुँह लगा है। इन लोगों को इसमें दिलचस्पी नहीं थी कि आदमी चाँद पर पहुँच गया है। यह लोग इस बात पर परेशान थे कि अरहर की दाल और महँगी हो गयी है और रवा तो कई महीनों से ग़ायब है। जो जवान थे वह भी बूढ़े दिखायी दे रहे थे। रफ़्फ़न को उन सबके ख़ोल के अन्दर बाबू जगदम्बा प्रसाद दिखायी दिये और वह उदास हो गया।

कई लोग आँखें चुराकर उसकी तरफ़ भी देख लेते थे। हद तो यह है कि उर्दू टीचर मोलवी अली अहमद 'आजिज़' तक को यह नहीं मालूम था कि टीचर्ज़-रूम में जो नया टीचर बैठा हुआ है वह उर्दू का मशहूर शायर अली रफ़अत 'बाग़ी' आज़मी है। उन्हें तो इक़बाल के बाद के शायरों की ख़बर ही नहीं थी। और इधर तो उनका ज़्यादा वक़्त यह सोचने में गुज़रता था कि अगर मुसलमान बच्चे भी हिन्दी पढ़ने लगे तो उनका क्या होगा।

मोलवी अली अहमद 'आजिज़' नारायणगन्ज अन्जुमन तरक़्क़ीये-उर्दू के जनरल सेकरेट्री थे। सरकार की उर्दू दुश्मनी पर पाँच साल तक़रीर करने के बाद वोट चुपचाप कांग्रेस को दे आया करते थे।

उनका अपना बेटा दादा के साथ जौनपुर में रहता था और हिन्दी पढ़ रहा था। एक ऐसे कम्पटीशन में उसने पहला इनाम पाया तो 'आजिज़' साहब खुश भी न हो सके। कैसे कहते किसी से कि उसका बेटा हिन्दी पढ़ रहा है। खुदा समझे इन हिन्दुओं से--मोलवी अली अहमद 'आजिज़' गन्नौरवी, बी. ए. (अलीग.) मुन्शी फ़ाज़िल ने अपनी गांधी टोपी को माथे पर जमाते हुए सोचा।

उन्होंने अपनी कुरसी रफ़्फ़न की तरफ़ सरका ली। फिर जेब से पान की डिबिया निकालते हुए बोले :

"पान से शौक़ फ़रमायेंगे।"

"शुक्रिया।" रफ़्फ़न ने कहा। "मैं पान नहीं खाता।"

"मेरा नाम अली अहमद है।" वह मुसकुराये। "उर्दू पढ़ाता हूँ। पर अब उर्दू पढ़ानेवाले ही नहीं मिलते। साल-भर भाग-दौड़ करनी पड़ती है। दस लड़के जुटाता हूँ किसी तरह मर जी के। नहीं तो छुट्टी हो जाये। इस स्कूल में तो बिलकुल हिन्दू गर्दी चलती है। ज़रा सोच-समझ के दोस्तियें कीजियेगा।"

"मैं दोस्ती करता ही नहीं।"

"जी ?"

"दोस्ती हो जाती है।"

अली अहमद साहब हँस पड़े।

घण्टा बज़ गया और रफ़्फ़न उठ खड़ा हुआ। मेज़ से रजिस्टर उठाता हुआ वह टीचर्ज़-रूम से निकल गया।

रफ़्फ़न को यह मालूम था कि किसी स्कूल में पढ़ानेवाले का पहला दिन कितना अहम होता है। या वह डर जाता है या लड़के डर जाते हैं। क्लास-रूम की तरफ़ जाते हुए वह यही सोच रहा था कि पहला राउण्ड कौन जीतेगा ? उसने अपने चेहरे के मुसतक़िल खिलंड्रेपन पर गम्भीरता का एक निक़ाब डाल लिया।

क्लास-रूम में बन्द दरवाज़े के सामने वह पल-भर के लिए रुका। गला साफ़ करके उसने दरवाज़ा खोला। शोर का एक झपका आया और फिर सन्नाटा हो गया। लड़कों ने अपने नये मास्टर को देख लिया। सब जल्दी-जल्दी अपनी जगहों पर भाग गये। सिर्फ़ एक लड़का जो ब्लैक-बोर्ड के पास खड़ा था उसने जाने में कोई जल्दी नहीं की। उसने पहले रफ़्फ़न की तरफ़ देखा। फिर मुसकुराया। फिर उसने डस्टर को मेज़ पर रक्खा। और तब अपने पाजामे पर हाथ रगड़ता अपनी जगह पर वापस चला गया।

रफ़्फ़न दरवाज़े पर खड़ा यह तमाशा देखता रहा।

वह लड़का अपनी जगह पर बैठ गया। फिर गरदन फिरा-फिराकर दूसरे लड़कों की तरफ़ देखने लगा। दूसरे लड़कों पर उसकी इस बहादुरी का रोब भी पड़ा। और तब उसने रफ़्फ़न की तरफ़ देखा। रफ़्फ़न तो उसकी तरफ़ देख ही रहा था। दोनों की आँखें मिल गयीं। उस लड़के ने अपनी आँखें नहीं झुकायीं। रफ़्फ़न बचपन में यह खेल बहुत खेल चुका था। उसने अपनी आँखें टिका लीं।

तमाम लड़के खड़े हुए थे।

सिर्फ़ वही लड़का बैठा हुआ था।

"क्या नाम है तुम्हारा ?" रफ़्फ़न ने पूछा।

"मुहम्मद तहज़ीबुल्ला।"

"तहज़ीबुल्ला नहीं तहज़ीबुल्लाह। लेकिन तुम बदतमीज़ हो।"

तहज़ीबुल्लाह का ख़याल था कि उसका नाम सुनते ही नया मास्टर उसे झुक-झुककर सलाम करने लगेगा। पर जब ऐसा नहीं हुआ तो वह झल्ला गया और बोला, "मालुम है, हम के के बेटे हैं ?"

"किसके बेटे हो ?"

"हाजी मोहम्मद रफ़ी बीड़ी वाले के।" बिक्कू ने कहा।

लड़के हँस पड़े।

तहज़ीब ने ख़ून पी जाने वाली नज़रों से बिक्कू की तरफ़ देखा, "अच्छा साले, तूँ निकलो बाहर। हल्लक़ तक बीड़ी चढ़ा देंगे।"

"इधर आओ।" रफ़्फ़न की आवाज़ चाबुक की तरह तहज़ीब के मुँह पर शड़ाक् से पड़ी। वह इस नये मास्टर से डर गया। मगर उसने अपने को सँभाला।

"आते हैं।" यह कहकर वह उठा और उसके पास जाकर खड़ा हो गया। "कहिए।"

पहला थप्पड़ पड़ा तो तहज़ीब पीछेवाले मेज़ से जा टकराया। दूसरे थप्पड़ में उसे सन्नाटा आ गया।...यह पहला मौक़ा था कि स्कूल में उसके बाप के नाम का जादू नहीं चला था।

"अपनी जगह पर जाकर बेंच पर खड़े हो जाओ।"

तहज़ीब चुपचाप अपनी जगह पर जाकर बेंच पर खड़ा हो गया।

"मेरा नाम रफ़अत है।" रफ़्फ़न ने लड़कों से अपना परिचय करवाना शुरू किया। "मैं तुम्हारा नया मास्टर हूँ। मेरे पिता उस स्कूल के चेयरमैन थे जिसमें मेरा पहला दाख़ला हुआ था। लेकिन मैंने कभी अपने किसी उस्ताद को अपने वालिद का नाम नहीं बतलाया। किताब निकालो।..."

लड़कों को यह नया मास्टर बड़ा अच्छा लगा।

रफ़्फ़न पहला राउण्ड जीत गया। और रफ़्फ़न की इस जीत की सबसे ज़्यादा ख़ुशी बिक्कू को हुई क्योंकि 'माटसाब' उसके किरायादार थे। वह बड़े शौक़ से कान लगाये रफ़्फ़न की बातें सुनने लगा।...कि उसे जन्नत याद आ गयी। जन्नत की याद आते ही उसका सारा बदन जैसे सनसना गया। फिर धीरे-धीरे रफ़्फ़न की आवाज़ दूर जाने लगी और जन्नत की हँसी की आवाज़ से उसका दिमाग़ भर गया। और उसे लगा कि जैसे उसके दिमाग़ की रगें फट जायेंगी। उसका चेहरा तमतमा उठा। बदन में एक मज़ेदार ऐंठन होने लगी। क्लास-रूम के सारे लोग जैसे चले गये और वह जन्नत के हँसने की आवाज़ के साथ अकेला रह गया।... वह अपनी टाँगें चढ़ाकर बैठ गया। और फिर उसके सारे बदन में एक लहर-सी उठी और वह लगभग खड़ा हो गया...और फिर एक लज़ीज़ थकन रह गयी।

ख़ून चेहरे से उतरकर अपनी-अपनी रगों में वापस चला गया और उसे वह तमाम गालियाँ याद आ गयीं जो वह उठते-बैठते नारायणगंज की गलियों में सुना करता था और जैसे उन गालियों के हर शब्द में जान पड़ गयी। और हर शब्द पर एक बदन उग आया, जन्नत का बदन।···

बिक्कू की इस तब्दीली पर किसी ने कई दिनों तक ग़ौर नहीं किया। क्योंकि दाग़ साहब और रामअवतार और जन्नत और रफ़्फ़न, सभी मक्खनलाल की भूख हड़ताल में उलझे हुए थे।

सायरा बी ने एक दिन ज़रूर टोका, "ए बिक्कू, पूता, तूँ बेर-बेर लपक कें पख़ाने काहे को जाये लगे हौ?"

बिक्कू अब सायरा बी को क्या बताता कि वह खुड्डी पर बैठकर जन्नत को तरह-तरह की गालियाँ दिया करता है। गालियाँ, गालियों के पीछे गालियाँ—एक गालियों का पूरा सिलसिला। पहले हर गाली एक-दूसरे से अलग-अलग। और फिर एक गाली पर दूसरी सवार। अगली गाली भागती हुई और पिछली उसे दौड़ाती हुई—बिक्कू का ज़्यादा वक्त पाख़ाने में गुज़रने लगा। बाहर बैठे-बैठे उसके बदन में एक ऐंठन जन्म लेती और वह लोटा उठाकर सीधा पाख़ाने भाग जाता···

बिक्कू अब नज़र भर के जन्नत की तरफ़ देखता भी नहीं था। वह उसकी तरफ़ चोरी से देखने लगा या। जब कोई न देखता होता तो वह देख लेता और उसे देखते ही उसके बदन में गालियाँ खड़ी हो जातीं···जन्नत के सिर में दर्द है तो बिक्कू उसका सिर दबा रहे हैं। उसकी चिकनी गरदन पर बिक्कू के हाथ फिसल रहे हैं। जन्नत को प्यास लगी है तो बिक्कू पानी ला रहे हैं। घड़े का नहीं, हैण्ड-पम्प से खैंचा हुआ ताज़ा और मीठा पानी। उन्हीं दिनों बिक्कू ने अपना शेर लिखा :

हाय क्या चीज़ है उल्फ़त मुझे मालूम नहीं
ये जहन्नम है कि जन्नत मुझे मालूम नहीं

मियाँ बाक़र हुसैन 'आतिश' वाक़ई शायर हो गये। अकेले होते तो आँखें बन्द करके गुनगुनाने लगते और यह सोचने में लग जाते कि वह दुनिया के सबसे बड़े शायर हो गये हैं। तमाम फ़िल्मों के गाने वही लिख रहे हैं।···यह मन्ज़िल आते-आते जन्नत के साथ-साथ वह तमाम हीरोइनों को भी पाख़ाने की तन्हाई में गालियाँ देने लगे।

जन्नत उनसे बिलकुल बोर हो गयी।

"हर वक़्त सूरत पर सवार रहता है।"

"बच्चा है।"

"ऐसा बच्चा भी नहीं है।"

"अस्ल में वह तुम पर आशिक़ हो गया है।"

"मुझे ये बेहूदा बातें अच्छी नहीं लगतीं।"

जन्नत ने दूसरी तरफ़ करवट ले ली। रफ़्फ़न हँस पड़ा।

नारायणगन्ज आने के बाद से उन दोनों में कोई कड़वी बात नहीं हुई थी। जन्नत पहली जैसी हो गयी थी। वह जो एक तनाव-सा पैदा हो गया था वह ख़त्म हो चुका था। और रफ़्फ़न बहुत खुश था। उसे सिर्फ़ स्कूल की मैनिजिंग कमेटी की परेशानी रह गयी थी। क्योंकि पहले ही दिन तहज़ीबुल्लाह से बात फँस गयी थी और अभी तक नहीं सुलझी थी।

तहज़ीबुल्लाह ने उसी दिन हाजी साहब से जड़ दिया। हाजी साहब का पारा चढ़ गया। किसी टीचर की यह मजाल कि तहज़ीबुल पर हाथ उठाये। पर रामअवतार के डिसमिसल के फ़ौरन बाद वह यह टण्टा खड़ा करना नहीं चाहते थे। ख़ास तौर से यूँ भी वह इस मुआमले को ज़रा टालना चाहते थे कि मक्खनलाल की बग़ावत से नारायणगन्ज का राजनीतिक वातावरण बड़ा फिसलना हो रहा था। पाँव जमाकर खड़े रहना हर चीज़ से ज़्यादा ज़रूरी था।

यह बात नारायणगन्ज में सभी जानते थे कि पिछले चुनाव तक मक्खनलाल जी ठाकुर साहब के ख़ासुल-ख़ास आदमी थे और यह कि उनके चुनाव में ठाकुर साहब ने पानी की तरह रुपया बहाया था। पर अब ठाकुर साहब बाबू चिरौंजीलाल, एडवोकेट हाई कोर्ट, हाल प्रेक्टिसिंग तहसील नारायणगन्ज, को चुनाव लड़वाना चाहते थे कि बाबूजी के एक दूर के ससुराली नातेदार लखनऊ में मिनिस्टर लग गये थे। मक्खनलालजी को यह बात, ज़ाहिर है, अच्छी नहीं लगी। चुनाँचे उनमें और ठाकुर साहब में उलझ गयी, जिसके नतीजे में केला के पाख़ाने का सारा झगड़ा खड़ा हो गया। और इसीलिए हाजी मुहम्मद रफ़ी बीड़ी वाले जल्दी में कोई काम करना नहीं चाहते थे। वह हवा का रुख़ देख रहे थे। अगर मक्खनलाल का पाँसा पड़ता दिखायी दिया तो वह अगले चुनाव में मक्खनलाल का साथ देंगे और यदि मक्खनलाल ढाक के तीन पात ही रह गये तो वह ठाकुर साहब से बुरे क्यों बनें। और वह जानते थे कि यदि उन्होंने तुरन्त नये मास्टर की बात उठायी तो मक्खनलाल यक़ीनन नये मास्टर का साथ देंगे।

खुद ठाकुर साहब ने भी यू मक्खनलाल को दूध की मक्खी की तरह हरगिज न निकाल फेंका होता पर क़िस्सा यह था कि नारायणगंज में एक ज़बरदस्त इण्डस्ट्रियल कम्पलेक्स बन रहा था। और ठाकुर साहब इस मौक़े को हाथ से खोना नहीं चाहते थे। और इसीलिए वह स्वतन्त्र से कांग्रेसी बनने पर मजबूर-से हो गये थे।

ठाकुर साहब पब्लिक सेक्टर के उस प्राजेक्ट के लिए ज़मीन मुफ़्त दे चुके थे। यह अलग बात है कि वह ज़मीन किसी लायक़ नहीं थी। बरसात में पानी रुकता

था। और यदि उसे भरा जाये तो इस पर इतना खर्च आयेगा कि कहीं और इतनी ही बड़ी एक और ज़मीन ख़रीदी जा सकती है। रामअवतार ने इसी भूमि-दान पर ले-दे मचायी थी जिसके नतीजे में उसे लौंडेबाजी के इल्ज़ाम पर निकाल दिया गया था। वह तहज़ीबुल पर डोरे डाल रहा था। तहज़ीबुल ने मैनिंजिग कमेटी के सामने रो-रोकर अपनी कथा सुनायी थी। फ़ैसला यह हुआ था कि यदि राम-अवतार पर मुक़द्दमा चलाया गया तो तहज़ीबुल पर इसका बुरा असर पड़ेगा और हो सकता है कि नारायणगंज में हिन्दू-मुसलिम तनाव भी पैदा हो जाये।

ठाकुर साहब को तहज़ीबुल बड़ा मजेदार दिखायी दिया था। उसे तसकीन देने के बहाने उन्होंने उसी मीटिंग में उसे टटोलकर देखा भी था और यह जानकर खुश भी हुए थे कि तहज़ीबुल तजरबाकार लड़का है। उस दिन के बाद से तहज़ी-बुल अपनी दोपहरें ठाकुर साहब ही के साथ गुज़ार रहा था।

वैसे भी तहज़ीबुल बड़ा सह्‌ल लड़का था। घर के नोकरों के बाद उसने सबसे पहले मोलवी अली अहमद 'आजिज़' का जी खुश किया था। मोलवी साहब उसे उर्दू पढ़ाने आया करते थे।

और यह तहज़ीबुल अब रफ़्फ़न पर आशिक़ हो गया था। मोलवी साहब निगाहें पहचान सकते थे। उन्होंने जब बहुत फ़रयाद की तो तहज़ीबुल हँसता हुआ भाग गया और 'आज़िज' साहब अपनी शेरवानी का दामन दबाये बैठे रह गये। उन्हें कई मिनट बैठना पड़ा। क्योंकि यदि वह उठ जाते तो भाँडा फूट जाने का डर था।

और जभी से तहज़ीबुल ने मोलवी साहब की चिढ़ बना ली। वह उन्हें बड़ी तफ़सील से बताता कि रात बाग़ी साहब उसके ख़्वाब में आये थे और फिर उन्होंने उसे किस तरह पटाया।···मोलवी साहब बिचारे सुनते जाते और जलते जाते। और फिर बयान करते-करते तहज़ीबुल वाक़ई मज़े में आ जाता और मोलवी साहब से लिपट जाता और फिर कहता कि उसे उनकी दाढ़ी गड़ती है। और फिर वह मुँह फुलाकर एक कोने में बैठ जाता और कहता कि पहले अपनी दाढ़ी मुँड-वाइये। मोलवी साहब बेहद खुशामदें करते। एक-आध बार तो वह रो भी पड़े और तहज़ीबुल तालियाँ बजा-बजाकर गाने लगा : खेल में रोये बकुला टोये। खेल में रोये बकुला टोये···।

मोलवी साहब की ज़िन्दगी अजीरन हो गयी। वह घण्टों आईने में अपनी दाढ़ी को देखा करते। घेरेदार गज्झिन दाढ़ी। लब तरशे हुए। माथे पर बीचो-बीच सज्जे का घट्टा। हर पल के साथ यह ख़याल अलग डंक मारता रहता कि वह हरामज़ादा अली रफ़अत उनके लौंडे को इस्तेमाल कर रहा होगा।

स्कूल में भी वह मुँह लटकाये बैठे रहते। क्लास में जाते तो तहज़ीबुल को देखकर ठण्डी साँसें भरते। और तहज़ीबुल लड़कों की आँख बचा-बचाकर अपने

मुँह पर यूँ हाथ फेरता जैसे अपनी दाढ़ी सहला रहा है।

लड़कों का कहना था कि उन दिनों मोलवी साहब ने जुदाई और जलन के शेरों का मतलब बड़ी मेहनत से समझाया और रक़ीबोंवाले शेरों का मतलब समझाते-समझाते उनके मुँह से झाग निकलने लगता।

आख़िर उन्होंने अपनी दाढ़ी मुँडवाने का फ़ैसला कर लिया। और दाढ़ी मुँडवाने के तीन-चार रोज़ पहले उन्होंने मस्जिद में इमाम से दाढ़ी की बहस छेड़ी कि किताबुल्लाह* में यह कहाँ लिखा है कि दाढ़ी रखना फ़र्ज़ है।···बात यहाँ तक बढ़ी कि इमाम ने चीखकर कहा—तो अपनी दाढ़ी मुँडवा क्यों नहीं देते!

मोलवी साहब ने उसी दिन दाढ़ी मुँडवा दी।

यह उस दिन का क़िस्सा है जिस दिन लेमू का पानी पीकर मक्खनलाल ने बीस दिन के बाद अपनी भूक हड़ताल तोड़ी। केला मुक़द्दमा जीत गया था।

नारायणगंज की बूढ़ी औरतों ने बहुत दिनों तक इस दिन को याद रक्खा :

"अरे ना! का बात करत बाड़ू। ई त उह दिन कि बात बाये जेह दिन माखनलाल अपन भूक हड़ताल तोड़ले रहिलन।···"

"पाख़ाने के मुक़द्दमा के फ़ैसले के ठीक चार दिन बाद ई खबर आइल रही···"

···ग्राम-जीवन में यादें कैलेण्डर नहीं देखतीं। महत्त्वपूर्ण घटनाओं के सहारे बातें याद रक्खी जाती हैं। यह जीत तो बहुत बड़ी थी। हिन्दुस्तानी ग्राम-इतिहास के चार हज़ार वर्षों में पहली बार एक तम्बोली एक ठाकुर से लड़ाई जीता था।

और इस जीत के हीरो थे श्री मक्खनलाल एम. एल. ए. (स्वतन्त्र)।

मक्खनलालजी का एक बहुत बड़ा जुलूस निकला। कचहरी के सामनेवाले खुले मैदान में एक खुली सभा हुई जिसने यह प्रस्ताव पास किया कि श्री मक्खनलाल का नाम तो इस लायक़ है कि नारायणगज के इतिहास में सुनहरे अक्षरों से लिखा जाये। (यह अजीब बात है कि मुहावरे पार्लिमेण्ट में पास किये जानेवाले ऐक्टों का एहतराम नहीं करते। नहीं तो गोल्ड एक्ट की मंजूरी के बाद तो इस सुनहरे अक्षरों वाले मुहावरे को आम बोलचाल से निकल जाना चाहिए। या फिर इसमें इतना परिवर्तन हो जाना चाहिए कि सुनहरे अक्षरों की जगह चौदह कैरेट के सुनहरे अक्षरों का प्रयोग शुरू हो।)

उस रात सुबह के ख़याल से केला को रात-भर नींद नहीं आयी। वह लगभग रात-भर अपनी मूँछों पर ताव देता रहा और पौ फटने की राह देखता रहा···कि आखिरकार सुबह हो गयी।

केला ने सुबह की पहली सिगरेट जलायी। फिर वह मेल्हता हुआ उठा क्योंकि

* अल्लाह की किताब 'क़ुरआन'

अब उसे गाँव पार करके खेतों तक तो जाना नहीं था। गाँव की तरक़्क़ी के साथ-साथ खेत यूँ भी काफी दूर हो गये थे। केला को याद था कि उसके बचपन में वह घर से निकलता और खेत शुरू हो जाते। फिर उसके देखते-देखते पुरा नवा-पूरा उग आया और खेत पीछे हटते चले गये। मनुष्य को प्रगति का दाम तो देना ही पड़ता है। कभी-कभी खेतों तक पहुँचने में ख़ासी तकलीफ़ हुआ करती थी और लगता था कि खेतों तक पहुँचना ही सम्भव नहीं हो सकेगा।···पर अब क्या जल्दी थी। सामने ही तो नया, पक्का, चमचमाता हुआ पाख़ाना उसकी राह देख रहा था। इस पाख़ाने पर उसने कुल मिलाकर साढ़े उन्नीस हज़ार ख़र्च किये थे। नौ हज़ार पाख़ाने पर ख़र्च हुए थे। पाँच सौ मुक़द्दमे पर और दस हज़ार घूस और जल्से-जुलूस पर। पाँच हज़ार तो मक्खनलाल ही ने लिये थे भूक हड़ताल करने के। मक्खनलाल ने उसे यह भी समझा दिया था कि पैसे का मुँह न देखो। 'अरे अभई त हम दम ना लेबेवाले हैं जब तक कि तूँ यम. यल्ले. ना बन जाओ हमरी जगह पर। पइसा तो भय्या हाथ की मइल है। फिर हम तुम्हारे घर में एक ठो फोन भी लगवाय देंगे। मज़े में घरे बय्यठे फोन घुमाया करो इधिर-उधिर।···"

केला तो यह फ़र्ज़ भी कर चुका था कि वह यम. यल्ले. बन चुका है। गांधी-कैप के बिना वह घर से निकलता ही नहीं था। दूकान पर भी बैठता तो गांधी-कैप जमाकर। गाहकों से यूँ मीठी बात करता जैसे वोट माँग रहा हो।

पाख़ाने की लड़ाई जीतने के सिलसिले में जो आम सभा हुई थी उसमें केला ने अपनी पहली तक़रीर भी की। यह तक़रीर कालीचरण ने बड़ी मेहनत से आठ दिनों में लिखी थी। कोई दस दस्ते काग़ज़ के ख़र्च हुए थे। कालीचरण की देख-रेख में केला ने ख़ूब-ख़ूब रिहर्सलें भी कीं।

पर वह एक सौ ग्यारह आदमियों के ठाठें मारते हुए मजमे में बोलने के लिए खड़ा हुआ तो पसीने में भीग गया। गला सूख गया। कालीचरण समझ गया कि क्या हो रहा है तो वह माइक्रोफ़ोन को ठीक करने के बहाने लपका हुआ आया और धीरे-से बोला, "ई चूतिया लोगन से का घबराना। बोल जाइये डपट के।"

"प्यारे भाइयो और···" कोई दस-बारह बार गला साफ़ करने के बाद केला ने बोलना शुरू किया। पर 'और' तक आते-आते उसने देखा कि सामने शारदा की माँ भी बैठी है, तो वह 'बहनो' कैसे कहता। उसने बड़ी बेचारगी से शारदा की माँ की तरफ़ देखा जो बड़े इतमीनान से कल्ले में पान दबाये जुगाली कर रही थी। उसने दिल-ही-दिल में शारदा की माँ को गालियाँ देना शुरू कर दिया। बग़ल से कालीचरण उसके पाँवों में चुटकियाँ ले रहा था तो उसने घबरा के अपनी तक़रीर फिर शुरू कर दी :

"प्यारे भाइयो, सारदा की माई और प्यारी बहनो! हम इस समय आपके सामने एक कारण से खड़े भये हैं कि जे लड़ाई जनता की थी और जनता ही जे

लड़ाई जीती है। हम तो आपके खादिम हैं। आसा है कि दूसरी लड़ाइयों में भी आप लोग इस खादिम का पूरा-पूरा साथ ज़रूर देंगे···यहाँ तक आते-आते वह भूल गया कि आगे उसे क्या कहना है। तो वह फिर शुरू से शुरू हो गया। कालीचरण ने चुटकी ली तो वह झल्ला के बोला, "रहो जी। तोरे चुटकियाये से हम सब भुलाय गये···"

लोटा लेकर पाख़ाने की तरफ़ जाते हुए केला को वह खुली सभा याद आ रही थी और वह यही सोच रहा था कि मक्खनलाल ही का जिगरा है कि नारायणगंज से दिल्ली तक भँषड़ियाते रहते हैं।

यह सोचते-सोचते उन्होंने पाख़ाने का किवाड़ खोला। फिर उन्होंने अन्दर से कुण्डी लगायी और बग़लवाली खुड्डी पर लोटा रखकर बैठ गये और 'फरागत' का इन्तज़ार करने लगे। पर पेट में बिलकुल सन्नाटा था। केला ने जी-जान से कोशिश की पर कोई नतीजा न निकला। तो मजबूरन केला अपने-आपको गालियाँ देता, नवापूरे को पार करता खेतों की तरफ़ भागा। और नवापूरे में पाँव धरते ही उसके पेट में चलत-फिरत शुरू हो गयी।

यदि उस समय वहाँ कोई दायें पक्षवाला होता तो केला को खेतों की तरफ़ भागता देखकर जरूर यह नतीज़ा निकालता कि कांग्रेस का सोशलिज़्म फ़ेल हो गया। पिछड़ी जातियों के लोगों के लिए भगवान् ने खेत ही बनाये हैं।

उसी दिन केला ने मक्खनलाल को अपनी समस्या बतायी। मक्खनलाल उस वक़्त पान खा रहे थे और कैप्सटन की तीन डिबियाँ अपने ब्रीफ-केस में रखकर चौथी खोल रहे थे। चौथी डिबिया खोलकर उन्होंने एक सिगरेट केला को भी दी। मरता क्या न करता। केला ने यह सोचकर सिगरेट सुलगायी कि कुछ पैसा तो वसूल हो जाये। ज़ाहिर है कि वह मक्खनलाल से दाम तो माँग नहीं सकता था।

"हम इ सोच रहें कि ऊ पख़ाने के पास, पास का, बिलकुल सटी हुई, हमरी जमीन है। ओ को लेके एक ठो घर बनवा ल्यो। पचीस-तीस रुपये महीने पर तो उट्ठी जायेगा। हम ले लेंगे किराये पर।"

कालीचरण को घर की स्कीम तो अच्छी लगी पर उसने कहा कि घर किराये पर क्यों चलाया जाये। घर में रहा क्यों न जाये ! ई साला परदादा, नकड़दादा का बनाया घर रहे लायक रह गवा है कहीं ? नया जमाना है। नये जमाने के फैसन के अनुसार घर बने के चहिए कि कोई ई ना कह सके कि केला को रहे का तरीका नहीं आता। यम. यल्ले. होये के बाद अलट्टर-कलट्टर तो रोजे धरे रहियें दरवाजे पर। मिनिस्टर लोगन की चाय-पानी करे को पड़िहै तो का ई खपरैल के घर में अय्यहें मिनिस्टर लोग···

बात ठीक थी। केला की समझ में आ गयी। मक्खनलाल की ज़मीन ख़रीद ली गयी और मास्टर रमज़ान अली को नक़्शा बनाने का काम सौंप दिया गया।

जन्नत को यह ख़बर सायरा बी से मिली जो यह सुनकर बहुत ख़फ़ा थीं कि केला नया घर बनवा रहा है। "पक्के घर में रहे का मुँहो है। लड़की मिडिल पास, लड़का दसवाँ फेल। बालिद साहब दिनवा-भर पान बेचिहें और रात को सोइहें पक्के मकान में। मैं तो साफ़ कहे देथ्यूँ बहिनी कि ई कयामत के आसार हैं।"

सायरा बी शायद देर तक क़यामत की बात करतीं, पर शारदा आ गयी। और सायरा बी घबरा के चुप हो गयीं।

शारदा बराबर जन्नत पर लगी हुई थी। वह चाहती थी कि जन्नत नारायणगंज महिला सुधारसमेती का मोर्चा सँभाल ले। युनिवर्सिटी की पढ़ी हुई लड़की है। सरकारी लोगों से रोब नहीं खायेगी और उन औरतों में खप जायेगी जो पब्लिक सेक्टर के इण्डस्ट्रियल कम्प्लेक्स के साथ नारायणगंज में चले आ रहे थे।

नारायणगंज के साथ-ही-साथ एक पूरा जवाहरनगर आबाद होता चला जा रहा था। सूट-बूट पहनकर जीप हाँकनेवाले लोग इतने आ गये थे कि नारायणगंज की पतली-पतली सड़कों और गलियों के लिए इस नयी और मशीनी भीड़-भाड़ का बोझ उठाना सम्भव नहीं था।

जवाहरनगर वाले ज़्यादातर अंग्रेज़ी बोलते थे और सब-के-सब देशभक्त थे। न होते तो नारायणगज में मरने क्यों आते!

काम शुरू नहीं हुआ था। कार्यालय खुल गये थे। तमाम बड़े-बड़े अफ़सर आ चुके थे। तनख़्वाहें पा रहे थे। और इस कोशिश में लगे हुए थे कि जो एअर कंडीशनर ऑफ़िस में लगनेवाला है वह पहले उनके बेड-रूम में लग जाये। दफ़्तर तो थे नहीं। तो चपरासी घर के काम कर रहे थे।

इन अफ़सरों के बच्चों के साथ नारायणगंज तक टेनिस के कोर्ट भी आ गये और क्रिकेट के मैदान भी। जवाहरनगर हायर सैकेण्ड्री स्कूल की एक आलीशान बिल्डिंग भी बन रही थी।

कई हज़ार मज़दूर भी आ गये थे और देखते-देखते नारायणगंज की आबादी लगभग ड्योढ़ी हो गयी।

छोटे-मोटे दस-बारह चायख़ाने भी खुल गये। इनमें से कई चायख़ानों के नाम शानदार थे—

दी ग्रैंड हिन्दू होटल

रीगल टी स्टाल

ताजमहल रेस्तोराँ

इन चायख़ानों में बैठकर मज़दूर गन्दी प्यालियों में अपने सपनों की मिठास घोला करते थे और अपने वर्तमान में इन्हीं सपनों के पैबन्द लगाया करते थे।

जहाँ ग़रीबी ज़्यादा होती है वहाँ सपने भी ज़्यादा होते हैं। और कवि तो सपनों के चींटे होते हैं। महक पर चले आते हैं।

यूँ तो इन चायख़ानों में लगभग तमाम राजनीतिक दलों के ब्रीफ़केस दिखायी देने लगे थे पर कवियों में सबसे पहले कालीचरण आया।

कालीचरण मक्खनलाल की स्वतन्त्र राजनीति का कवि था। और ईमान की बात यह है कि मक्खनलाल के बाद लीडरी के लिए कालीचरण से ज़्यादा क्वालिफायड कोई और था भी नहीं। दसवाँ फ़ेल। शारदा जैसी बहन का भाई और कवि —यह तीन चीज़ें किसी एक आदमी में मुश्किल से इकट्ठा होती हैं।

कालीचरण सवेरे ही से 'दी जय माता भवानी टी स्टाल' में अपना प्लास्टिक का ब्रीफ़-केस लेकर आ जाता। सच्ची बात यह है कि वह प्लास्टिक के ब्रीफ़-केस से बहुत ज़्यादा ख़ुशी नहीं था। वह भी 'बाग़ी' आज़मी जैसा ब्रीफ-केस चाहता था। असली चमड़े का। मक्खनलाल ने वादा किया था कि अगले चुनाव से पहले वह उसे चमड़े का एक ब्रीफकेस ज़रूर दिलवा देंगे।—यानी अगला चुनाव आने तक उसे लस्टम-पस्टम इसी फटीचर ब्रीफ़-केस के सहारे अपनी शायरी और लीडरी चलानी थी।

वह दिन-भर 'दी जय माता भवानी टी स्टाल' में बैठा चाय पीता रहता, सियासत लड़ाता रहता और अपनी कविताएँ सुनाता रहता।

छः छः पैसा
चल कलकत्ता
छुक छुक, छुक छुक
गाड़ी बोली
गाड़ी बोली
छुक छुक, छुक छुक
चलो प्रिय, झाड़ी में छिपकर
हम भी गाड़ी गाड़ी खेलें
छुक छुक, छुक छुक
छः छः पैसा
चल कलकत्ता
चल कलकत्ता
कल कल कत्ता
कत्ता कत्ता
कत्ता कत्ता···

वह आख़िरी लाइन के बाद आनेवाली चारों 'डाटें' भी सुना डालता।

मज़दूरों की समझ में यह 'छः-छः पैसे' वाली शायरी नहीं आती थी। पर उनके जीवन में मनोरंजन की इतनी कमी है कि उनके लिए कालीचरण भी ग़नीमत था।

तो देखते-देखते 'जवाहरनगर' बसानेवाले मजदूरों में कालीचरण अच्छा खासा लीडर हो गया। दो उँगलियों में गोल्ड फ़्लैक की एक सिगरेट दबाये वह बड़ी गम्भीरता से अपने विचार प्रकट किया करता। रामअवतार और रफ़्फ़न के साथ उठ-बैठकर उसने अंग्रेज़ी के कुछ शब्द याद कर लिये थे। "मैं कन्टेम्पोररी अवेयर-नेस यानी आधुनिक चेतना का कवि हूँ।···" 'आधुनिक चेतना' का मतलब न वह जानता था और न 'दी जय माता भवानी टी स्टाल' में चाय पीनेवाले मज़दूर। और इसीलिए उन पर कालीचरण की धौंस बैठने लगी थी।

धीरे-धीरे कालीचरण की पापुलैरिटी इतनी बढ़ी कि केला को मज़दूर बस्ती में अपनी दूकान की एक ब्रांच खोलने का फ़ैसला करना पड़ा।

केला तो यह चाहता था कि इस दूकान पर कालीचरण ही बैठे। पर कालीचरण राज़ी न हुआ। शारदा ने भी कहा कि यदि कालीचरण पान की दूकान पर बैठा तो उसका पोलिटिकल कैरियर बिलकुल चौपट हो जायेगा।

'पोलिटिंकल कैरियर!' इन दोनों शब्दों की आवाज़ ही इतनी भारी थी कि केला ने हार मान ली।

इसीलिए जब दाग़ साहब ने केला को फ़्लेक्स कम्पनी का एक पम्प जूता पहनाते हुए कहा :

"अरे भई, अब कालीचरण को किसी काम से लगाओ।"

तो केला ने कहा, "ऊ पोलीटीकल कैरीअरी कर रहा!"

"अच्छा।" दाग़ साहब खुश हो गये। "क्या मिल जाता है एक महीने में?"

"तनख़ाह त नहीं के बराबर है बाकी हमरा खयाल है कि उप्पर की आमद काफी से ज़्यादा है!"

"ऊपरवाले की मेहरबानी है।" दाग़ साहब ने कहा, "ज़रा चल के देख लो। कहीं दबा-ओबा तो ना न रहा।"

केला तुरन्त खड़ा हो गया और दूकान की मैली जाजिम पर चलने लगा। अभी वह यह तय नहीं कर पाया था कि उसे यही जूता लेना है या नहीं कि 'आजिज़' साहब के साथ तहज़ीबुल आ गया।

तहज़ीबुल को देखकर 'दाग़' साहब का मूड बिगड़ गया। "अमें लौंडियों की तरह बुलबुली झाड़ के घूमते तूँहें शर्मो ना आती।" वह तहज़ीबुल पर बिगड़ गये।

जवाब में तहज़ीबुल हँस दिया और जेब से कैप्सटन की एक डिबिया निकाल के सिगरेट जलाने में मशग़ूल हो गया।

"अब एही तहज़ीब है, मोली साब, ऐं, कि शागिर्द ससुरा सामने बैठा सिगरेट फूंक रहा।"

मोलवी साहब ने बड़ी बेचारगी से तहज़ीबुल की तरफ़ देखा। तहज़ीबुल ने उन्हें आँख मार दी और फिर उनके कान में कुछ खुसुर-फुसुर करने लगा। मोलवी

साहब के सारे बदन पर च्यूँटियाँ रेंगने लगीं।

'दाग़' साहब झल्लाकर झाड़न से जूते साफ़ करने लगे।

"क़ौमे-लूत* का क़िस्सा अल्लाह मियाँ गढ़ के थोड़े सुनाईन होइहें।"

तहज़ीबुल तो जूता लेकर चला गया, पर उस दिन शाम तक दाग़ नारायण-गंजवी का मूड ख़राब रहा। और उनका मूड तो शाम को भी ठीक न होता, पर सूरज डूबते-डूबते चीफ़ इंजीनियर की लड़की जूता लेने आ गयी और उन्हें मजबूरन अपना मूड ठीक करना पड़ा।

जवाहरनगर के बसने का असर 'द अनवरिया शू स्टोर' पर भी पड़ा था। अब दूकान पर वह पहले वाले सादा लौह, सीधे-सादे, फक्कड़ जूतों के साथ-साथ अंग्रेजी बोलनेवाले और राक 'एन' रोल करनेवाले और नेकिंग के वक़्त खिल-खिलानेवाले और 'फ़िल्मफ़्यार' और 'वीकली' और 'न्यूज़ वीकली', और 'लाइफ़' पढ़नेवाले जूते भी आने लगे।

यह बात बिलकुल अलग है कि जवाहरनगर वाले कभी 'द अनवरिया शू स्टोर' पर जूते ख़रीदने नहीं आते थे। ख़ास जवाहरनगर में 'रीगल' 'अप्सरा शू स्टोर' और 'टिपटाप' जैसी दूकानें खुल गयी थीं। पर दूकानदार को मेल के लिए कई ऐसी चीज़ें भी रखनी पड़ती हैं जिनके बिकने की नौबत नहीं आती।

पर 'शीशमहल' जैसी दूकानों में एक ख़राबी यह होती है कि हफ़्ते में एक दिन बन्द रहती हैं और अगर चीफ़ इंजीनियर की बेटी को ठीक उसी दिन जूते की ज़रूरत पड़ जाये तो उसे पुरानी बस्ती के 'अनवरिया शू स्टोर' तक आना ही पड़ता है।

उसका नाम माला था। माला सहगल अच्छी शायरी करती थी। सूरत-शक्ल से किसी चीफ़ इंजीनियर की लड़की लगती ही नहीं थी। बड़ी सादा लड़की थी। यह अलग बात है कि उसकी सादगी बड़ी महँगी थी। और वह अपनी सादगी पर बड़ी मेहनत भी किया करती थी। यह बात है कि अपने बड़े भाई की देखादेखी वह कम्युनिस्ट हो गयी थी।

उसकी वजह से स्टूडेण्ट फ़ेडरेशन में लड़कों की एक भीड़ लग गयी थी। बड़ा-बड़ा मुसलिम लीगी और महासभाई ख़ून लगाकर शहीदों में शामिल हो गया था।

यह माला लेनिन और माउत्से-तुंग की बातें यूँ किया करती थी कि सुननेवाले को लगता कि शायद मार्क्स ने भी इसी माला से मार्क्सिज़्म सीखी होगी।

माला ने 'सेक्स' को अपने साहित्य का शीर्षक ठहराया था। शुरू में बड़ी ले-दे हुई। पर सबको उसका नाम ज़बानी याद हो गया।

* क़ुरआन में लौंडेबाज़ी करनेवाले एक गरोह का क़िस्सा बयान हुआ है। लूत उन लौंडेबाज़ों में पैगम्बर बनाकर भेजे गये थे।

खुद चीफ़ इंजीनियर देशराज सहगल साहब कमरा बन्द करके उसकी कविताएँ पढ़ा करते थे। कई बारीक बातें उन्हें माला की कविताओं से मालूम हुईं जबकि वह अपने-आपको 'कामसूत्र' के लेखक से कम दर्जे का नहीं माना करते थे।

ग़रज़ कि माला का बड़ा रोब था।

बस अपने बड़े भाई चन्द्रशेखर पर माला अपना रोब न डाल सकी। एक अकेला वही उसकी कविताओं का मज़ाक़ उड़ाया करता था।

यह चन्द्रशेखर रफ़्फ़न का क्लासफ़ेलो था। और इन दोनों ने साथ-साथ भारत के भविष्य के सपने देखे थे। साथ-साथ महासभाइयों और मुसलिम लीगियों से मार खायी थी। पढ़ाई ख़त्म करने के बाद चन्द्रशेखर कम्युनिस्ट पार्टी का होल टाइमर हो गया और रफ़्फ़न स्कूल मास्टर। यह दोनों कभी-कभार एक-दूसरे को ख़त लिख लिया करते थे। फिर चन्द्रशेखर जेल चला गया और यूँ एकदम से उसके ख़तों का सिलसिला बन्द हो गया। कोई यह बात नहीं थी कि जेल से ख़त लिखने की इजाज़त न मिली हो। बस—नहीं लिखा तो नहीं लिखा।

रफ़्फ़न को तो यह भी नहीं मालूम था कि चन्द्रशेखर जवाहरनगर में है। बाप चीफ़ इंजीनियर। बेटा ट्रेड यूनियनिस्ट।

कभी-कभार सहगल साहब झल्ला जाते। उसे डाँटते। पर चन्द्रशेखर पर कोई असर न पड़ता।

कई लोगों के साथ-साथ खुद सहगल साहब का यह कहना था कि जो वह होम सेक्रेटरी के बहनोई न होते तो अब तक चन्दर की वजह से उनका पत्ता कब का कट चुका होता। वैसे उनके पत्ते के न कटने में पी. डब्ल्यू. डी. के एक मिनिस्टर से माला की दोस्ती का भी कुछ हाथ था।

माला और रघुवीरसिंह, डिप्टी मिनिस्टर, की दोस्ती बड़ी धूमधाम की दोस्ती थी और वास्तव में उसे एक मशहूर लेखिका बनाने में भी इस दोस्ती का बड़ा हाथ था।

'आधुनिक प्रकाशन', तुर्कमान गेट, दिल्ली 6 के दामाद कन्ट्रेक्ट्री का कारोबार किया करते थे। इसलिए 'आधुनिक प्रकाशन' ने डिप्टी मिनिस्टर की प्रेमिका का पहला काव्य-संग्रह छाप दिया। कन्ट्रेक्टरों और इंजीनियरों में वह पहला संग्रह हाथों-हाथ बिक गया। फिर वह उपन्यास लिखने लगी। 'आधुनिक प्रकाशन' ने उसके उपन्यास भी छापे और इसके नतीजे में उनके दामाद के टेण्डर धड़ाधड़ मंज़ूर होने लगे, कि एक दिन भरी असेम्बली में चन्द्रशेखर ने यह भांडा फोड़ दिया। रघुवीरसिंह विज़ारत से हटा दिये गये। पर वह खुद केन्द्रीय इन्फ़ार्मेशन और ब्राडकास्टिंग मिनिस्टर के साले थे। इसलिए वह आसाम के गवर्नर बनाकर भेज दिये गये। और माला से उनका प्यार ख़त्म हो गया।

जो यह स्कैण्डिल न हुआ होता तो रघुवीरसिंह केन्द्रीय मन्त्री बन चुके होते।

माला को चन्द्रशेखर से यही शिकायत थी। भाई होकर उसने बहन का सारा कैरियर चौपट कर दिया।

पर वह एम. एल. ए. था और इसलिए सहगल साहब उसे बरदाश्त कर रहे थे। और चूँकि सहगल साहब उसे बरदाश्त कर रहे थे इसलिए माला भी उसे झेल रही थी।

पर फिर चुनाव आया तो वह कांग्रेसी उम्मीदवार से हार गया। उसकी ज़मानत ज़ब्त हो गयी। और जब उसकी ज़मानत ज़ब्त हो गयी तो सहगल साहब ने उसे अलग कर दिया।

अब एक छोटे-से जवाहरनगर में सहगल साहब चीफ़ इंजीनियर थे; माला पी. आर. ओ. और चन्द्रशेखर मज़दूर सभा का आर्गनाइज़र। बी. टी. आर. की भट्ठी में तपा हुआ एक क्रान्तिकारी।

माला अपने पिता के कैरियर को ध्यान में रखते हुए कांग्रेसी बन चुकी थी और जवाहरनगर में नेहरू फ़ोरम चला रही थी। हफ़्ते में दो दिन पटोला की महँगी साड़ी बाँधे, वेट-लुक का बैग झुलाती वह मज़दूर बस्ती में जाती और मज़दूरों को सोशलिज़्म समझाती।

मज़दूरों में वह दीदी कही जाती थी। अपना सोशलिज़्म साबित करने के लिए एक मज़दूर कवि से वह फ़्लर्ट भी करने लगी थी। और दरअसल उस दिन वह उसी मज़दूर कवि क्रान्तिकारीजी के लिए एक जूता ख़रीदने 'द अनवरिया शू स्टोर' की तरफ़ जा निकली थी।

अनवर हुसैन दाग़ नारायणगंजवी की दूकान के सामने जो सहगल साहब की 'मुसटैंग' रुकी तो ऊँघते हुए बाज़ार में खलबली पड़ गयी।

वह उन गँवारों की तरफ़ अपनी सोशलिस्ट मुसकुराहट फेंकती दूकान के अन्दर चली गयी।

दाग़ साहब तो उसे देखकर एकदम से बौखला गये। वह मुसकुराकर लकड़ी की बेंच पर बैठ गयी और उस मैले जाजिम को देखकर गनगना गयी जिस पर मक्खियों का एक फ़र्श-सा बिछा हुआ था।

"आठ नम्बर का कोई अच्छा मर्दाना जूता होगा ?" माला ने पब्लिक स्कूलों वाले लहजे में पूछा।

"ये तो जूते की दूकान ही है।" अनवर हुसैन दाग़ नारायणगंजवी ने दाँत निकाल दिये। और लपाझप जूते के डब्बे उतारने लगे। दिल-ही-दिल में उन्होंने हर जूते का दाम ड्योढ़ा कर लिया।

रफ़्फ़न आ गया।

"अरे रफ़्फ़न भाई !" माला रफ़्फ़न को पहचान गयी।

"तुम यहाँ क्या कर रही हो ?" रफ़्फ़न ने पूछा।

"पी. आर. ओई. कर रही हैं।" माला ने कहा, "आप क्या यहीं हैं ?"

"हाँ !"

वह एक तरफ़ सरक गयी।

रफ़्फ़न उसके पास बैठ गया।

'दाग़' साहब ने पहली बार, दिल-ही-दिल में उसे बड़ा शायर मान लिया।

"कुछ उड़ती-पड़ती सुनी थी कि आपने शादी कर ली।"

"हाँ। अपनी सुनाओ।"

"ठीक-ठाक हैं।"

"चन्दर कहाँ है ?"

"वह तो परछाईं हैं। जहाँ हम वहाँ वह। लोग कैरियर बनाते हैं। वह यूनियन। सारा ग़ुस्सा मुझ पर उतारते रहते हैं अपने फ्रस्ट्रेशन्ज़ का।"

माला दाहिने पाँव के अँगूठे से जूते के एक डब्बे को ठोंकती रही। उसकी साड़ी ज़रा ऊपर सरक गयी थी। उसकी चिकनी पिण्डलियाँ दिखायी दे रही थीं।

रफ़्फ़न किसी और तरफ़ देखने लगा। उसे मालूम था कि माला को छलक जाने का चसका है !

माला थोड़े दिनों के लिए उस पर भी आशिक़ रह चुकी थी। यह उन दिनों की बात है जब रघुवीरसिंह से उसका चक्कर नहीं चला था। वह बी. ए. में पढ़ रही थी और रफ़्फ़न की फ़ैन थी।

उन दिनों रफ़्फ़न एक मामूली-सा स्कूल मास्टर नहीं था। बड़े बाप का चहीता बेटा था। और माला ताज़ा-ताज़ा कम्युनिस्ट हुई थी। चन्द्रशेखर उसका आइडियल था। तो भला आशिक़ होने के लिए रफ़्फ़न से ज़्यादा मुनासिब लड़का और कौन हो सकता था। वह रफ़्फ़न पर बड़े धूमधाम से आशिक़ हो गयी थी। यहाँ तक कि उसने उर्दू भी पढ़ डाली थी। पार्टियों में डिनर के बाद वह मेहमानों और दोस्तों को रफ़्फ़न की ग़ज़लें सुनाती। कभी सुनाते-सुनाते रफ़्फ़न कोई शेर भूल जाता तो वह तड़ से याद दिला देती और फिर बड़ी शान से लोगों की तरफ़ देखती, जैसे कह रही हो—यह सारे शेर मेरे हैं !

उसका ख़याल था कि रफ़्फ़न की नज़्म 'सरापा' उसी पर लिखी गयी है। छोटी शरीर आँखें। साँवला रंग। भरे हुए होंठ, जैसे उन पर से अभी-अभी कोई मुसकुराहट गुज़र चुकी हो···यह मैं ही तो हूँ। वह दोस्तों को अपनी आँखें, अपने होंठ दिखाती। महफ़िलों में ख़ुद 'सरापा' की फ़रमाइश करती और फिर ख़ुद ही शर्मा जाती···

"भाई जानू कहाँ हैं ?"

"ऐं ?" रफ़्फ़न चौंक पड़ा। "भाई जानू ?" वह ढाका युनिवर्सिटी में लड़कों को टू नेशंज़ थ्योरी पढ़ा रहे हैं।"

"आपको इस वक़्त हमारे साथ खाना खाना पड़ेगा।"

"स्कूल मास्टर साढ़े नौ बजे खाना खा लेते हैं।"

"घर चल के डैडी से तो मिल लीजिए। वह तो आपको देखकर उछल पड़ेंगे।"

"फिर किसी वक़्त आ जाऊँगा।"

"बिलकुल नहीं।"

"जन्नत राह देख रही होगी।"

"जन्नत ? अच्छा भाबी ? चलिए, मैं भी मिलूँगी उनसे।"

"चलो।"

इस बातचीत में जूता रह गया। वह खड़ी हो गयी।

दूकान से बाहर आकर वह कार की तरफ़ बढ़ी। शोफ़र दरवाज़ा खोलकर खड़ा हो गया।

"इतनी बड़ी कार नहीं जा सकती उस गली में।" रफ़्फ़न ने कहा, "रिक्शे से चलते हैं।"

रिक्शे का नाम सुनकर माला के बदन में गुदगुदी की एक लहर दौड़ गयी। उसने सोचा कि शायद रफ़्फ़न चिपक के बैठने का बहाना तलाश कर रहा है। उसने रफ़्फ़न की तरफ़ बड़ी क़ातिल नज़रों से देखा। रफ़्फ़न एक रिक्शेवाले को इशारे करने में मशग़ूल था।

"हुड उठा लो।" रफ़्फ़न ने रिक्शेवाले से कहा।

"रहने दो।" माला ने कहा।

दोनों बैठ गये। रिक्शा चल पड़ा। सारा बाज़ार उनकी तरफ़ देख रहा था। माला का घुटना रफ़्फ़न के घुटने से रगड़ खा रहा था।

जन्नत एक खटोले पर लेटी क़ुर्रतुल-ऐन हैदर का उपन्यास 'आग का दरिया' पढ़ रही थी और बोर हो रही थी। पर ख़लीक़ बिया के ख़त से उसे यह ख़बर मिली थी कि यह उपन्यास आजकल फ़ैशन में है। इसलिए मर-जीकर इस आग के दरिया को पार तो करना ही था।

इस साल गर्मियों में वह अलीगढ़ भी जाना चाहती थी। अमलतास और बूगनवेलिया की बहार देखने। और सबको रफ़्फ़न का नया काव्य-संग्रह दिखलाने जो उसके नाम डेडिकेट किया गया था।

"उस जन्नत के नाम जो
मुझे ज़िन्दगी में मिल गयी
तो अब मुझे मरने की ज़रूरत
ही नहीं है!"

जन्नत को अपनी मुहब्बत का इनआम मिल गया था और वह न्यू हास्टल की लड़कियों और कुंवारी टीचरों और 'जंगत-आपाओं' को जलता हुआ देखना

चाहती थी—इसलिए अलीगढ़ जाना तो ज़रूरी हो गया था। परन्तु अलीगढ़ में 'आग का दरिया' की बात ज़रूर निकलेगी। ज़हरा आपा क़ुर्रतुल-ऐन की कज़िन के यहाँ तो जाना ही पड़ेगा। ज़ाहेदा ज़ैदी की शायरी भुगतनी पड़ेगी। ज़ाहेदा उसे कभी अच्छी नहीं लगी। वह सूरत-शक्ल से इतनी क़ाबिल दिखायी देती है कि कोई ऐसा-वैसा हो तो डर जाये। फिर डिपार्टमेण्ट आफ़ उर्दू में छत पर अपनी आँखें टाँगे हुए ख़लीलुर्रहमान आज़मी और अपनी हथेलियों का मैल झाड़ते हुए आलेअहमद सुरूर और दिन-ब-दिन एक हिस्टारिकल मानुमेण्ट बनते जानेवाले डाक्टर नूरुल हसन—सभी लोग 'आग का दरिया' की बात करेंगे। इसीलिए वह जी कड़ा किये पढ़ती चली जा रही थी। मियाँ बाक़र हुसैन आतिश अपनी टाँग पर टाँग चढ़ाये बैठे उसके तलवे सहला रहे थे। सायरा बी कोई पुरानी बात सुना रही थीं और अपनी उँगलियों से अपने सर में जुँएँ टटोल रही थीं···

कि रफ़्फ़न आ गया। उसके पीछे-पीछे माला भी थी। जन्नत उठकर बैठ गयी। मियाँ आतिश ने उठना चाहा। आधे उठे और फिर बैठ गये। सायरा बी मुँह पर आँचल डाल के भाग गयीं।

"यह माला है। चन्द्रशेखर की बहन।"

"आदाब।" जन्नत ने कहा।

"नहीं।" माला ने कहा, "मैं वह माला हूँ जिस पर इन्होंने मशहूर नज़्म 'सरापा' लिखी थी।" माला हँस पड़ी।

जन्नत भी हँस पड़ी।

पर रफ़्फ़न हँसी और हँसी का फ़र्क़ समझता था। वह दिल-ही-दिल में माला पर झल्लाया, पर हँसकर बोला, "मैं अपने दोस्तों की बहनों से इश्क़ नहीं लड़ाता···" यह कहते-कहते उसे चौधरी याद आ गया।

चौधरी उन यतीमों में था जिनके माँ-बाप ज़िन्दा होते हैं। वह भी शायर था। ऐब्सट्रेक्ट शायरी किया करता था। और रफ़्फ़न को ऐसा लगता था कि उस मुर्दा राख के ढेर में कहीं-न कहीं कोई चिनगारी है। चौधरी यह भाँप गया। बस फिर क्या था। लग गया।

चौधरी की एक बहन थी रुक़य्या। यह रुक़य्या खड़ी बोली और खड़े नाक-नक़्शे वाली एक लड़की हुआ करती थी जो रफ़्फ़न को बहुत पैट्रोनाइज़ भी किया करती थी। भरी महफ़िलों में डाँट पिला देती।

रफ़्फ़न उसे बाजी कहा करता था। हास्टल में जी न लगता तो वह चौधरी के घर चला जाता। चौधरी के कमरे में लेट जाता। चौधरी हो या न हो। वहीं रुक़य्या बाजी आ जातीं। और वह उनसे गप लड़ाने लगता।

कभी उसके सर में दर्द होता तो रुक़य्या बाजी तड़ाक् से सर दबाने बैठ जातीं। वह मना करता तो डाँट देतीं।

…और तब उसे चौधरी से यह बात मालूम हुई कि वह रुक़य्या बाजी से इश्क़ कर रहा है और उनसे शादी करना चाहता है।…

"रुक़य्या बाजी कहाँ हैं आजकल ?" माला ने पूछा।

"पता नहीं।" उसने कहा, "उड़ती-पड़ती सुनी थी कि किसी से शादी-वादी कर ली है उन्होंने।"

"ये रुक़य्या बाजी कौन हैं ?" जन्नत ने सवाल किया।

"लगता है कि आप इनकी जियाग्रफ़ी पर मर मिटीं और हिस्ट्री की ख़बर ही नहीं।" माला हँसी, "अरे भाबी, ये तो हिस्ट्री शीटर हैं, हिस्ट्री शीटर।" माला ने फिर अपना बरसों की मेहनत से सीखा हुआ क़हक़हा लगाया। "रुक़य्या बाजी से तो इनका बड़ा जोरदार इश्क़ चला था। मैं तो रुक़य्या अफ़ेअर के बाद की डेट लाइन हूँ !"

छोटे-से घर में सन्नाटा छा गया। छोटा-सा सन्नाटा।

"क्या पीजिएगा ?" जन्नत ने पूछा।

"चाय !"

जन्नत बावरचीख़ाने की तरफ़ चली गयी। उसे माला का यूँ आ जाना और इस बेतकल्लुफ़ी से बातें करना अच्छा नहीं लगा था।

स्टोव जलाकर उसने केतली चढ़ा दी। फिर वह चायदानी से सुबह की चाय साफ़ करने बैठ गयी। यह एक मोटे परत वाली भद्दी-सी चायदानी थी। साथ की प्यालियाँ भी फूहड़ औरत की तरह फसकरिया मारे बावरचीख़ाने के कच्चे फ़र्श पर बैठी हुई थीं और मक्खियाँ आँख-मिचौली खेल रही थीं।

जन्नत को उबकाई-सी आने लगी। सामने आँगन के पार दालान में माला बैठी हुई हँस रही थी और उन दिनों की बातें कर रही थी जब जन्नत रफ़्फ़न को नहीं जाना करती थी।

रफ़्फ़न उसे साफ़ दिखायी नहीं दे रहा था। वह खम्बे की आड़ में था, पाँव लटकाये पलंग पर आधे धड़ से लेटा हुआ था।

एकदम से जन्नत को ऐसा लगा कि रफ़्फ़न को वह जानती ही नहीं। जो आता है एक परत उतार देता है और अन्दर से एक अजनबी निकल आता है। एक ऐसा आदमी जिसका अपना कोई नाम नहीं है। कभी किसी का आशिक़ कहा जाता है, कभी किसी का। किराये पर…हाँ, जैसे किराये पर चलनेवाला एक घर। न जाने कितने लोग, और कैसे-कैसे लोग, रह चुके हैं इस घर में। तो क्या घर भी सेकेण्ड हैण्ड होता है। किसी को यह कहते तो नहीं सुना गया कि उसने एक सेकेण्ड हैण्ड घर ख़रीदा है…।

वह उठी और दाग़ साहब की दी हुई नक़्शीन अलमारी-से नया टी सेट निकालने लगी। अपने जहेज़ का टी सेट। इंगलिश चाइना वाला, जिसकी प्यालियों

पर गुलाब के बड़े ख़ूबसूरत नाज़ुक फूल बने हुए थे।

इस टी सेट में आज तक चाय पी ही नहीं गयी थी। और यह टी सेट वास्तव में जन्नत की माँ के जहेज़ में आया था। माँ ने टूटने के डर से यह सेट निकाला ही नहीं था और जन्नत के घर में ऐसा कोई मौक़ा ही नहीं आया था कि इतना क़ीमती सेट निकालने की ज़रूरत पड़ती।

चालीस साल पुराना टी सेट अपनी ओरिजिनल पैकिंग में था। बस एक प्याली की पैकिंग ज़रा ढीली हो गयी थी, कि वही प्याली रोब डालने के लिए और दूसरी औरतों को जलाने के लिए दिखायी जाया करती थी।

जन्नत ने गुलाब के नाज़ुक फूलों को प्यार से छुआ।

"अरे यार, चाय लाओ !" रफ़्फ़न की आवाज़ आयी।

"लाती हूँ !"

पानी उबल रहा था।

वह जल्दी-जल्दी नये सेट की चायदानी और दूधदानी धोने लगी।

चाय गर्म कर लेने के बाद उसे याद आया कि उसने नयी ट्रे नहीं निकाली। अलमूनियम की छींट वाली ट्रे तो बेहद गन्दी हो चुकी थी। इन प्यालियों को वह उस ट्रे में तो रख नहीं सकती थी। अलमारी खोलकर उसने ह्वाइट मेटल की नयी ट्रे निकाली और फिर उसे ख़याल आया कि यह क़लई-उड़े मुरादाबादी चमचे ही क्यों रह जायें। तो उसने चाँदी के चमचे निकाल लिये।

नये सेट को देखकर रफ़्फ़न कुछ झल्ला-सा गया। मध्यम वर्ग के इस घटिया-पन पर उसे हमेशा ताव आ जाया करता था। हर अच्छी चीज़ मेहमानों के लिए होती है। और मेहमानों के जाने के बाद फिर सैंत के रख दी जाती है।

"प्याली तो बड़ी ख़ूबसूरत है।" माला ने एक प्याली को उठाकर देखते हुए कहा, "इंगलिश लगती है।" उसने पेंदी को देखा। "वही तो।"

"मोटी भद्दी प्यालियों में चाय का मज़ा नहीं आता।" जन्नत बोली।

रफ़्फ़न को लगा, जैसे उस छोटे-से घर की सारी दीवारें उसे दबोचकर बैठ गयी हैं। उसने जन्नत की तरफ़ देखा। पर वह तो अंग्रेज़ी प्याली में चाँदी के चमचे से शकर घोल रही थी।

"मज़ा आ गया।" माला ने पहली चुसकी लेकर कहा, "अब तो बड़े-बड़े घरों में भी चाय बंगाल पॉटरी पर टर्खा दी जाती है। अच्छा भाभी, आप तो इनसे रोज़ ही अपने ऊपर एक-आध नज़्म लिखवा लेती होंगी।"

"घर की मुर्ग़ी दाल बराबर !" जन्नत हँस पड़ी। "इनकी नज़्मों में अपने-आपको बहुत ढूंढ़ती हूँ। पर आप लोगों की भीड़ में भला मैं कहाँ नज़र आऊँगी।"

माला मुसकुरा दी। फिर उसने तड़ से बात का रुख़ बदल दिया। इलाहाबाद की बातें होने लगीं। प्रोफ़ेसर यह और डॉक्टर वह···माला शायद जन्नत को

यह बताना चाहती थी कि वह रफ़्फ़न को जन्नत से कहीं ज्यादा जानती है।

जन्नत चुपचाप उनकी बातें सुनती रही और अन्दर-ही-अन्दर खौलती रही। उसके हिस्से में तो अधूरा आदमी आया ! न जाने कितने लोगों···लोगों नहीं लड़कियों के पास उसके व्यक्तित्व और ज़िन्दगी के टुकड़े पड़े होंगे।

एकदम से वह यह सोचकर डर गयी कि रफ़्फ़न की मौत के बाद यह तमाम लोग उसके टुकड़ों को निकालकर उसकी शायरी, उसकी ज़िन्दगी और उसकी मौत पर अपना हक़ साबित करने में लग जायेंगे !

रफ़्फ़न और माला के जाने के बाद भी वह गुम-सुम बैठी सोचती रही। और मियाँ बाक़र हुसैन 'आतिश' उसकी तरफ़ देखते रहे और उनके हलक़ में गिरहें-सी पड़ती रहीं···उन्होंने फिर अपनी टाँग-पर-टाँग चढ़ा ली और बहुत-सा थूक निगलने के बाद बोले, "लेट जाइए। सिर दबा दूँ।"

यह आवाज़ सुनकर वह चौंक पड़ी। मियाँ बाक़र को तो वह भूल ही गयी थी।

"नहीं, रहने दो। अभी यह बरतन धोने हैं।"

वह चाय के बरतन समेटकर बावरचीख़ाने की तरफ़ चली गयी और बाक़र ने उसके तकिये को उठाकर अपनी टाँगों पर रख लिया। तकिये पर जन्नत के सिर का एक बाल चिपका हुआ था। उसने वह बाल उठाकर अपनी जेब में रख लिया और दाँत-पर-दाँत जमाकर बैठ गया।

जन्नत बावरचीख़ाने में प्यालियाँ धो रही थी। उसके हाथों के हिलने से बाक़र के बदन में एक लज़ीज़-सी सनसनी दौड़ रही थी। उसका सारा बदन तनता चला जा रहा था ···

जन्नत बाक़र की हालत से बेखबर प्यालियों और चायदानी, शकरदानी को ओरिजिनल पैकिंग-केस में वापस रख रही थी। और सोच रही थी कि क्या रफ़्फ़न सिर्फ़ माला को घर तक छोड़ने गया है ?

यह एक अजीब आग थी। माला रफ़्फ़न को जन्नत के घर से ले गयी थी। माला कोई गुज़री हुई बात नहीं थी। ज़ख़्म से निकलते हुए गर्म ख़ून की तरह ताज़ा घटना थी। एक ताज़ा घाव थी। एक कड़वा कसीला और ज़हरीला अनुभव थी।

और अब यह माला अपनी चमचमाती हुई कार में बार-बार आयेगी। रोज़ आयेगी। सुबह-शाम आयेगी।

बाक़र से जब यह न देखा गया तो वह लोटा लेकर, जन्नत की तरफ़ पीठ किये-किये पाख़ाने की तरफ़ चला गया।

"भाभीजी !" शारदा की आवाज़ आयी।

जन्नत ने देखा।

"यह रसोई में चुपचाप क्या कर रही हैं आप ?"

"कुछ नहीं ।"

"रफ़्फ़न भाई साहब कहाँ हैं ?" शारदा यह पूछती बावरचीखाने में आ गयी और एक पटरा घसीटकर जन्नत के पास ही बैठ गयी। उसने झुककर गुलाब के फूलोंवाली प्याली उठा ली। "बाप-रे-बाप ! हम तो भय्या, डर के मारे चाय पी ही नहीं सकते ई सेट में।"

"क्यों ?"

"इ डर लगा रहेगा कि कहीं टूट-ऊट न जाये। हम्में जवाहिर नगर में नौकरी मिल गयी।"

"मुबारक हो। क्या काम मिला ?"

"आउट-डोर डिसपेन्सरी में। एक सौ पचीस तनख़्वाह्। नब्बे मँहगाई भत्ता। साइकिल अलाउन्स अलग से।"

"साइकिल ?"

"इहाँ से उहाँ तक पैदल कय्यसे आ-जा सकते हैं। हम एक ठो साइकिल ख़रीद भी लिया।"

शारदा को पता भी नहीं था कि अभी-अभी उसने कैसा ऐतिहासिक बयान दिया है।

शारदा से नारायणगंज में ज़नाना साइकिलों का युग आरम्भ हो रहा था।

कालीचरण ने रात के सन्नाटे में उसे साइकिल सिखलायी। और इसमें शक नहीं कि कालीचरण ने इस काम में काफी मेहनत की। वरना साहब किसी लड़की को, जबकि वह सगी बहन भी हो, तीन रातों में इस लायक बना देना ठट्ठा-खिलवाड़ नहीं कि वह बाक़ायदा साइकिल चलाने लगे।

यह बात सही है कि शारदा को अभी साइकिल पर चढ़ना और साइकिल से उतरना नहीं आया था। वह किसी ऊँची जगह से साइकिल पर चढ़ती और साइकिल को धीरे-से एक तरफ गिराकर उतरती।

और जब वह पहली बार नारायणगंज के बाज़ार से अपनी साइकिल की घण्टी बजाती गुज़री तो बाज़ार में खलबली पड़ गयी। तमाम दूकानदारों गाहकों को भूलकर, उसकी तरफ देखने लगे। और केला मूँछों पर ताव देकर बोला, "है कोई की बेटी जो शारदा नाहीं सैकिल चला ले, भरे बजार में। और मजाल कि कोई को जरा भी ठोकर लग जाये।"

केला को शारदा का शलवार पहनना अलबत्ता अच्छा नहीं लगा। पर जब कालीचरण ने समझाया कि शलवार पहनकर साइकिल चलाने में कितनी आसानी होती है तो केला मान गया। और शारदा तंग शलवार और तंग कमीज़ पहनकर अपनी नयी साइकिल चलाती नारायणगंज से जवाहरनगर और जवाहरनगर से

नारायणगंज आने-जाने लगी।

खुद शारदा जब साइकिल चलाती हुई बाज़ार से गुज़रती तो ऐसा महसूस करती कि जैसे वह बादलों पर उड़ी चली जा रही है।

और यह तो खुली बात है कि जब कोई बादलों पर चलता है तो उसके विचार भी बदलिया जाते हैं।

जवाहरनगर ने नारायणगंजवालों में से कय्यों के विचारों को बदलिया दिया था।

कालीचरण पहले तोबाक़ायदा लेबर मिनिस्टर बना, फिर जब लेबर मिनिस्ट्री से बोर हो गया तो प्राइम मिनिस्टर बनने लगा।

नारायणगंज और नवापूरा के शरीफ लोग यह तमाम बातें झेल जाते। पर उनकी समस्या ही और थी।

भँगियों का अकलौता ख़ान्दान जवाहरनगर में खप गया था। एक सौ नब्बे रुपया माहवार। यानी मोलवी अली अहमद 'आज़िज' से चालीस रुपये माहवार ज़्यांदा। अब वह चार आने माहवार या एक रुपया माहवार पर घर-घर आकर झाड़ू देने या पाख़ाना साफ करने पर तैयार नहीं थे।

दूसरी समस्या हज्जामों की थी। पहले तो हज्जाम अपनी किसबतें उठाये दरवाज़े-दरवाज़े जाया करते थे। हफ़्ते में एक दिन घरों पर उसतरे भी छोड़ आया करते थे। पर अब वह हेयर कटिंग सेलून्ज़ खोलकर बैठ गये थे।

बहुत दिनों तक शरीफ लोग बहुत परेशान रहे। पर फिर मरता क्या न करता। लोगों ने दूकान पर आना-जाना शुरू कर दिया। बस तीन आदमी दूकान पर नहीं जाते थे। ठाकुर साहब, मक्खनलाल और कालीचरण।

ठाकुर साहब यूँ कि वह एक हजामत के पाँच रुपये देते थे। मक्खनलालजी यूँ कि वह नारायणगंज हज्जाम यूनियन के अध्यक्ष थे। और कालीचरण यूँ कि शारदा के ज़रिये बड़े-बड़े डाक्टरों के यहाँ सुनवायी हो जाती थी।

शारदा की वजह से कालीचरण की अच्छी-ख़ासी आमदनी होने लगी थी। वह उसके बहाने हर डाक्टर के यहाँ पहुँच जाता। उसने सर्टिफिकेटों का अच्छा-खासा कारोबार चला रक्खा था।

कालीचरण के रास्ते में रामअवतार के सिवा कोई और काँटा नहीं था। रामअवतार अपनी धुन और अपनी लगन और अपनी मुँहफट ईमानदारी के कारण धीरे-धीरे मज़दूरों के दिलों में घर बनाने लगा था। और इसलिए जब कालीचरण ने रामअवतार के दोस्त रफ़्फ़न को माला सहगल के साथ देखा तो उसका माथा इतने ज़ोर से ठनका कि उसकी ठनकन मक्खनलाल ने सुन ली।

"मैं तो कहता हूँ कि इस ब्राग़ी आज़ग़ी का इलाज़ फौरन से पेसतर न किया गया तो फिर बड़ी परेशानी हो जायेगी।"

"कहिए तो उसके खिलाफ एक कविता झाड़्यों।" कालीचरण बड़े भरोसे से बोला।

मक्खनलाल मुसकुराये :

"तुम अभई बच्चा हौ। ऊ तुम्हारी कविता-ओविता से मार न खायेवाला है। बैसे तो एँहीं से बय्यठे-बय्यठे एक ठोफोन घुमाय द्यों तो बच्चा का पत्ता कट जाये। गुप्ताजी से तो अपनी गाढ़ी छनती है। अभईं परसों की बात है। बोले : मक्खनलालजी आप तो कभई खिदमत का मौका ही नहीं देते। फुलोर क्रास करके इधिर आ जाइए तो मिनिस्टर विधोट पोटफोलियो* तो बना ही देता हूँ।···" मक्खनलालजी यह भूल गये कि वह किसी आम सभा में नहीं हैं बल्कि अकेले कालीचरण से बातें कर रहे हैं। "पर मैं साफ-साफ बोला : गुप्ताजी, मक्खनलाल को विजारत की चटौनी मत थमाओ। मक्खनलाल तो जनता का सेवक है।···"

"पर रामअवतार···"

"अरे, रामअवतार गया अपनी माँ के कानी कहे में। बागी ससुर बहुत विलविलय्यहें तो बगाबत के केस में फँसा द्योंगा। न रहिये बाँस न बजिये बाँसुरी। एक तरफ हाजी रफी के लउँडे को अँगुलिया रहा। दूसरी तरफ माला को लेके घूम रहा। अय्यसा आदमी का एह लायक है कि हम लोग ओको गाँव के लड़कन के भविष्य का चौकीदार बनायें।"

मक्खनलाल ने पहली बात तो बिलकुल ग़लत कही थी। रफ़्फ़न तहज़ीबुल को हरगिज़ अँगलिया नहीं रहा था। पर उनकी दूसरी बात सही थी। वह माला के साथ घूम-फिर ज़रूर रहा था।

रफ़्फ़न से मिलकर माला को अपनी पहली और आखिरी हार याद आ गयी थी। और उस हार की याद से बचने का सिर्फ यही एक तरीक़ा था कि वह रफ़्फ़न को जीत ले।

पर रफ़्फ़न अपने किसी दोस्त की बहन से हारने पर तैयार नहीं था। न वह रुक़य्या से हारा न माला से। और उसे दोनों बार न हारने की क़ीमत चुकानी पड़ी।

कोई ऐसी बात नहीं थी कि रफ़्फ़न उन लोगों में था जो पराई बहू-बेटियों को अपनी बहू-बेटी मानकर जीते हैं। उसकी ज़िन्दगी में कई लड़कियाँ आयीं। जीवन की आधुनिक वास्तविकता मध्यमवर्गीय मूल्यों की बैसाखी नहीं लगाती। बदन का कँवारापन सौन्दर्य की तौहीन है। सेक्स कोई गाली नहीं···पर उसमें एक फ़्युडल ख़राबी अब भी जी रही थी। दोस्त की बहन अपनी बहन होती है और अपनी बहन से इश्क़ नहीं लड़ाया जाता।

* मिनिस्टर विदाउट पोर्टफ़ोलियो।

रुक़य्या।

शारदा।

चौधरी।

चन्द्रशेखर।

दो बहनें। दो दोस्त।

वह 'गोल्डन बेयर' या 'ला बोहीम' जैसे रेस्तोरानों में माला के साथ घण्टों बैठता। कभी जन्नत साथ होती। कभी जन्नत साथ न होती।

ऊँचे नोकरी-पेशा वर्गवालों से मिलकर उसे बड़ी कोफ़्त होती। यह इंजीनियर, यह चीफ एकाउण्टेण्ट, यह प्लाण्ट मैनेजर, यह डेपुटी डाइरेक्टर और डाइरेक्ट उसे पैट्रोनाइज करते। उसकी ख़ातिर साहित्य की बात करते। अपने टेक्निकल जार्गन को थोड़ी देर के लिए भूल जाते।

स्वतन्त्रता के बाद जो नया नोकरी-पेशा वर्ग उभरा है, वह अपने-आपको पढ़ा-लिखा समझने लगा है। ड्राइंग-रूमों में किताबें सजाता है और साहित्यकारों को पैट्रोनाइज़ करता है। शाम को महफ़िलें सजाता है। बीवियाँ और बेटियाँ ह्विस्की के गिलास लेकर साथ बैठती हैं और सार्त्र के 'फ़ैटलिस्ट ऐटिप्युड' और अस्कर वाइल्ड की 'साडोमी' पर बहस करती हैं। आधुनिक अमेरिकन लिट्रेचर की बात करती हैं। इर्विन वलेस, ल्यान ऊरिस, मारयो पूज़ो···और ग़ालिब पर सर धुनती हैं और कॉन्ट्रैक्ट ब्रिज या पोकर खेलती हैं। जो मिस या मिसेज़ नहीं आयी है उसके वार्डरोब और ड्रेसिंग-टेबिल का मजाक उड़ाती हैं और स्कैन्डल्ज़ के थान-के-थान बुनती हैं।

अपने समाज के अन्दर जो यह नया समाज पैदा हो गया है यह एक ऐंगिल से बड़ा ट्रैजिक है और दूसरे ऐंगिल से बिलकुल नक़ली। सफेद झूठ!

मर्दों पर इनक्रीमेंट हासिल करने और एक-दूसरे को काटकर तरक़्क़ी करने की जिम्मेदारी है। कल्चर की जिम्मेदारी मिसों और मिसज़ों पर है।

जवाहरनगर की मिसों और मिसजों की लीडर माला सहगल थी। जवाहरनगर की तमाम मिसों और मिसेज़ों में सबसे ख़ूबसूरत भी वही थी। वही एक ऐसी थी जो चेज़, अगाथा क्रिस्टी, मिकी स्प्लेन और अर्ल स्टैन्ली गार्डनर की किताबें नहीं पढ़ती थी और इसीलिए जवाहरनगर की पढ़ी-लिखी बी. ए., एम. ए पास औरतें उससे जलती थीं—पर यह भी चाहती थी कि वह उसी के सर्किल में उठें-बैठें ताकि बैकवर्ड न कही जायें।

इन औरतों की ट्रैजिडी यह थी कि इनकी कमर के नीचे बँधी हुई साड़ियों और बेहद नीची नेक-लाइन के ब्लाउजों और फीकी लिपस्टिक के बावजूद इनकी आत्माएँ पुरानी थीं। यह अन्दर से खूसट बुढ़ियाएँ थीं! और बूढ़ियों के इस घने जंगल में माला एक अकेली जवान लड़की थी। वह जिस किताब की तारीफ करती

वह किताब तड़ातड़ हर ड्राइंग-रूम में आ जाती। और हर ड्राइंग-रूमवाली अपनी किसी सहेली को ख़त लिखती कि उसने आज ही वह किताब ख़त्म की है···माला की राय बीसों ख़तों के ज़रिये बीसों जगह पहुँच जाती।

और इसीलिए जब रफ़्फ़न माला के साथ देखा गया तो उससे मिलना, उसे अपने यहाँ 'इनवाइट' करना, उसकी कविताएँ सुनना और यह बात करना जवाहरनगर के फैशन में दाखिल हो गया कि उर्दू के साथ सरकार बड़ा अन्याय कर रही है।

इस नक़ली वातावरण में रफ़्फ़न का दम घुटता था, पर वह जवाहरनगर का फैशन बन चुका था। अधेड़ मिसेज़ें अपने जवान ड्राइंगरूमों में उससे फ़्लर्ट करती थीं। जवान मिसें उसे हथियाना चाहती थीं कि वह माला सहगल का ब्वाय फ्रेण्ड था।

जवाहरनगर में माला बड़ी चीज़ थी। केवल इसलिए नहीं कि वह चीफ इंजीनियर की बेटी थी। बल्कि इसलिए भी कि वह चीफ एडमिनिस्ट्रेटर की गर्ल फ्रेण्ड थी। वह तरक़्क़ी दिलवा सकती थी। डिमोशन करवा सकती थी। एक सेक्शन से दूसरे सेक्शन में तबादला करवा सकती थी।

जवाहरनगरवाले और वालियाँ रफ़्फ़न के ज़रिए माला पर क़ब्ज़ा करना चाहते थे। वह हर शाम किसी-न-किसी ड्राइंग-रूम में सजा दिया जाता। और जब गयी रात को वहाँ से निकलता तो तरह-तरह की सेन्टों की सुगन्धें दूर तक उसके साथ चलतीं।

अच्छी शराब, अच्छा खाना, क़ीमती क्राकरी और खरी चाँदी या ह्वाइट मेटल की कटलरी। मेज़ों पर काँटा-छुरी सब-कुछ लगता पर खाना हाथ से खानेवाला होता। बैंगन का भुरता। क़ोर्मा। कई घरों में अपना सेकुलरइज़्म साबित करने के लिए 'बीफ़' पकता और 'मिसेज़' उसके कान में कहती, "बीफ़ है।" वह गरदन हिला देता। "मेरे घर में तो लस्सन-प्याज भी नहीं खाते। पर मैं इन बातों को नहीं मानती। मीट तो बीफ ही का होता है···"

बीफ़ का नाम सुनकर उसे उबकाई आने लगती। कर्नल साहब बीफ़ स्टेक बड़े शौक से खाया करते थे। अब्दुस्समद ख़ाँ बड़े ज़ोरदार बीफ़ स्टेक बनाया भी करते थे, पर भाई जानू को बीफ़ पसन्द नहीं था। इसलिए रफ़्फ़न को भी बीफ़ पसन्द नहीं था। बगल में बैठी हुई मिसेज़ को भी बीफ़ पसन्द नहीं था। पर वह मुसकुरा-मुसकुराकर बीफ़ खा रही थी क्योंकि वह यह नहीं चाहती थी कि कोई उसे 'फ़ासिल' या 'बैकवर्ड' या 'रिऐक्शनरी' समझे।

जवाहरनगर में 'ब्राड माइन्डेडनेस' की एक दौड़ हो रही थी। बेलबॉटम, एलिफण्ट ट्राउजर, जीन्ज़। हिप्सटर साड़ियाँ। ऊँची चोलियाँ। स्पोर्ट शर्ट। टेनिस। बैडमिन्टन। सुइमिंग। स्टीरियो फ़ोनिक म्युज़िक। अली अकबर, रविशंकर,

फ़य्याज़ ख़ाँ, बड़े गुलाम अली ख़ाँ, महदी हसन।

नूरजहाँ ने फ़ैज़ की नज़्म क्या मजे में गायी है···

मुझसे अगली-सी मुहब्बत मेरे महबूब न माँग
दुख ज़माने में बहुत से हैं मुहब्बत के सिवा
राहतें और भी है वस्ल की राहत के सिवा

ड्राइंग-रूम नूरजहाँ की आवाज़ से भर गया। रफ़्फ़न उदासी के एक अन्धे कुएँ में गिर गया।

वह अधखुली आँखों से लोगों की तरफ़ देख रहा था। इन्क्रीमेंटों, नोकरियों, ओहदों के परिवार···तनख़्वाहों के गज से आदमी की बड़ाई नापनेवाले लोग अपने चेहरों पर उदासी का नक़ाब डाले फ़ैज़ की नज़्म और नूरजहाँ की आवाज़ सुन रहे थे कि ग़ालिब के बाद फ़ैज़ ही सबसे बड़ा फैशन है।

नूरजहाँ की आवाज़ फ़ेड आउट हो गयी और एक खटके से दूसरा संगीत शुरू हो गया—

देख तो दिल कि जाँ से उठता है
यह धुवाँ सा कहाँ से उठता है।

"हिन्दुस्तान में ग़ज़ल गानेवाला ऐसा एक नहीं है !" जी. सिंह (प्लान्ट मैनेजर) ने रफ़्फ़न से कहा।

"क्यों ?" माला बोली, "बेगम अख़्तर कहाँ गयीं ?"

जी. सिंह ने दाँत निकाल दिये।

···जी. सिंह को अपने दाँत बहुत पसन्द थे। जब वह पढ़ा करते थे तो उनके दाँत 'बिनाका टीथ' बनकर देश में फैल गये थे। जो मैगज़ीन उठाइए, जी. सिंह के दाँत मौजूद···तो वह अब भी अपने दाँत दिखाया करते थे। कँवारे थे और माला से टिप्पस लड़ाने की कोशिश में लगे हुए थे।

उन्हें साहित्य और ख़ासकर काव्य से पैदायशी बैर था। साहित्य को फ़्युडल और अन-साइन्टिफ़िक कहके वह साहित्य का बड़ा मज़ाक उड़ाया करते थे। ब्लू फ़िल्में देखकर और ब्लू साहित्य पढ़कर वह बड़े मज़े में जी रहे थे।

—कि जवाहरनगर में उनकी मुलाक़ात माला से हो गयी और मजबूरन उन्हें साहित्य में दिलचस्पी लेनी पड़ी।

जवाहरनगर में बहुत दिनों तक इस बात पर बहस चलती रही कि सिंह तो समझे, पर यह 'जी' क्या है। जितने मुँह थे, उतनी ही या उससे भी कुछ ज़्यादा बातें थीं।

गोपालसिंह।

गणेशप्रसाद सिंह।

गंगाप्रसाद सिंह।···

आख़िर माला ने जी कड़ा करके पूछ ही लिया। 'बिनाका टीथ' निकल आये।

"मेरा कोई भाई बचता नहीं था।" जी. सिंह ने कहा, "तीन महीने के अन्दर सब मर जाते। तो एक अन युज़ुअल नाम रक्खा गया। और मैं बच गया।"

"वह तो मैं देख रही हूँ। पर नाम क्या है आपका ?" माला मुसकुरा दी।

"जी फ़ार गोबरधन।" जी. सिंह ने इधर-उधर देखते हुए कहा।

मज़े की बात यह है कि जी. सिंह के माता-पिता एथीस्ट मशहूर थे। हिन्दुस्तान और उसकी रस्मों और उसके सुपर्सटिशन्ज़ पर जी खोलकर हँसा करते थे। पर जब ताबड़तोड़ दस लड़के मर गये तो यह एथीस्ट माता-पिता खुद एक सुपर्सटिशन का शिकार हो गये।...

माला खिलखिला के हँस पड़ी

"नाम तो बड़ा ऐप्रोप्रिएट है।" किसी लड़की ने जलकर कहा, "वैसे जी. सिंह भी बुरा या अधूरा नाम नहीं है। अंग्रेज़ी में ट्रान्सलेट किया जाये तो यस सिंह बनेगा। अब सिंह होने या न होने पर तो आपका कोई अख़्तियार नहीं। और मिस्टर यस सर तो आप यूँ भी हैं।"

"...मगर मुकेश तो बिलकुल बेसुरा है।" माला कह रही थी। लता की आवाज़ में डेप्थ नहीं है। हिन्दी फ़िल्मी म्यूज़िक सुनना बड़ी जिहालत की बात है। शियर बैड टेस्ट ! क्यों रफ़्फ़न भाई !"

चीफ़ ऐडमिनिस्ट्रेटर ने रफ़्फ़न की तरफ देखा। उसे रफ़्फ़न से सख़्त नफ़रत थी। साला शायर की दुम...इस हरामजादी को इस बहनचोद में जाने क्या दिखायी दिया।...

"अरे भई बाग़ी साहब।" चीफ ऐडमिनिस्ट्रेटर ने मुसकुराकर रफ़्फ़न को आवाज़ दी।

रफ़्फ़न उस वक़्त जन्नत को कोई लतीफा सुना रहा था। जन्नत हँस पड़ी।

माला को लगा कि जन्नत उसी पर हँसी है। उसके सारे बदन में एक कड़वाहट दौड़ गयी।

"तुम कुछ मुझसे कह रही थीं ?" रफ़्फ़न ने मुड़कर माला से पूछा।

"यह कह रही थीं कि हिन्दी फिल्मों का म्युजिक..."

चीफ ऐडमिनिस्ट्रेटर को इससे ज़्यादा कहने का मौक़ा न मिला। माला ने बात लपक ली।

"मुझे जो कहना है वह मैं खुद कह लूंगी। आप तकलीफ न उठायें।"

चीफ ऐडमिनिस्ट्रेटर माला के लहजे के पहाड़ तले कुचल गया। एक पालतू कुत्ते की तरह डाँट सुनकर दुम हिलाने लगा।

चीफ ऐडमिनिस्ट्रेटर रफ़्फ़न की तरफ देखकर मुसकुरा दिया। रफ़्फ़न को उसकी मुसकुराहट बहुत गन्दी लगी।

"म्युजिक तो म्युजिक होता है मिस सहगल ।" जी. सिंह ने मौके का फायदा उठाते हुए कहा, "वह अच्छा या बुरा होता है। फिल्मी या गैर-फिल्मी नहीं होता।"

"आपसे यह किसने कह दिया।" माला ने तड़ से कहा, "और देखिए, सुनी-सुनायी बातें मान न लिया कीजिए।"

लोग हँस पड़े। सबसे जोरदार क़हक़हा चीफ ऐडमिनिस्ट्रेटर ने लगाया और जी. सिंह बेचारा ढेर हो गया।···

यह लोग और यह पार्टियाँ दीमक की तरह रफ़्फ़न को चाटे जा रही थीं। वह जानता था कि इन लोगों का साहित्य-प्रेम और प्रगतिशीलता फैशन है। आदर्श नहीं है। मनोरंजन का कोई और साधन नहीं। वही लोग घूम-फिरकर उन्हीं ड्राइंग-रूमों, उन्हीं दो रेस्तराओं और उसी एक क्लब में मिलते हैं। वही कल, परसों और पिछले महीने वाली बातें दुहराते हैं। स्कैण्डल्ज पर फुटनोट लगाते हैं और भूमिकाएँ गढ़ते हैं। साईकालोजी, फ़िलासोफ़ी, पोलीटिकल साइन्स, साहित्य, सिमेण्ट का भाव, प्लिन्थ, कार्पेट, एरिया और माला सहगल ! जिन्दगी बहुत बोरिंग थी। इसलिए रफ़्फन का दम उन्हें गनीमत लगता था। और रफ़्फन से मिलकर उनके सोशलिस्ट ईगो को एक तरह की तसकीन भी होती थी। कहाँ एक मामूली-सा स्कूल मास्टर और कहाँ यह ड्राइंग-रूम जिनमें गुजराल, अमृता शेर-गिल और हुसैन के उरिजिनल टँगे हुए हैं।

रफ़्फ़न यह सब देखता था। यह सब समझता था। पर वह इन्हें झेल रहा था कि इन ड्राइंग-रूमों में बैठकर जन्नत यह भूल जाया करती थी कि उसका मियाँ एक स्कूल मास्टर है। रफ़्फ़न उन ड्राइंग-रूमों में गुज़रनेवाले घण्टे-दो-घण्टे के लिए मास्टर का ख़ोल उतारकर वह वाला बाग़ी आज़मी बन जाया करता था जिससे जन्नत प्यार करती थी। जिसके धोके में जन्नत ने एक स्कूल मास्टर से शादी कर ली थी।

स्कूल मास्टर !

कभी-कभी वह ख़ुद यह सोचकर हैरान हो जाया करता था कि वह स्कूल टीचर क्यों है ! कुछ और क्यों नहीं है। वह किसी स्कूल में टीचरी करने की जगह किसी युनिवर्सिटी में लेक्चरर हो सकता था। आई. ए. एस. में जा सकता था। अपने बाप की जगह वकालत करके एक और ज़ैदी विला बनवा सकता था। अब्दुस्समद ख़ाँ जैसा एक बावरची रख सकता था। अपने ख़ान्दान के रिसोर्सेज़ इस्तेमाल करके वह किसी बड़ी बिज़नेस फ़र्म में कोई बड़ी नोकरी करके मुफ़्त का घर, मुफ़्त की कार और मुफ़्त के नोकर-चाकर पा सकता था। इनकम टैक्स दबाने के नये-नये तरीके सोच सकता था।···पर उसने यह सब नहीं किया। वह इनमें से कुछ नहीं बना। स्कूल टीचर बन गया। मोलवी अली अहमद 'आजिज़'।

बादू जगदम्बा प्रसाद ! एक कमानी का चश्मा। थैले जैसा हाफ़ पैण्ट। टाट का झोला लटकाये हुए हाथ। अपने शागिर्दों से उधार माँगनेवाली ज़बान। स्कूल के मैनेजर की पूजा करने वाला भक्त। प्राविडेण्ट फ़ण्ड के तीन पायों वाली पीढ़ी पर बैठा हुआ भविष्य ! वर्तमान की कसौटी पर खोटा साबित होनेवाला व्यक्तित्व।···रफ़्फ़न शायद अपने-आपको इस आग में जलाना चाहता था। शायद वह अपने पिता और भाई जानू के उन सपनों को ज़लील करना चाहता था जो उन्होंने उसके बारे में देखे थे। और जिन्हें यहाँ छोड़कर वह पाकिस्तान चले गये थे। इज़्ज़त की ज़िन्दगी और मौत की तलाश में।

पाकिस्तान। साढ़े चार अक्षरों का एक शब्द। पाकिस्तान जिसमें ज़ैदी विला की वीरानी आबाद है।

अब ख़राबा हुआ जहानाबाद
वरना हर-हर क़दम पे याँ घर था।
दिल की वीरानी का क्या मज़कूर हो
यह नगर सौ मरतबा लूटा गया
दिल्ली के न थे कूचे औराक़े-मुसव्वर थे
जो शक्ल नज़र आयी, तस्वीर नज़र आयी

शहरों का मरसिया लिखना शायद उर्दू शायरी की तक़दीर है। रफ़्फ़न सोचता कि जो वह भी मीर, सौदा या ग़ालिब जैसा बड़ा शायर होता तो मुहल्ला क़ाज़ीटोले का मरसिया ज़रूर लिखता। ज़ैदी विला की मौत कई मरसियों का बोझ उठा सकती है। पर उसकी शायरी दिल्ली, तेलंगाना, मास्को, हनाय, पीकिंग, लुआम्बा, वाशिंगटन, स्टालीन, कैनेडी, लूथर किंग, नासिर और नेहरू में उलझी हुई थी। दिल्ली के मुकाबले में ज़ैदी विला की हैसियत क्या। दिल्ली जो उससे दूर एक शहर था। ज़ैदी विला जो उसके दिल में बना हुआ एक घर था। जिसकी दीवारें उसे ज़बानी याद थीं। जिसे खोने का दुख जन्नत को खोने के दुख से कहीं बड़ा था।

राजनीति बड़ी खुदग़रज़ और बेमुरव्वत होती है।

"क्या सोच रहे हो यार ?"

रामअवतार की आवाज़ सुनकर वह जाग पड़ा। वह भूल ही गया था कि वह अपने घर में रामअवतार और चन्द्रशेखर के साथ चाय पी रहा है।

"जाना जाता है कि इस राह से लशकर गुज़रा।" चन्द्रशेखर बोला।

"यार, मीर के हाँ दिल्ली और दिल का चक्कर खूब है।" रफ़्फ़न ने कहा, "पता ही नहीं चलता कि दिल की बात कहाँ ख़त्म हुई और दिल्ली की बात कहाँ से शुरू हो गयी।"

"बात अच्छी टाली।" रामअवतार बोला।

"चाय-वाय जल्दी ख़त्म कीजिए आप लोग।" शारदा बोली, "मुझे रफ़्फ़न भाई को लेकर राइटर्ज़ क्लब की मीटिंग में जाना है।"

"टालो यार," चन्द्रशेखर बोला, "वह शंकरदयाल महा लीचड़ आदमी है। कम-से-कम पचास फ़ुलस्केप्स की कहानी पढ़ेगा।"

"नहीं यार।" रफ़्फ़न ने कहा, "जाना तो पड़ेगा।"

"क्यों?" रामअवतार ने पूछा

"क्योंकि

कुछ यादें हैं उन शहरों की
मैं जिनमें सोफ़ों पर छलका
जैसे क़हवा
मैं जिनमें हाथों से छूटा
गिरा ज़मीन पर—टूटा
जैसे एक क़हवे का प्याला
मेरी शख़्सीयत के दो-एक टुकड़े शायद,
उन कमरों की खिड़की के नीचे जो फूलों के थाले हैं,
उनमें अब भी पड़े हुए हों।"

"किसके शेर हैं?" चन्द्रशेखर ने पूछा। और उसकी बुझी-बुझी आँखों में एक रोशनी जाग पड़ी और पलकों की चौखट से कन्धा लगाकर खड़ी हो गयी और रफ़्फ़न की तरफ़ देखने लगी।

"शेर अच्छा हो तो सबका होता है।" रफ़्फ़न ने कहा, "बुरा हो तो किसी का नहीं होता।"

सय्यद अली रफ़अत बाग़ी आज़मी की आँख में यादों की कँकरी पड़ गयी। उसने जन्नत की तरफ़ देखा।

जन्नत के नाखूनों पर चढ़ी हुई फीकी गुलाबी पॉलिश मैली हो चुकी थी। सवेरे के सँवारे हुए बाल उलझे हुए थे। पलंग के नीचे पड़ा हुआ उसके चप्पल का दाहिना अँगूठा कई दिनों से निकला हुआ था। पलंग पर रक्खी हुई ट्रे में ऊँघते हुए शकरदान का कुण्डा टूटा हुआ था।

जन्नत। ज़ैदी विला की बहू! जन्नत कर्नल ज़ैदी के चहीते पोते की बीवी। जन्नत सय्यद अली रफ़अत बाग़ी आज़मी, एम. ए. बी. टी., मशहूर शायर की प्रेमिका।

एक जन्नत के कितने रूप हैं आख़िर! और यह सामने बैठी हुई जन्नत कौन सी जन्नत है। जन्नत के इस हाल पर किसे शर्मिन्दा होना चाहिए?

रफ़्फ़न इस तरह के सवालों से हमेशा कतरा जाया करता था। ऐसे सवालों में उलझने से फ़ायदा क्या जिनका जवाब देने की हिम्मत न हो!

—तो रफ़्फ़न ने चन्द्रशेखर की तरफ़ देखा। वह अपने लिए चाय की दूसरी प्याली बना रहा था। उसने मामूली खादी का कुर्ता-पाजामा पहन रक्खा था। आँखों पर मोटे काले फ्रेम की ऐनक थी। जेब में विल्सन का फ़ाउण्टेनपेन। होंठों में चार मीनार की सिगरेट, जिसका धुँआ उसकी आँखों में जा रहा था और राख सिगरेट के अंगारे के बाहर झूल रही थी। धुएँ से बचने के लिए उसने एक आँख बन्द कर रक्खी थी। राख झड़कर प्याली में आ गयी। छन से बुझ गयी।

"रहिए, दूसरी बना देती हूँ।" जन्नत ने कहा।

"नहीं।" चन्द्रशेखर ने कहा, "रफ़्फ़न को शेर सुनाने की जल्दी है।"

चन्द्रशेखर के लहजे की कड़वाहट पर रफ़्फ़न काँप गया।

चन्द्रशेखर रफ़्फ़न की तरफ़ देखकर मुसकुरा दिया। बोला, "मैं इधर बहुत कड़वा हो गया हूँ। मगर तुम जिन लोगों को शेर सुना रहे हो, आजकल उनके लिए शेर फ़ैशन है। जब वह लोग हा हा हा हा हँसकर किसी शेर की तारीफ़ करते हैं तो तुम्हें शर्म नहीं आती। आई मीन, ऐज़ ए पोयट! माला को तो शेर की तमीज़ ही नहीं है।

"मैं तो भैया इसीलिए भाग खड़ा हुआ।" रामअवतार बोला, "कई ड्राइंग-रूमों में किसी नयी चीज़ की तरह दिखलाया गया। मैं चुप रहा। पर जब मालाजी मुझे साहित्य पढ़ाने लगीं तो मुझे भागना ही पड़ा। आजकल वह कालीचरण को मज़दूर वर्ग का कवि साबित करने में लगी हुई हैं। और मक्खनलाल अपना उल्लू सीधा कर रहे हैं। ठाकुर साहब को ग़च्चा देकर उसने अपना टेण्डर पास करवा ही लिया।"

"सुना है कि कालीचरण का कलेक्शन छप रहा है।" रफ़्फ़न ने कहा।

"हाँ।" रामअवतार बोला, "राग जोगिया। मालाजी ने भूमिका लिखी है। एक सौ दस पन्नों की।"

"पूरी किताब कितनी बड़ी है?" जन्नत ने पूछा।

"एक सौ साठ पन्नों की।" चन्द्रशेखर ने कहा, "असल चीज़ भूमिका है।"

"लगता है, इस बार मक्खनलाल एम. पी. हो ही जायेंगे।" रामअवतार ने कहा।

"कहिए तो अभईं एक ठो फोन घुमाय द्यों।" रफ़्फ़न ने मक्खनलाल की नक़्ल उतारी।

तमाम लोग हँस पड़े।

हँसी ने कड़वाहट का मैल काट दिया।

"एक दिन मुझे चाय पिलाने घर ले गये। उनकी सारी तस्वीरें देखनी पड़ीं। यह आदमी तस्वीर खिंचवाने का उस्ताद है। ऐसा लगता है कि यह पण्डित नेहरू के साथ तस्वीर नहीं खिंचवा रहा है, बल्कि वह इसके साथ तस्वीर खिंचवा रहे

हैं।…"

रफ़्फ़न रुक गया। उसने पहली बार इस बात पर ध्यान दिया कि इतनी देर में रामअवतार ने शारदा से या शारदा ने रामअवतार से कोई बात ही नहीं की है।

तो उसने पहली बार शारदा की तरफ़ देखा। सफेद चुश्त शलवार। प्रिण्टेड कपड़े की बहुत चुश्त क़मीस और क़मीस ही के कपड़े की एक पट्टी-सी गले में।

यह तो वह शारदा नहीं जिससे, अभी कुछ ही दिनों पहले, नारायणगंज के इसी घर में पहली मुलाकात हुई थी।…भँवें बनायी हुई। पलकें सजायी हुई। आई लाईनर। आई शैडो। लिपिस्टिक। लम्बे नाख़न…

तो उसने रामअवतार की तरफ देखा। वह जस का तस था। चेहरे पर कुछ लकीरें-सी ज़रूर पड़ गयी थीं। पर आदमी बिल्कुल वही था।

जब किसी से, कोई पैमाने-वफ़ा करता है
काँप उठता हूँ, कि मेरा ही-सा अंजाम न हो

चन्द्रशेखर रामअवतार को शेर सुनाकर मुसकुरा दिया।

रामअवतार नहीं मुसकुराया।

चन्द्रशेखर ज़ोर-ज़ोर से हँसने लगा। शारदा भी हँसने लगी और हँसते-ही-हँसते उठ खड़ी हुई और अपनी शर्ट का दामन नीचे खेंचने लगी।

"रफ़्फ़न भाई, अब चलिए। नहीं तो दीदी मुझे मारे बिना नहीं छोड़ेंगी। शंकरदयालजी आपसे ख़ास तौर पर मिलना चाहते हैं।"

"हाँ यार, चले जाओ।" चन्द्रशेखर ने कहा, "हम लोग तब तक भाबी से गप लड़ाते हैं।"

"तुम नहीं चलोगी?" रफ़्फ़न ने जन्नत से पूछा।

"मैं क्या करूँगी जाकर। हिन्दी की बेहूदा शायरी मेरे पल्ले नहीं पड़ती।"

"शंकरदयाल की भाषा तो बड़ी सरल होती है भाबी।" शारदा बोली।

"सरल हो चाहे परल।" जन्नत ने कहा, "मैं नहीं जाऊँगी। सीधी बात यह है कि हिन्दी में शायरी हो ही नहीं सकती।"

"क्योंकि तुम हिन्दी नहीं जानतीं?" रफ़्फ़न ने पूछा।

"रफ़्फ़न भाई!" शारदा ठनकी, "यूँ ही काफी देर हो चुकी है।"

"अच्छा भई, हम चल दिये।" रफ़्फ़न ने कहा।

"ज़रा बाल तो बिगाड़ लो।" चन्द्रशेखर ने कहा, "जवाहरनगर जा रहे हो तो पूरी तैयारी से जाओ।"

शारदा रफ़्फ़न को घसीटने लगी।

रफ़्फ़न शारदा के साथ चला गया। घर में अपने पीछे एक सन्नाटा छोड़ गया। इस सन्नाटे की परिभाषा सबके लिए अलग-अलग थी। यह सन्नाटा राम-अवतार से शारदा की बात कर रहा था। जन्नत से रफ़्फ़न के अतीत की और

चन्द्रशेखर से उसके बदन की थकन और आत्मा पर चढ़नेवाली धूल की।

चन्द्रशेखर कुरते के मटमैले दामन से ऐनक का शीशा साफ करने लगा। रामअवतार अपनी हथेली पर चमचे से ज़रा-ज़रा शकर गिराकर फंकी मारने लगा और जन्नत जल्दी-जल्दी चाय के गन्दे बर्तन समेटने लगी।

"तुम शारदा से शादी करके यह क़िस्सा ख़त्म क्यों नहीं करते ?" चन्द्रशेखर ने नाक पर चश्मा जमाते हुए एकाएक कहा।

"कौन-सा क़िस्सा ?" रामअवतार ने शकर का आखिरी चम्चा हथेली में उँडेलते हुए पूछा।

"टाइट शलवार और टाइट शर्ट का क़िस्सा।"

रामअवतार चम्चे को ट्रे में रखने के बाद अपनी हथेली साफ करने लगा जो चपचपा रही थी।

जन्नत ट्रे लेकर बावरचीख़ाने की तरफ चली गयी।

"कोई कह रहा था कि रफ़्फ़न जवाहरनगर पब्लिक स्कूल का प्रिन्सिपल होने जा रहा है।" रामअवतार ने कहा।

"माला बूढ़ी हो जायेगी तो निकाल दिया जायेगा।" चन्द्रशेखर ने बड़ी बेदर्दी से कहा।

"कैसी बातें करते हो ?"

"वह मेरी बहन है, तो क्या इसलिए मैं उसके बारे में झूठ बोलूं ? सूडो इन्टेलेक्चुअल से डरना चाहिए। और अगर वह माला की तरह ख़ूबसूरत हो तो उससे कोसों दूर रहना चाहिए।"

"किससे दूर रहना चाहिए ?" जन्नत आ गयी।

"एक किताब की बात हो रही थी।" रामअवतार ने झट से कहा।

"नहीं।" चन्द्रशेखर ने कहा, "हम लोग माला की बात कर रहे थे।"

"अच्छा !" जन्नत ने बड़ी बेतअल्लुक़ी से कहा।

रामअवतार और चन्द्रशेखर दोनों ही भाँप गये कि जन्नत की बेतअल्लुक़ी नक़ली है।

"चलो भाई चलते हैं।" चन्द्रशेखर खड़ा हो गया, "भाबीजी कुछ उदास रहना चाहती हैं।"

"उदास क्यों होने लगी मैं ?"

"माला को यह कभी न भाँपने दीजियेगा कि आप उससे डरती हैं।"

जन्नत अन्दर से काँप गयी।

"यही मैं रामअवतार ख़ाँ को भी समझा रहा था।"

रामअवतार न जाने क्यों झल्ला गया। उसकी झल्लाहट देखकर चन्द्रशेखर बेसाख़्ता हँस पड़ा।

"जवाहरनगर एक ऐसी बस्ती है रामअवतार, जिसके पास नयी वैल्यूज़ हैं ।हीं और जिसने पुरानी वैल्यूज़ को छोड़ दिया है । जहाँ आदमी कार की लम्बाई चौड़ाई से नापा जाता है । जहाँ दोस्तियाँ और दुश्मनियाँ तनख़्वाह की तराज़ू में तोली जाती हैं । दो सौ पचास-साठ रुपये पानेवाला एक हिस्ट्री टीचर तो इस क़ाबिल भी नहीं है कि वहाँ कोई उसे पहचाने । पर साहित्य फैशन में है । रफ़्फ़न को काफ़ी और ह्विस्की पिलाकर वहाँ के लोग उसकी शायरी सुनेंगे । पर सय्यद-अली रफ़अत को कोई घास नहीं डालेगा ।"

"ये उर्दू शायरी एकदम से फ़ैशन में क्यों आ गयी है ?" रामअवतार ने घबरा कर बात बदलनी चाही ।

चन्द्रशेखर मुसकुरा दिया ।

"इसलिए कि उसे हम लोग फ़ारेन समझने लगे हैं । इम्पोर्टेड माल ।"

"और तुम क्या समझते हो ?"

"मैं ! अपने-आपसे कभी मुलाक़ात हो गयी तो पूछकर बता दूंगा । अच्छा भाभी, हम तो चल दिये ।"

वह चला गया ।

"ये शेखर भाई आज इतनी कड़वी बातें क्यों कर रहे थे ?" जन्नत ने पूछा ।

"यह कड़वाहट ही तो आज की ताज़ा ख़बर है भाभी ।" रामअवतार उदास हो गया । "जवाहरनगर जैसी बस्तियाँ एक सवालिया निशान के हुक में टँगी हुई हैं । शेखर बात ठीक कह रहा था । मार्क्सवादी होने के नाते हम जवाहरनगर का विरोध नहीं कर सकते । पर जवाहरनगर हलक से उतर भी नहीं रहा है । शेखर के दोस्त रामअवतार को शेखर की बहन माला ने दिल्ली में ख़ासी बड़ी नोकरी दिलवा दी है । पर मैंने इन्कार कर दिया ।"

"क्यों ?"

"क्योंकि मैं बिकाऊ नहीं हूँ । मैं यहाँ आई. एन. टी. यू. सी. को पनपने नहीं दे रहा हूँ । आप शारदा को समझाती क्यों नहीं भाभी ।"

"ऐं !" जन्नत भौंचक्का रह गयी ।

"और क्या । इतनी टाइट शर्टें पहनने की क्या जरूरत है ?"

"आप शादी क्यों नहीं कर लेते ?"

"नारायणगज का रामअवतार, जवाहरनगर की शारदा को रखेगा कहाँ ? मेरा प्यार शायद उसे दिखायी नहीं देता। और उसकी टाइट शर्ट को सारा बाज़ार देख रहा है ।"

"ढीले-ढाले कपड़े पहनकर साइकिल चलाने में परेशानी होती होगी ।"

"पता नहीं ।"

"और चाय बनाऊँ ? एक-एक प्याली हो जाये ।"

"नहीं भाभी। अब चलूँगा।"

"बैठिए भी।"

बात यह है कि जन्नत चाहती थी कि वह न जाये। क्योंकि उसके जाने के बाद वह अकेली हो जायेगी और यह सोचने लगेगी कि जवाहरनगर की औरतें उसके रफ़्फ़न को निगाहों से चाट रही होंगी।

कभी-कभार उसे यह डर भी लगा करता था कि कहीं रफ़्फ़न किसी से फँस न जाये। माला के बारे में वह ख़ुद ही उसे बता चुका था।

और जन्नत दिल-ही-दिल में यह बात मानती थी कि माला उससे कहीं ज़्यादा ख़ूबसूरत है और यह कि उसे अपने हुस्न को सँभालना भी आता है।

और फिर वह जो डॉक्टर कमाल ख़्वाजा हैं, उनकी बीवी, जमीला अपनी नन्द हाजेरा समेत अलग चूई पड़ती है रफ़्फ़न पर।

मिस रीना राय रफ़्फ़न से ग़ालिब पढ़ना चाहती हैं। और जब रफ़्फ़न ने कहा कि जन्नत उर्दू में एम. ए. है, वह पढ़ा देगी, तो मुर्दी ने ऐसा मुँह बनाया कि जैसे कि रफ़्फ़न ख़्वाह-म-ख़्वाह अपनी बीवी की तारीफ़ कर रहा हो। जैसे जन्नत सूरत से मिडिल पास लगती हो। कहाँ एम. ए. और कहाँ जन्नत। यह मुँह और मसूर की दाल···

जवाहरनगर वालियाँ वाक़ई यह मानने को तैयार नहीं थीं कि जन्नत एम.ए. कर चुकी है। क्योंकि जवाहरनगर में माला के सिवा कोई लड़की एम. ए. पास थी ही नहीं। आधी से ज़्यादा माँएँ बे-पढ़ी थीं और तीन-चौथाई से ज़्यादा बेटियाँ सीनियर कैम्ब्रिजवाली थीं। नहीं। एक मिसेज़ डॉक्टर रामकुमार चौबे भी थीं। उन्हें एम.ए. पास करने और खाना पकाने का शौक़ था। आठ-नौ चीज़ों में एम. ए. कर चुकी थीं। पर उनका शुमार औरतों में कम और ऐण्टीक में ज़्यादा होता था। सहगल साहब के पास ऐण्टीक फ़र्नीचर था। चीफ़ ऐडमिनिस्ट्रेटर को ऐण्टीक चाइना जमा करने का शौक़ था। जी. सिंह के पास ऐण्टीक क़लमदान थे। डॉक्टर ख़्वाजा के पास औरंगजेब के हाथ का लिखा हुआ क़ुरआन था। डॉक्टर रामकुमार चौबे के पास एक मिसेज़ रामकुमार चौबे थीं।

मिसेज रामकुमार चौबे जवाहरनगर में बहुत सँभाल के रखी जाती थीं। कोई उन्हें पसन्द नहीं करता था पर माला तक उनके आगे-पीछे लगी रहती थी क्योंकि डॉक्टर रामकुमार चौबे जवाहरनगर प्लानिंग बोर्ड के चेयरमैन थे।

और शंकरदयालजी के आने से श्रीमती चौबे का महत्त्व थोड़ा-सा और बढ़ गया था।

शंकरदयालजी वैसे तो जवाहरनगर कल्चरल सेन्टर के मेहमान थे और उनके ठहरने का बन्दोबस्त चीफ़ इंजीनियर साहब के बँगले पर किया गया था। पर वह मिसेज़ चौबे के भाई निकल आये। और स्टेशन से सीधे उन्हीं के घर चले गये तो

जवाहरनगर की सारी कल्चरल ऐक्टिविटीज़ भी डॉक्टर चौबे के घर की तरफ़ सरक गयीं।

मगर शंकरदयालजी के आने से, डॉक्टर चौबे के घर में, एक क्राइसिस भी हो गया।

श्रीमती चौबे का ज़्यादा वक्त अगले एम. ए. की तैयारी और पूजापाठ में गुजरा करता था।

और शंकरदयालजी के साथ श्रीमती रुक़य्या दयाल भी आ गयीं। श्रीमती चौबे रुक़य्या को न तो निगल सकती थीं और न ही उगल सकती थीं।

और सच्ची बात तो यह है कि रुक़य्या शंकरदयालजी से भी उगली या निगली नहीं जा रही थी।

रुक़य्या में सबसे बडी ख़राबी यह थी कि वह हिन्दी शायरी का खुलेआम मज़ाक उड़ाया करती थी। लखनऊ अनजुमने-तरक़्क़ीये-उर्दू (हिन्द) की वर्किंग कमेटी की मेम्बर थी।

शंकरदयालजी और रुक़य्या की शादी प्यार की शादी नहीं थी। महूलत की शादी थी।

शंकरदयाल एक पापुलर राइटर थे।

रुक़य्या शादी की उम्र से निकली हुई एक खूबसूरत लड़की थी।

शंकरदयाल की दूसरी पत्नी पागल थी। पहली का देहान्त हो चुका था और वह अपने पीछे तीन बेटियाँ छोड़ गयी थी। चौथा बेटा हुआ इस पागल पत्नी से, फिर पाँचवीं बेटी हुई। चार अबार्शन्ज़ हुए। यानी कुल मिलाकर शंकरदयालजी नौ बच्चों के बाप थे।

वह जब शराब के चार पेग उतार लेते तो अपनी ट्रेजिक ज़िन्दगी का बयान शुरू कर देते। उनकी आँखें भीग जातीं। उनकी बातें सुननेवाली औरतों के दिल पसीज जाते। इतना महान लेखक और उसकी यह ज़िन्दगी। नतीजे में किसी-न-किसी से माइण्ड लफ़्ट्रेशन शुरू हो जाता और शंकरदयालजी दो-चार कहानियाँ लिख मारते। मौक़ा मिल जाता तो अपनी फ़ैनों में से एक आध के साथ वह सो-सुला भी लेते।

अपनी ट्रैजिडी सुनाते-सुनाते शंकरदयालजी को खुद अपनी ज़िन्दगी की ट्रैजिडी का यक़ीन-सा हो गया था।

और किसी ने उनसे यह पूछने के बारे में सोचा ही नहीं कि यदि दूसरी बीवी ऐसी पागल है तो यह वो बच्चे और चार अबार्शन्ज़ कैसे हुए।

रुक़य्या की ज़िन्दगी भी शंकरदयालजी की ही ज़िन्दगी की तरह सोगवार और ट्रैजिक थी।

वह रफ़्फ़न के सोग में सफेद कपड़े पहनने लगी थी।

रुक़य्या का क़िस्सा यह हुआ कि जब शादी की उम्र थी तो उसे कोई लड़का पसन्द न आया। और जब वह शादी के लिए डेसपरेट हुई तो पता चला कि उसकी खेप के तमाम लड़कों की शादियाँ हो चुकी हैं।

ऐसे में उसने रफ़्फ़न पर हाथ मारा था। पर रफ़्फ़न बड़ा बैकवर्ड निकला। फ़्युडल। दोस्त की बहन, कज़िन भी नहीं है। सगी बहन है।

और रुक़य्या देख रही थी कि उम्र है कि भागी जा रही है। आँखों के कोनों में लकीरें पड़ने लगी थीं। रात को सोने से पहले वह एक-एक लकीरें गिनती। थोड़े दिनों में हाथों की नसें छिपाना असम्भव हो जायेगा।

साथ की लड़कियाँ बच्चों के पालन-पोषण में लग चुकी थीं। कँवारी लड़कियों की महफ़िल में वह अपने-आपको अजीब-अजीब-सा महसूस करती थी। लगभग डेढ़ पीढ़ियों का फर्क था।

इन नयी लड़कियों की भाषा रुक़य्या की समझ ही में नहीं आती थी। जिस संगीत पर लड़कियाँ उछलने लगती थीं वह रुक़य्या को शोर लगता था। जिन शायरों पर रुक़य्या सर धुनती थी वह उन लड़कियों को छूती ही नहीं थी।

धीरे-धीरे वह अन्दर से अकेली होने लगी। धीरे-धीरे समय बरसात के पानी की तरह रिसकर उसके बदन पर आने लगा।

और ऐसे में शंकरदयाल से उसकी पहली मुलाक़ात हुई।

और दोनों की शादी हो गयी। शंकरदयाल बीवी के होते शादी कर नहीं सकते थे। तलाक़ दे नहीं सकते थे, तो वह चुपचाप शंकरदयाल से मुहम्मद हुसैन हो गये। पर वह अपने मुहम्मद हुसैन होने का ऐलान नहीं कर सकते थे क्योंकि उन्हें डर था कि यह बात उनके पाठकों में कमी कर देगी। नये कथाकर अपने कथन के रेले में यूँ ही उन्हें बहाये लिये जा रहे थे।

इसलिए वह शंकरदयाल ही बने रहे। और उनकी पत्नी रुक़य्या उनके साथ उनकी रखैल बनकर रहने लगी।

उनके फ़्लैट के दरवाजे पर दो तख़्तियाँ लगीं। एक उनके नाम की। एक रुक़य्या के नाम की।

क़ानून किसी बालिग औरत को किसी की रखैल बनने से नहीं रोक सकता।

मिसेज़ रामकुमार चौबे को यह रुक़य्या वाली बात मालूम थी। पर वह यह सोच भी नहीं सकती थी वह रुक़य्या को उनके घर लायेंगे।

मगर श्रीमती चौबे को यह बात नहीं मालूम थी कि रुकय्या शंकरदयालजी की सेक्रेटरी भी है।

यह बात माला को मालूम थी और उसने शंकरदयालजी को खास इसीलिए बुलवाया था। वह रुक़य्या और रफ़्फ़न का आमना-सामना करवा के तमाशा देखना चाहती थी।

माला रफ़्फ़न से ख़फ़ा थी।

वह क्लब के बड़े हॉल के एक कोने में बैठी रफ़्फ़न और रुक़य्या का तमाशा देख रही थी।

रुक़य्या ने रफ़्फ़न पर पूरा कब्ज़ा जमा लिया था। रफ़्फ़न यह बात और रफ़्फ़न वह बात। मैं तो आज रात ही को यहाँ से निकलने की सोच रही थी। पर तुम्हारी बेगम से मिले बिना कैसे जा सकती हूँ। माला कह रही थी कि बड़ी खूबसूरत लड़की है। सुना पढ़ी-लिखी भी है! शंकरजी, यही वह रफ़्फ़न हैं जिनकी बातें मैं आपको सुनाया करती हूँ। भई, अल्ला, रफ़्फ़न आज वह नज़्म न सुनाना। 'तुम्हारी आँखें।' अब यह आँखें वैसी कहाँ रह गयी हैं।

रुक़य्या वास्तव में शंकरदयालजी को जलाना भी चाहती थी। वह इन्सपरेशन से लिये फिर इधर-उधर देखने लगे थे। नारायणगंज आते हुए रास्ते में वह जलकर यहाँ तक कह गये कि वही बेवकूफ थे कि रुक़य्या से शादी करने की बेवकूफी कर बैठे।

"सवा लाख मेहर देकर तलाक़ दे दो।"

सवा लाख!

रुक़य्या का दाम सवा लाख।

साले इसलाम की ऐसी-तैसी।

कालीचरण अपनी कविता सुना रहा था और शंकरदयाल उर्फ़ मुहम्मद हुसैन इसलाम, रुक़य्या और सवा लाख के मेहर के त्रिकोण को गालियाँ दे रहे थे।

रुक़य्या और रफ़्फ़न एक ही सोफ़े पर थे। रुक़य्या ने उसे अपने और शंकरदयालजी के बीच में अंड़स लिया था। और उसका बदन लगातार रफ़्फ़न के बदन से बातचीत करने की कोशिश कर रहा था और रफ़्फ़न का बदन, दम साधे, चुपचाप पड़ा हुआ था।

उसी रात ठाकुर साहब की हवेली के डिनर में हाजी मुहम्मद रफ़ी बीड़ीवाले से रफ़्फ़न की पहली मुलाकात हुई।

ठाकुर साहब ने बड़ी तिकड़मों से यह डिनर अरेंज किया था। वह शंकरदयालजी से मिलना चाहते थे कि शंकरदयालजी का लखनऊ और दिल्ली दोनों ही शहरों पर, बड़ा गहरा असर था। केन्द्रीय इन्फ़ार्मेशन मिनिस्टर शंकरजी के क्लासफ़ेलो थे। दर्जा चार से लेकर मिडिल तक दोनों ने साथ पढ़ा था। और कहते हैं कि लखनऊ में मुख्यमन्त्री शंकरजी के बिना निवाला नहीं तोड़ते। तो ऐसे आदमी को ठाकुर साहब भला हाथ से कैसे निकल जाने देते!

जब से ज़िला कांग्रेस कमेटी के अध्यक्ष की बेटी की शादी मक्खनलाल के भांजे से हुई थी, ठाकुर साहब की रातों की नींद हराम हो गयी थी।

मक्खनलाल कई बार यह कहते सुने जा रहे थे कि, यदि अपनी प्यारी जनता

की खिदमत करने के लिए मुझे फुलोर क्रास करके कांग्रेस में भी जाना पड़े तो मैं तुरन्त चला जाऊँगा। यह ठाकुर साहब के लिए खुली चुनौती थी कि जो करना हो कर लो, हम तो कांग्रेस के टिकट पर एम. पी. होने जा रहे हैं।

ठाकुर साहब को रामअवतार और मक्खनलाल के गठजोड़ से भी परेशानी हो रही थी। कम्युनिस्ट पार्टी का टिकट भी कांग्रेस ही के टिकट के बराबर था।

ठाकुर साहब का पव्वा भी ख़ासा भारी था और उन्हें लगभग यकीन दिलाया जा चुका था कि टिकट बाबू चिरौंजीलाल एडवोकेट हाईकोर्ट, (हाल प्रेक्टिस तहसील और परगना नारायणगंज) ही को मिलेगा। फिर भी ठाकुर साहब कोई चांस लेना नहीं चाहते थे। मक्खन साले की गाँड में गदहे का हल न चलवाया तो ठाकुर नहीं चमार···।

अब ऐसी टेन्स सेचुएशन में तहज़ीबुल के चोंचले झेलना मुमकिन नहीं था। वह तो शंकरदयालजी को मक्खन लगाने में लगे हुए थे। और इसीलिए उन्हें रफ़्फ़न को भी दावत देनी पड़ी थी। नहीं तो कहाँ एक स्कूल मास्टर और कहाँ ठाकुर साहब का ड्राइंग-रूम। पर जब उन्हें पता चला कि रफ़्फ़न रुकय्या का पुराना दोस्त है तो उन्होंने रफ़्फ़न को बुलवाना ज़रूरी जाना।

अब ठाकुर साहब तो शंकरदयालजी की बोझल शब्दावली के नीचे पिसे जा रहे थे। और रुक़य्या ने रफ़्फ़न पर क़ब्ज़ा जमा रक्खा था। माला जी. सिंह को भुगत रही थी और तहज़ीबुल अकेला पड़ गया था।

उसे अकेला पड़ने की आदत नहीं थी। इसलिए वह कुछ उखड़ा-उखड़ा-सा था और मुँह फुलाये एक तरफ़ बैठा रुकय्या से जल रहा था।···उसने अपनी टाँगें चढ़ा लीं। वह स्कूल की तरफ़ से शंकरदयालजी को माला पहनाने बुलाया गया था। हाजी मुहम्मद रफ़ी बीड़ीवाले भी आये हुए थे जो चीफ़ ऐडमिनिस्ट्रेटर को बीड़ी की तिजारत की बारीकियाँ समझा रहे थे। बीड़ी में न कागज़ होता है न तम्बाकू। तो कैंसर का सवाल ही नहीं उठता। सरकार जरा दिलचस्पी ले तो बीड़ी "फारेन एक्सचेन्ज कमाने का जरीया बन सकती है···"

"अरे भई आजिज़ साहब।" ठाकुर साहब ने घबराकर 'आजिज़' साहब को आवाज़ दी, "वह क़सीदा हो जाये।"

मोलवी अली अहमद 'आजिज़' अपनी अचकन का दामन बराबर करते उठ खड़े हुए।

"यह हमारे उर्दू टीचर हैं।" ठाकुर साहब ने कहा, "इन्होंने ज़िद की कि आप पर एक क़सीदा ज़रूर पढ़ेंगे।"

उधर लोगों को वार्निंग देने के लिए अली अहमद 'आजिज़' ने ज़ोर से गला साफ़ किया। फिर गुनगुनाने लगे। और फिर गला साफ़ करके उन्होंने 'मतला' सुनाया।

जो कल न थे वो आज हैं, शंकरदयालजी
हम सबके सर का ताज हैं, शंकरदयालजी

ठाकुर साहब उछल-उछलकर तारीफ़ करने लगे। हाजी साहब ने उनकी हाँ-में-हाँ मिलायी। बाकी सारा मजमा ख़ामोश रहा।

शहरे-अदब से छाँट के जाहिल अलग किये
हम सब में कामराज हैं, शंकरदयालजी

तहज़ीबुल की हँसी छूट गयी।

ठाकुर साहब बोले, "रफ़ी मियाँ, तुम्हारा बेटा बड़ा शरीर हो गया है।"

हाजी साहब खुश हो गये।

"बन्द करवा दीजिए किसी कमरे में।" हाजी मुहम्मद रफ़ी बीड़ीवाले ने कहा।

"चल।" ठाकुर साहब ने तहज़ीबुल के कान पकड़कर कहा।

तहज़ीबुल मचल गया।

तमाम लोग हँसने लगे।

अली अहमद 'आजिज़' क़सीदे का काग़ज़ हाथ में लिये खड़े रह गये।

ठाकुर साहब तहज़ीबुल को घसीट ले गये। उनकी कनपटी धड़कने लगी। तहज़ीबुल भी सबकुछ समझ रहा था।

मगर जब ठाकुर साहब ने कमरे का दरवाज़ा अन्दर से बन्द किया तो तहज़ीबुल ने अपना कमरबन्द पकड़ लिया।

"ज़िद न करो," ठाकुर साहब ने कहा। वह ज़रा जल्दी में थे। "वहाँ लोग इन्तज़ार कर रहे हैं।"

"न। पहिले वादा करिये कि रफ़्फ़न माट साहब को स्कूल से निकाल दीजिएगा।"

ठाकुर साहब तो इस वक़्त हिन्दुस्तान के राष्ट्रपति को डिसमिस कर देते।

"क्या किया है उसने ?"

"हमें बहुत परेशान करते हैं।"

ठाकुर साहब ने तहज़ीबुल को गोद में बिठा लिया। तहज़ीबुल कसमसाया ठाकुर साहब कमरबन्द से उसका हाथ हटाते हुए बोले, "साले को कल ही निकाल दूंगा।"

पर जब ठाकुर साहब ड्राइंग-रूम में वापस आये तो रफ़्फ़न रुक़य्या समेत जा चुका था।

ठाकुर साहब के तन-बदन में आग लग गयी। मूड इतना ख़राब हुआ कि वह शंकरदयाल के पास बैठते हुए मुसकुराना भी भूल गये।

माला ठाकुर साहब की तरफ़ बड़ी हिकारत से देख रही थी। ठाकुर साहब

को लगा जैसे वह उनके इतनी देर से वापस आने का राज़ भाँप गयी है।

बात टालने के लिए ठाकुर साहब ने कुछ बोलना ज़रूरी जाना, "अरे भई, यह बाग़ी साहब कहाँ गये!"

"रुक़य्याजी उनकी श्रीमती से मिलना चाहती थीं।" शंकरदयालजी ने कहा।

'हिपाक्रेट!' माला ने दिल में कहा, "रुक़य्याजी उससे तनहाई में मिलना चाहती थीं।"

"मैं इन लोगों को यह बता रहा था ठाकुर साहब," शंकरदयालजी ने कहना शुरू किया। "कि साहित्य टेढ़ी खीर है। बरसों की तपस्या के बाद तो शब्दों से पूरा परिचय होता है···"

अली अहमद 'आजिज़' ने मुश्किल से जमाही रोकी। शंकरदयालजी की बातों में उन्हें कोई दिलचस्पी नहीं थी। वह तो यह सोच रहे थे कि ठाकुर साला उनके लौंडे को भरी महफ़िल से उठा ले गया। फिर झल्लाकर वह तहज़ीबुल को माँ-बहन की गालियाँ देने लगे। इस बहनचोद हिन्दू से ठोंकवाते साले को शरम भी नहीं आयी···यह साला मुल्क रहने के लायक़ नहीं रह गया है। और उन्हें अपने ससुर का ख़त याद आ गया। उन्होंने ढाके से लिखा था कि फ़ौरन चले आओ। यहाँ अल्लाह के फ़ज़्ल से सब ख़ैरियत है। बंगाली खिल्क़त उर्दू बोलनेवाले बिहारियों से नफ़रत करती है। पर यह बंगाली फ़ितरतन बुज़दिल भी होते हैं। सब उर्दू पढ़ रहे हैं। ढाका युनिवर्सिटी में उर्दू के शोबे में बात चलाई गयी है!··· बड़ा लम्बा-चौड़ा ख़त था। मैं तो इस साले, बेवफ़ा तहज़ीबुलवा की वजह से यहाँ पड़ा हूँ और यह साला अपनी गाँड़ किराये पर चला रहा है···आज ढाके चला जाऊँ तो युनिवर्सिटी का वाइसचान्सलर हो जाऊँ!···

"मैं तो कश्मीर से ईस्ट पाकिस्तान को बदल लेने पर तैयार हूँ!" माला की आवाज़ आयी।

'आजिज़' साहब चौंक पड़े। यानी उनकी वाइसचान्सलरी गयी! उन्होंने माला की तरफ़ देखा।

माला अपनी कुरसी से उठकर रफ़्फ़न की जगह पर आ चुकी थी। यानी शंकरदयाल और ठाकुर साहब के बीच में बैठी हुई थी।

शंकरदयालजी का एक हाथ बेख़याली में उसकी जाँघ पर आ गया था और बेख़याली में वहीं पड़ा रह गया था।

जवाहरनगर की दूसरी पढ़ी-लिखी, इन्टेलेक्चुअल औरतें अपनी-अपनी जगहों पर बैठी माला और उसकी जाँघ से जल रही थीं।

"यह तो तुम बाग़ीजी की बात दुहरा रही हो।" मिसेज़ चीफ़ एडमिनिस्ट्रेटर ने कहा।

माला ने उनकी तरफ़ बड़ी हिक़ारत से देखा।

"हर बात किसी-न-किसी को कहनी ही पड़ती है मिसेज़ शर्मा। अफ़सोस की बात यह है कि चौदह अगस्त सन् सैंतालीस को यह बात न मैंने कही, न रफ़्फ़न भाई ने।" माला ने जान-बूझ के 'बाग़ीजी' या 'बाग़ी साहब' न कहा।

'मैं तो उनकी कविता का बड़ा क़ायल हूँ !" शंकरदयालजी यह कहकर घड़ी देखने लगे जैसे ज़िन्दगी में उन्होंने कभी घड़ी देखी ही न हो।

उन्हें यूँ घड़ी देखते हुए पाकर ठाकुर साहब को कहना पड़ा :

"अभी जल्दी क्या है। रुक़य्याजी को आ तो जाने दीजिए।"

"उन्हें तो शायद आने में देर लगे।" श्रीमती राजकुमार चौबे ने कहा, "और भय्या को मुँह अँधेरे जाना है।"

शंकरदयालजी को 'भय्या' कहते ही श्रीमती राजकुमार ने माला की तरफ़ देखा —जैसे कह रही हों : शंकरदयालजी रफ़्फ़न भाई जैसे भाई नहीं है। सचमुच के भाई हैं !

महफ़िल उखड़ गयी।

तमाम लोग चले गये।

ठाकुर साहब ने हाजी मुहम्मद रफ़ी बीड़ीवाले को रोक लिया।

"मुझे तो ऐसा लगता है हाजी साहब कि यह मास्टर अली रफ़अत इस लायक़ नहीं कि अपने स्कूल में रखे जायें। आवारा आदमी लगता है। शंकरदयालजी बिचारे ने कुछ कहा नहीं पर कुछ भी हो, रुक़य्याजी उनकी धर्मपत्नी हैं !"

हाजी मुहम्मद रफ़ी बीड़ीवाले रुक़य्या की धर्मपत्नी वाली हैसियत से खुश नहीं थे। पर ठाकुर साहब से बिगाड़ना भी नहीं चाहते थे। क्योंकि वह जिस ड्राइंगरूम में ठाकुर साहब के साथ बराबर की कुरसी पर बैठे 555 की सिगरेट पी रहे थे उसमें उनके पिता हाजी अली हसन प्यादा भेजकर बुलवाये जाते थे और वह हाथ जोड़े, गरदन झुकाये माँ-बहन की गालियाँ सुना करते थे। इस ड्राइंगरूम में उनकी सात पुश्तों ने माँ-बहन की गाली सुनी थी।···

हाजी साहब ज़रा और फैलकर कुरसी पर बैठ गये।

"मैं तो मास्टर अली रफ़अत को रखने ही के ख़िलाफ़ था।" हाजी साहब ने कहा, "सुना है कि पक्का कम्युनिस्ट है। आके उतरा कहाँ, कि रामअवतार के घर। मेरे घर आज तक सलाम करने नहीं आया है। मोली आजिज़ इशारतन कह रहे थे कि उसे और बातों का भी शौक़ है ! अब आप खुद देखिए, अपनी बीवी घर में मौजूद है और दूसरे की बीवी को ले उड़ा।"

यह बात किसी को मालूम ही नहीं थी कि दरअस्ल रुक़य्या उसे ले उड़ी थी।

रुक़य्या ने रफ़्फ़न से जब यह कहा कि शायद वह उसे अपनी बीवी से मिलाते डरता है तो रफ़्फ़न के लिए, इसके सिवा कोई चारा न रह गया कि वह उसे उसी वक़्त जन्नत से मिला लाये।

वह हवेली से बाहर निकले तो नारायणगंज की रात यहाँ-वहाँ टिमटिमा रही थी।

"पैदल ही चलते हैं।" रुक़य्या ने कहा।

"क्यों ?"

"रिक्शे-विक्शे से चलेंगे तो जल्दी पहुँच जायेंगे।" यह कहकर रुक़य्या अपनी मखसूस हँसी हँसी।

रफ़्फ़न ने इस हँसी का कोई जवाब नहीं दिया।

"मैंने तुम्हें माफ़ नहीं किया है।" रुक़य्या ने कहा। उसके लहजे में इस बार हल्की-सी एक उदासी थी, शंकरदयालजी की सूरत कभी ग़ौर से देखी ! उसकी बिज्जू जैसी आँखें जब मेरे बदन पर रेंगती हैं तो मैं मुरझा जाती हूँ। बूढ़ी हो जाती हूँ। अकेली हो जाती हूँ !"

"तो उनसे शादी ही क्यों की ?"

"यह सवाल तो मैं भी अपने आपसे बार-बार करती रहती हूँ !"

थोड़ी देर तक दोनों चुपचाप चलते रहे। अँधेरे से अँधेरे की तरफ़। रुक़य्या सोचती रही कि जो रफ़्फ़न इतना फ़्युडल न रहा होता तो उसकी ज़िन्दगी आज कुछ और रही होती। और यह सोचते ही यकायक उसे जन्नत से शदीद नफ़रत हो गयी। बोली :

"शादी न करती तो क्या करती। बाबा को तो तुम जानते हो। गप हाँकते हैं और जो बात अटक जाये तो पैसे ख़रचते हैं। उन्हें यह बताने का ख़ब्त है कि वह दुनिया-भर से सस्ती चीज़ें खरीदते हैं। जो चीज़ कोई पाँच सौ में लाता है वह बाबा को डेढ़ सौ में मिल जाती है। यार लोग उनकी इस कमज़ोरी का फ़ायदा उठाते हैं ! उनकी गप के सहारे मेरी ज़िन्दगी नहीं कट सकती थी ना।..."

"आप मुझे क्यों सफ़ाई दे रही हैं ?" रफ़्फ़न ने पूछा।

"तुम्हें नहीं, अपने-आपको सफ़ाई दे रही हूँ।"

अँधेरे में रफ़्फ़न को रुक़य्या का चेहरा नहीं दिखायी दे रहा था। पर उसकी आवाज़ में उसकी ज़िन्दगी का सन्नाटा बोल रहा था।

दोनों चुपचाप चलते रहे। उनके क़दमों की चाप उनके पीछे-पीछे चलती रही। उनकी ज़िन्दगी की रात उनके आगे-आगे चलती रही।

"तुम पाकिस्तान क्यों नहीं चले जाते ?" यकायक रुक़य्या ने सवाल किया।

"पाकिस्तान क्यों चला जाऊँ ?"

"भाई जानू का खत आया था। उनका न जाने क्यों यह खयाल है कि तुम मेरी बात बहुत मानते हो। ढाका युनिवर्सिटी में एक रीडरशिप ख़ाली है।"

"मैं उस मुल्क़ में हिस्ट्री पढ़ाने क्या जाऊँ, जिसके पास अपनी कोई हिस्ट्री ही नहीं है।"

"हिन्दुओं जैसी बातें न करो। उन्हें मक्खन लगाने से कोई फ़ायदा नहीं।"

"मैंने कल के ख़ौफ़ में आज किसी हिन्दू से शादी नहीं की है, मिसेज शंकर-दयाल।"

रुक़य्या की आँख ग़ुस्से से भर आयीं। उसने अँधेरे के रूमाल से अपने आँसू पोंछ डाले।

"दिल्ली युनिवर्सिटी में क्यों नहीं आ जाते?"

"मैं आपसे दूर रहना चाहता हूँ!"

"डरते हो?"

"हाँ।"

रुक़य्या इस जवाब के लिए तैयार नहीं थी।

उनके बीच में फिर वही रात आ गयी। न रफ़्फ़न को रुक़य्या दिखायी दे रही थी। न रुक़य्या को रफ़्फ़न नज़र आ रहा था।

"यह जन्नत है। मेरी बीवी।" रफ़्फ़न ने रुक़य्या से जन्नत का परिचय करवाया।

लालटेन की पीली रोशनी बीच में आ गयी। न रुक़य्या जन्नत को देख सकी। न जन्नत रुक़य्या को।

अल्लाह! रफ़्फ़न की पिछली मुहब्बतों से कब मेरा पिण्ड छूटेगा?

"यह तुमसे मिलकर यह देखना चाहती थीं कि हम ख़ुश कैसे हैं!" रफ़्फ़न ने कहा।

"चाय बनाऊँ?" जन्नत ने पूछा।

"नहीं।" रुक़य्या ने कहा, "अब मैं जाऊँगी।"

"चलिए। छोड़ आऊँ।"

रफ़्फ़न रुक़य्या को लेकर गली में आ गया। जन्नत खुले दरवाजे के पास खड़ी उन्हें जाता देखती रही। पहले वह एक मर्द और एक औरत से दो परछाइयाँ बने। फिर अँधेरा बन गये।

रफ़्फ़न + जन्नत = अँधेरा
रफ़्फ़न + भाई जानू = अँधेरा
रफ़्फ़न + जन्नत = अँधेरा
रफ़्फ़न + ज़ैदी विला = अँधेरा
रफ़्फ़न + 102 पट्टी मस्जिद = अँधेरा
रफ़्फ़न + नारायणगंज = अँधेरा
रफ़्फ़न + रफ़्फ़न = अँधेरा
रफ़्फ़न + सय्यद अली रफ़अत ज़ैदी = अँधेरा
रफ़्फ़न + बाग़ी आज़मी = अँधेरा

रफ़्फ़न को जिस चीज़ से जोड़ो, मतलब अँधेरा ही निकलता है। मतलब अँधेरा ही क्यों निकलता है?

मन की प्यास जहाज़ का पंछी, विरह का ओर न छोर।
मधुवन बीच हिराय गयो कहीं, मेरो माखन चोर ॥

यह मधुवन कहाँ है? यह माखन-चोर कौन है? क्या ज़िन्दगी इसी अँधेरे और सवालों के इसी अटूट सिलसिले का नाम है?

रफ़्फ़न ने मुड़कर देखा। साथ-साथ अँधेरा चल रहा था। रुक़य्या के बदन की खुशबू में बसा हुआ अँधेरा। उसके साथ-साथ बस रात का सन्नाटा चल रहा था। रुक़य्या के बदन की खुशबू में बसा हुआ सन्नाटा। चौधरी की बहन की खुशबू में बसा हुआ अँधेरा। श्रीमती शंकरदयाल की खुशबू में बसा हुआ सन्नाटा। यह लड़की दोस्त की बहन है या शंकरदयाल की पत्नी?

उसने नारायणगंज की एक अँधेरी गली में रुक़य्या का पहला बोसा लिया। इस बोसे की कोई तैयारी नहीं की गयी थी। यह एक बेइख़्तियार बोसा था। रफ़्फ़न को यकायक लगा कि जैसे उसकी कनपटियाँ फट जायेंगी। सीने में एक गिरह-सी पड़ गयी। साँस लेना मुश्किल हो गया। वह रुक गया। रुक़य्या रुक गयी।

फिर दोनों चलने लगे।

रात अब भी उतनी ही अँधेरी थी।

सामने 'वर्तमान' प्रेस में रोशनी झाँक रही थी।

"जहाँ रोशनी हो रही है," रफ़्फ़न ने कहा, "वह वर्तमान प्रेस है। रामअवतार याद है ना।"

"हाँ।" रुक़य्या ने कहा।

"वह भी भविष्य से फिसलकर वर्तमान में आ गया है। मैं दरअसल उसी की जगह पर काम कर रहा हूँ। वह निकाल दिया गया। मैं रख लिया गया।..." वह बात करने के लिए बात कर रहा था।

दोनों वहीं, बोसे के खूँटे से बँधे खड़े थे।

"तुमने इस जन्नत से क्यों शादी की है?"

"मुझे यह नाम पसन्द है।"

"मैं अपना नाम बदल के जन्नत रख लूँ?"

"कितने नाम रखिएगा?" उसने सवाल नहीं किया। कहा, "रुक़य्या। मिस चौधरी। बाजी जान। मिसेज़ शंकरदयाल।"

"रामअवतार के प्रेस में चलते हो?"

"वहाँ लोग होंगे।"

"तो क्या हुआ?"

दोनों 'वर्तमान' की रोशनी की तरफ़ बढ़ गये। बोसा अंधेरे में पड़ा रह गया।

रामअवतार को अपनी आँखों पर यक़ीन नहीं आया। वह कम्पोज़िंग कर रहा था।

"तुम तो मिलने आये नहीं।" रुक़य्या ने कहा, "मैं ही चली आयी।"

"मगर आप यहाँ, मेरा मतलब है, नारायणगंज में क्या कर रही हैं?"

"इनसे फिर मिलो।" रफ़्फ़न ने कहा, "मिसेज़ शंकरदयाल।"

"चाय पिलवाओ।" रुक़य्या ने कहा।

"चाय?" रामअवतार सिर खुजलाने लगा। "चाय के लिए तो अब घर जाना पड़ेगा।"

"तो घर जाओ।"

"शारदा इसकी होनेवाली वह है।"

"मैं तो उसे कोई फ़िल्म स्टारनी समझी थी," रुक़य्या ने कहा, "मैंने तो उससे कहा भी कि वह वहाँ क्यों सड़ रही है। उसे तो बम्बई जाना चाहिए। क्या फिगर है उस लड़की का। राजकपूर को ख़त लिख सकती हूँ।" राजकपूर का नाम सुनकर उससे ज़्यादा उसका भाई एक्साइटेड हो गया।

"उस पर दया कीजिए बाजी जान।" रामअवतार ने कहा, "माला उसे रोज यह पट्टी पढ़ाती रहती है।"

"माला यह जो नहीं चाहती कि अड़ोस-पड़ोस में उससे ज़्यादा ख़ूबसूरत कोई लड़की दिखायी दे।"

"हमें चाय पिलवाओ।" रफ़्फ़न ने कहा।

रामअवतार चला गया।

रफ़्फ़न के बदन में फिर वही सनसनाहट शुरू हो गयी।

"रामअवतार को भगाने की इतनी जल्दी क्यों थी तुम्हें?"

"आइए, जब तक आपको इस प्रेस की सैर करवा दूँ।"

वह रुक़य्या को बग़ल वाले कमरे में ले गया।

कमरे में एक पलंग पड़ा हुआ था।

रुक़य्या ने पलंग की तरफ़ देखा। फिर उसकी तरफ़ देखे बिना पूछा, "रामअवतार का घर कितनी दूर है?"

"आने-जाने में कम-से-कम बीस मिनट लगेंगे।"

बीस मिनट!

दस मिनट का तो पता न चला कि किधर ग़ायब हो गये।

दस मिनट उन्होंने रामअवतार के इन्तज़ार में गुज़ारे।

रुक़य्या के चले जाने के बाद भी वह खोये हुए उन दस मिनटों को खोजता रहा।

रफ़्फ़न के लिए बदन कोई नया अनुभव नहीं था। पर रुक़य्या, मिस चौधरी, बाजी जान और मिसेज़ शंकरदयाल का बदन···वह माला और शारदा दोनों ही की तरफ़ देखने से डरने लगा। अपने-आप पर से उसका भरोसा उठ गया था। नारायणगंज, नवापूरा और जवाहरनगर में किसी को पता भी न चला कि रुक़य्या रफ़्फ़न को नारायणगंज की एक अँधेरी गली में चुपचाप तोड़कर वापस चली गई है और जभी से रफ़्फ़न सबकी निगाहें बचाकर अपने व्यक्तित्व के टुकड़े चुन रहा है।

"ये तुम्हें आजकल हो क्या गया है ?" जन्नत ने पूछा।

"मुझे तन्हाई हो गयी है।"

"क्या ?"

"नारायणगंज में जी नहीं लग रहा है।" उसने कहा।

जन्नत उसके होंठों पर उँगलियाँ फेरने लगी।

"कल भाई जानू का एक ख़त आया था।"

"तुम्हारे नाम ?"

"हाँ।"

"क्या लिखा है ?"

"गर्मियों की छुट्टी में ढाके बुलाया है।" जन्नत ने कहा, "साथ में भाबी का एक पर्चा भी था।"

"भाभी ?—अरे हाँ ! जन्नत बाजी।"

"उन्होंने क्या लिखा है ?" उसने यूँ पूछा जैसे भाबी को वह जानता ही नहीं।

"उन्होंने लिखा है : आ जाओ। बड़ा मज़ा रहेगा। तुम्हारे मियाँ के बचपन के क़िस्से सुनाऊँगी। चलो न। हो आयें।"

रफ़्फ़न ने कोई जवाब नहीं दिया। उसने जन्नत को सीने से लगा लिया। जन्नत ने आँखें बन्द कर लीं।

"तुम अपना नाम कुछ और रख लो।" उसने कहा।

"क्यों ?"

"जन्नत को इस दोज़ख़ में रखते शर्म आती है।"

"पागल कहीं के।" वह हँस पड़ी। "मैं तुम्हारे प्यार के सिवा कुछ माँगती ही नहीं।"

प्यार !

प्यार शायद एक तेज़ धारवाला चाक़ू है। उल्टा-सीधा लग जाये तो लहूलुहान कर देता है।

प्यार !

रफ़्फ़न इस साधारण-से शब्द की भारी चट्टान के नीचे दब गया।

"प्यार से कुछ नहीं होता जन्नत।" उसने कहा, "तुम्हारी ख़लीक़ बिया की

शादी कितने बड़े घर में हुई है।"

"मैंने घर से शादी ही नहीं की है।" जन्नत ने तड़ से कहा। "मैंने तो तुमसे शादी की है।"

"क्या कभी तुम्हें डर नहीं लगता?"

"लगता है।"

"मुझे भी लगता है।"

"किससे डरते हो?"

"बचपन में सैदानी बी और दादा साहब की मूँछों से डरा करता था।"

"और अब?"

···इस मियाँ ने अपनी बीवी के होते दूसरी औरतों की तरफ़ देखा तो जहन्नम की आग में जल रही है···सैदानी बी की आवाज़ आने लगी।

"अब अपने बचपन से डरता हूँ।"

जन्नत की समझ में यह जवाब न आया। पर इतने दिनों के साथ के बाद रफ़्फ़न पहली बार, आज उसे अपने व्यक्तित्व की भूलभुलइय्याँ में ले जा रहा था। वह साँस रोके, धड़कते दिल के साथ पंजों के बल चल रही थी कि कहीं उसको आहट सुनकर रफ़्फ़न देख न ले कि वह भी उसके साथ आ रही है।

"जब डर लगता तो भागकर जन्नत बाजी के पास चला जाता। पाकिस्तान ने सब गड़बड़ कर दिया। नहीं तो उनसे मिलकर तुम बहुत ख़ुश होतीं।"

"जभी तो कहती हूँ कि छुट्टियों में चले चलो। उनसे भी मुलाक़ात हो जायेगी।"

"नहीं यार।" जन्नत को सीने से हटाकर वह उठ बैठा। "उनसे मिलने का मज़ा तो ज़ैदी विला में था। ढाके में जन्नत बाजी कहाँ मिलेंगी तुम्हें? मिसेज़ सय्यद अली सामिन से तुम्हें मिलाने का मुझे कोई ख़ास शौक़ नहीं है।"

"अरे, मगर जन्नत बाजी ही तो हैं बेगम सामिन!"

"तोबा करो। जन्नत बाजी और बेगम अली सामिन का क्या मुक़ाबला! जन्नत बाजी पर तो मैं उस वक्त आशिक़ हुआ था जब साढ़े चार साल का था। तुम्हारा नाम जन्नत की जगह कुछ और रहा होता तो भला मैं तुमसे शादी करता!···"

यह कहते-कहते उसे एकदम से लगा कि जैसे वह जन्नत पर एक बार फिर आशिक़ हो गया है। जन्नत अली सामिन नहीं। जन्नत अली रफ़अत।

उसने जन्नत से यह बात कही नहीं। पर जन्नत यह बात समझ गयी।

और यूँ ज़ैदी विला का भूत एक रात चुपचाप आदमी बन गया और जन्नत के सिवा किसी को इस तबदीली का पता न चला।

रात का पेड़

पता नहीं यह बात माला ने कैसे भाँप ली कि उस रात रुक़य्या और रफ़्फ़न का, ठाकुर साहब की पार्टी से उठ जाना बहुत साधारण बात नहीं थी। हो सकता है कि उसने रुक़य्या की आँखों की चमक देख ली हो। हो सकता है उसने यह देख लिया हो कि रफ़्फ़न अब रुक़य्या की तरफ़ पहले जैसी बेबाकी से नहीं देख रहा है। हो सकता है तरंग में आकर उसे रुक़य्या ही ने यह बात बता दी हो। और इस बात का कोई महत्त्व भी नहीं है।

यह बात बिलकुल साफ़ थी कि उसने कुछ भाँप लिया है। एक मर्द या एक शायर के शिकार में कोई ख़ास बात नहीं। रुक़य्या की हैसियत क्या! उसमें कुछ दम होता तो क्या दुनिया में एक शंकरदयाल ही रह गये थे!

भन्नाई हुई तो वह रफ़्फ़न पर थी। यानी दोस्त की बहन की बात ही ग़लत थी। चचाज़ाद बहनों से शादी करनेवालों के मुंह से यह बात कुछ अच्छी भी नहीं लगती। यह तो सीधी-सादी प्रिफ़रेन्स की बात थी। रफ़्फ़न ने रुक़य्या को प्रिफ़र किया था! यह सोच ही कर वह तिलमिला गयी। इस तिलमिलाहट का सीधा फ़ायदा जी. सिंह को पहुँचा।

वह रफ़्फ़न को ज़लील करना चाहती थी। तो 'गोल्डन बियर' से जी. सिंह को लेकर चली गयी। रफ़्फ़न उस वक़्त श्रीमती चीफ़ ऐडमिनिस्ट्रेटर से उनके बीफ़ खाने का क़िस्सा सुन रहा था। उन्होंने ताज़ा-ताज़ा ह्विस्की शुरू की थी, माला को यह बताने के लिए कि जवाहरनगर में एक वही प्रोग्रेसिव नहीं है। तो वह ज़रा मज़े में भी थीं। बार-बार रफ़्फ़न पर अपना आँचल भी सरका रही थीं।

"ब्रेज़िअर दो साइज़ छोटा पहन रखा है।" माला ने जी. सिंह के कान में कहा, "इस औरत को जवानी का बड़ा शौक़ है।"

जी. सिंह ने गरदन हिलाकर हाँ-में-हाँ मिला दी।

"क्यों मिस्टर जी. सिंह।" श्रीमती चीफ़ ऐडमिनिस्ट्रेटर ने जी. सिंह को पुकारा, "आप बीफ़ खाते हैं या नहीं?"

"यह तो नहीं खाते।" माला ने कहा, "और मैं आज से खाना छोड़ दूंगी।"

"क्यों?" चीफ़ ऐडमिनिस्ट्रेटर ने पूछा।

"क्योंकि आपकी मिसेज़ ने खाना शुरू कर दिया है!"

मेज़ पर एकदम से सन्नाटा हो गया। माला की जवानी अपनी जगह। उसकी तेज़ी और क़ाबलियत अपनी जगह। मगर गायत्री देवी फिर भी मिसेज़ चीफ़ ऐडमिनिस्ट्रेटर थीं।

खुद चीफ़ ऐडमिनिस्ट्रेटर मुसीबत में फँस गया। गायत्री के पिता दिल्ली में

चीफ़ सेक्रेटरी न रहे होते तो वह माला की बात पर हँस दिया होता। और माला के बिना जीना मुश्किल था। माला की उन्हें आदत पड़ चुकी थी। तो उन्होंने मदद के लिए रफ़्फ़न की तरफ़ देखा।

"माला तुम···"

माला ने रफ़्फ़न को इसके आगे नहीं बोलने दिया। वह जी. सिंह की तरफ़ मुड़ गयी।

"जी साहब। मैं आज कार नहीं लायी। मुझे घर तक छोड़ दीजिएगा।"

जी. सिंह ने घबराकर चीफ़ ऐडमिनिस्ट्रेटर की तरफ़ देखा। माला से दिल-ही-दिल में फ़्लर्ट करने और चीफ़ साहब के सामने, श्रीमती चीफ़ की गुसीली निगाहों के फ़र्श से उसे उठा ले जाने में बड़ा फ़र्क़ था। पर चीफ़ साहब खुद ही चाहते थे कि बात टल जाये। तो उन्होंने हल्का-सा इशारा कर दिया। जी. सिंह खड़े हो गये। और तब वह रफ़्फ़न की तरफ़ मुड़ी, "अरे यह बताना तो भूल ही गयी रफ़्फ़न भाई, आपकी बाजी जान रुक़य्या शंकरदयाल का ख़त आया है। यहाँ आना तो उन्हें रास आ गया। वह माँ बन रही हैं।"

"किसकी ?" डाक्टर रामकुमार ने अपनी तरफ़ से मज़ाक किया।

"आपकी नहीं।" माला ने जवाब दिया। रामकुमारजी क़हक़हों में लथपथ हो गये। और जब क़हक़हे रुके तो पता चला कि माला जा चुकी है।

'यह लड़की तो बड़ी बेहूदा हो गयी है।" गायत्री देवी ने कहा, "रुक़य्याजी माँ बन रही हैं तो इसमें आपका क्या कुसूर ?"

इस बार लोगों को हँसना पड़ा क्योंकि मिसेज़ चीफ़ ने मज़ाक़ किया था।

लोग गायत्री देवी के सेन्स आफ़ ह्यूमर की तारीफ़ करने लगे। वह ख़ुश हो गयी। चीफ़ साहब की जान-में-जान आयी और वह माला के बारे में सोचने लगे।

चीफ़ साहब जानते थे कि जी. सिंह किसी और बात के बारे में सोचने का हौसला नहीं कर सकता। फिर भी वह डर रहे थे। क्या पता माला गायत्री का बदला लेने की यही सूरत निकाले !

और माला वाक़ई चीफ़ साहब से बदला ले रही थी। यदि ऐसा न होता तो जी. सिंह इस लायक़ हरगिज़ न थे कि उसके ब्लाउज़ के हुक लगाते।

उस रात अपने ठण्डे बिस्तर पर लेटकर माला ने यह फ़ैसला किया कि रफ़्फ़न इस काबिल नहीं कि उसे जवाहरनगर नेशनल हायर सेकेण्ड्री स्कूल का प्रिन्सिपल बनाया जाये।

'गोलडन बियर' में ह्विस्की पीते, और क़हक़हों के बीच आधुनिक साहित्य, आधुनिक राजनीति, प्राइस इण्डेक्स, लोकल और अखिल भारतीय स्कैण्डल्ज़ की बात करते हुए जवाहरनगर के लोगों को इसका पता न चला।

इन लोगों को इसका पता बाद में भी नहीं चला क्योंकि उसी रात एक और

घटना घट गयी।

हुआ यह कि चीफ़ साहब ज़रा जल्दी उठ गये। वह माला के पास जाना चाहते थे, कि उन्हें रास्ते में शारदा मिल गयी। चुस्त बदन। चुस्त कपड़े। चुस्त उम्र। इर्द-गिर्द का चुस्त सन्नाटा।

चीफ़ साहब ने अब तक शारदा का कोई ख़ास नोटिस नहीं लिया था। पर अब वह नोटिस न लेते तो क्या करते! अकेली सड़क पर, वह अपनी साइकिल को घसीटती, अकेली जा रही थी।

उन्होंने उसके पास कार रोकी।

"पंक्चर हो गया क्या?"

"जी हाँ।"

"साइकिल यहीं छोड़ दो।" उन्होंने कहा, "चलो, मैं तुम्हें घर पहुँचा दूं।"

शारदा सैकड़ों बार यह कार देख चुकी थी। सैकड़ों बार ख़यालों में इस कार पर बैठ चुकी थी।

"आपको कष्ट होगा।"

"कष्ट काहे का। आओ।"

चीफ़ साहब ने दरवाज़ा खोल दिया।

शारदा बैठ गयी।

चीफ़ साहब ने उस पर झुककर दरवाज़ा बन्द किया। उनकी कुहनी पल-भर के लिए उसकी जाँघ पर टिकी। उसे गुदगुदी लगी। वह हँस दी।

गाड़ी चल पड़ी।

"क्या सैलरी मिलती है तुम्हें?"

"एक सौ अस्सी।"

"कल साढ़े नौ बजे मुझसे मिलना। माला तुम्हारी बड़ी तारीफ़ करती है। तुम्हें किसी अच्छी जगह पर प्रोमोट कर दूंगा। मुझे जानती हो?"

"जवाहरनगर में आपको कौन नहीं जानता। मैं कई मर्तबा आपकी मिसेज़ की दवा पहुँचाने कोठी पर भी आ चुकी हूँ।"

"कमाल है!" चीफ़साहब ने कहा, "मैंने नहीं देखा तुम्हें।"

गाड़ी एक झटके में बायें को मुड़ी। शारदा उन पर लुढ़क गयी।

"सँभलके बैठो।" उन्होंने एक हाथ से उसे हटाते हुए कहा।

गाड़ी नवापूरा और जवाहरनगर के बीच वाले सन्नाटे में थी।

"सुना है कि रुक़य्याजी ने तुम्हें राजकपूर के नाम एक ख़त दिया था।"

"ख़त देने से क्या होता है?"

"क्यों?"

"कैमरे के सामने गला सूख जायेगा।"

"मैं भी एक-आध प्रोड्यूसर को जानता हूँ। एक तो मेरा दूर का रिलेटिव भी है। उसने बहुत कहा, बम्बई आ जाओ। हीरो बना दूंगा। मैंने कहा, भय्या मुझे माफ़ करो। यह सुनकर दलीपकुमार हस पड़ा।"

"आप दलीपकुमार को जानते हैं ?"

"अरे, खूब जानता हूँ। जब कामनी कौशल से उसका चक्कर चल रहा था तो मुझी से दुखड़ा रोया करता था। एक मैं था और एक बाबूराव पटेल।"

"मदर इण्डिया के सम्पादक ?"

"हाँ।" चीफ़ साहब हँसे, "बुड्ढा भी मजे का आदमी है। मीनाकुमारी से मेरी मुलाक़ात उसी ने करवायी थी।..."

शारदा ने ग़ौर ही नहीं किया कि कार सड़क से उतरकर उस कच्चे रास्ते पर आ गयी है जो नील के गोदाम की तरफ़ जाता है।

"...मैं तुम्हें हीरोइन बनवा दूंगा।"

गाड़ी रुक गयी। चीफ़ साहब ने उसके गले में बाँहें डाल दीं।

वह चीख़ पड़ी।

पर वहाँ था कौन।

सुनसान रात। सायँ-सायँ करता अँधेरा।...

यदि माला यूँ चली न गयी होती तो वह रफ़्फ़न को छोड़ने नारायणगंज तक गयी होती और तब सम्भव था कि इमली के पेड़ से टिकी हुई शारदा की साइकिल उसे दिखायी न देती। पर माला जा चुकी थी और किसी और के साथ जाना वह पसन्द नहीं करता था।

तो वह पैदल ही जा रहा था और इसीलिए उसे शारदा की साइकिल नज़र आ गयी। पूरे जवाहरनगर, नवापूरा और नारायणगंज में वैसी चमचमाती हुई साइकिल कोई और थी ही नहीं।

तो उसने रुककर इधर-उधर देखा। शारदा दिखायी नहीं दी। वह चकरा गया। फिर उसने देखा कि साइकिल का पिछला पहिया फ़्लैट है। उसने सोचा कि इसीलिए वह साइकिल को यहाँ छोड़कर पैदल ही चली गयी है। पर इतनी क़ीमती चीज को यूँ छोड़कर चले जाना तो बड़ी बेवक़ूफ़ी की बात है। उसने वह साइकिल ले ली।

सामने से एक कार चली आ रही थी, बड़े ज़न्नाटे में। वह जल्दी से एक तरफ़ हो गया। कार ज़न से निकल गयी। रफ़्फ़न उस कार को पहचानता था। चीफ़ साहब की कार थी। उसे आश्चर्य हुआ कि यह चीफ़ साहब उधर क्या करने गये थे।

पर जब जवाहरनगर और नवापूरा के बीच वाले सन्नाटे में उसे शारदा मिली तो वह समझ गया कि चीफ़ साहब उधर क्या करने गये थे।

शारदा पागलों की तरह भागी चली जा रही थी। अपने बदन को घसीटती

हुई जो चलने से इन्कार कर रहा था।

रात चुपचाप उसके साथ चल रही थी। न उसे रोक रही थी। न समझा रही थी। न दिलासा दे रही थी।

"शारदा!"

रफ़्फ़न ने अपनी आवाज़ सुनी। शारदा ने शायद उसकी आवाज़ पहचान ली। वह रुक गयी।

—और फिर वह रफ़्फ़न से लिपट के रोने लगी।

वक़्त चुपचाप आगे बढ़ गया।

रफ़्फ़न को लगा जैसे नवापूरा और नारायणगंज की परछाइयाँ चुपके-चुपके, रामअवतार को पीछे ढकेलती, आगे बढ़ रही हैं। फिर उन परछाइयों ने शारदा को झपट लिया। और शारदा के दीवाने क़हक़हों और सिसकियों की आवाज़ें उससे दूर चली गयीं और वह उस बेदर्द रात के बेमुरव्वत सन्नाटे में अकेला खड़ा रह गया।

"वह साइकिल आपको उस इमली के पेड़ के नीचे मिली," वकील कह रहा था, "तो आपने यह कैसे फ़र्ज़ कर लिया कि वह साइकिल शारदाजी ही की है?"

"मैं उसकी साइकिल पहचानता हूँ।" रफ़्फ़न ने अपनी आवाज़ सुनी।

"कैसे पहचानते हैं?"

"अब कैसे का मैं क्या जवाब दूं?" वह झल्लाने लगा।

"और आपने लूथरा साहब की कार नवापूरा की तरफ़ से आते भी देखी?"

"जी हाँ।"

"लेकिन मिस्टर जी. सिंह, मिस माला सहगल, डॉक्टर रामकुमार, मिसेज़ डाक्टर खान और दूसरे मुअज्ज़िज़ गवाहों का कहना है कि लूथरा साहब उन लोगों के साथ रात के कोई ढाई बजे तक क्लब में रमी खेल रहे थे।"

"क्लब में?"

"जी हाँ।"

"मगर वह लोग गोल्डन बियर में ह्विस्की पी रहे थे।"

"जी नहीं।" वकील ने कहा, "गोल्डन बियर का मैनेजमेन्ट आपसे सहमत नहीं है। उस फ़ेटफ़ुल रात को तो यह लोग गोल्डन बियर गये ही नहीं थे।"

सामने रामअवतार बैठा ख़ाली-ख़ाली निगाहों से उसकी तरफ़ देख रहा था। उन आँखों में न दोस्ती थी, न दुश्मनी।

जवाहरनगर के शरीफ़ लोग टाँगें फैलाये, कुरसियों पर बैठे आपस में खुसुर-फुसुर कर रहे थे।

"आप कहना क्या चाहते हैं?" उसने वकील साहब से सवाल किया।

"मैं तो सिर्फ़ पूछना चाहता हूँ, मास्टर साहब!" वकील ने कहा, "कहना तो आपको है।" वकील मुसकुराया। वह इलाहाबाद हाईकोर्ट का मशहूर वकील

था। यह अदालत बहुत छोटी थी। सामने कुरसी पर बैठा हुआ जुडिशल मैजिस्ट्रेट दिल-ही-दिल में बड़ा एक्साइटेड था कि इतना बड़ा वकील उसके सामने खड़ा उसे 'योर आनर' कह रहा है। पर मजिस्ट्रेट यह दिखलाना नहीं चाहता था कि वह श्रीकान्त साहब के रोब में आ गया है।

"आई कैन सी योर प्वाइन्ट, मिस्टर श्रीकान्त," मैजिस्ट्रेट ने कहा, "प्लीज़ प्रोसीड।"

"थैंक यू, योर आनर।" श्रीकान्त साहब ने कहा, "मास्टर साहब मुझसे यह पूछ रहे हैं कि मैं क्या कहना चाहता हूँ। इनसे तो मैं कुछ नहीं कहना चाहता, पर आनरएबिल कोर्ट से मैं यह ज़रूर कहना चाहता हूँ कि शारदा देवी और मास्टर साहब ने मिलकर लूथरा साहब के ख़िलाफ़ कान्सप्रेसी की है।"

"क्या आप यह कहना चाहते हैं कि···"

"एक्ज़ैक्टली, योर आनर। जिस रात यह सोकाल्ड क्राईम कमिट किया गया, उसी दिन चीफ़ ऐडमिनिस्ट्रेटर की हैसियत से डिफ़न्डेन्ट ने, चालचलन की ख़राबी की वजह से, कुमारी शारदा को नौकरी से डिसमिस किया था। और जवाहर-नगर हायर सेकेन्ड्री स्कूल के मैनेजर की हैसियत से मास्टर साहब की एप्लिकेशन रिजेक्ट की थी।"

"किस चीज़ की ऐप्लिकेशन ?"

"स्कूल की प्रिन्सिपली की।"

···और फिर श्रीकान्त रफ़्फ़न को नामों के पत्थर मारने लगा। सबीहा। नज्मा। अख़्तर। क़ुदसिया। मोतीसिंह। रुक़य्या चौधरी। नफ़ीस। ज़रीना। अमिता लाल···मास्टर साहब कोई शरीफ़ आदमी नहीं हैं योर आनर। उर्दू के एक शायर ने शायद यह शेर इन्हीं के लिए लिखा था कि :

दावरे-हश्र मेरा नामए-आमाल न देख
इसमें कुछ पर्दानशीनों के भी नाम आते हैं।

श्रीकान्तजी को शायरी का बड़ा चसका था। अपने घर पर साल में एकआध मुशायरा ज़रूर कर लिया करते थे। अदालत में बहस करते हुए भी एकआध शेर चिपका दिया करते थे।

"मेरा सबमिशन यह है कि मास्टर साहब और शारदा देवी का चक्कर पहले से चल रहा था। और यह रेप एक आफ़्टर-थाट है ! रेप तो हुआ ही नहीं।···"

रफ़्फ़न की समझ में यह बातें नहीं आ रही थीं। यह हो कैसे सकता है ! सारा नारायणगंज उसे अजीब नज़रों से देखने लगा था। सायरा बी ने ख़लवत का छोटा दरवाज़ा बन्द कर दिया था। अनवर हुसैन 'दाग़' नारायणगंजवी अब उसे देखकर सलाम नहीं करते थे। बाक़र हुसैन 'आतिश' भी जन्नत को छोड़कर शारदा के नाम पर पाख़ाने जाने लगे थे।

रामअवतार और चन्द्रशेखर के सिवा सभी बदल गये थे। रामअवतार रोज़ आता। चन्द्रशेखर हमेशा की तरह कभी-कभी। यह लोग केस की बात कभी न करते। इधर-उधर की बातें होतीं। यह लोग ज़ोर-ज़ोर से हँसते भी। जन्नत उसी तरह चाय बनाती। परेशानी के इन दिनों में उसकी सारी शिकायत एकदम से ख़त्म हो गयी थीं। उसने रफ़्फ़न से यह भी नहीं कहा कि नारायणगंज की नौकरी छोड़ दो। उसे यह बात मालूम न थी कि ठाकुर साहब और मक्खनलाल दोनों ही रफ़्फ़न के ख़िलाफ़ हो गये हैं।

स्कूल में भला ऐसा आदमी कैसे रह सकता था! मक्खनलाल ने कहा कि इनक्वायरी कमीशन बैठाना चाहिए। चुनाँचे इनक्वायरी कमीशन बैठ गया था! रफ़्फ़न ससपेन्ड था। पर जन्नत से यह बात छिपायी हुई थी।

कि भाई जानू का ख़त आया। घर के सारे हाल-चाल मिले। उन्हें ढाका मे एक शिकायत थी। बच्चों की ज़बान ख़राब हो रही है। इन बंगालियों कमबख़्तों को कभी उर्दू नहीं आयेगी। इसीलिए उन्होंने शहरबानो को तो अब्बा के पास कराची भेज दिया है। और 13 साल के रफ़अत को अगले बरस यू. के. भेजने की सोच रहे हैं।…

भाई जानू ने अपने बेटे का नाम सय्यद अली रफ़अत ही रखा था। वह जुदाई की उम्र का था।

रफ़्फ़न ने सोचा कि शहरबानो तो अब काफ़ी बड़ी हो गयी होगी। उसने तो उसे तब देखा था जब वह ज़रा-सी थी। उसे छूते डर लगता था कि चीनी के बरतन की तरह कहीं टूट न जाये। अब तो वह पन्दरह-साढ़े पन्दरह की होगी। कराची में फ़र-फ़र उर्दू बोल रही होगी और अगले बरस रफ़अत भी उर्दू सीखने लन्दन चला जायेगा।

"…यार, यह यू. पी.-बिहार के मुसलमान जूते मारने लायक हैं।"

"क्यों?" चन्द्रशेखर सवाल करने के मूड में नहीं था। क्योंकि वह जन्नत की तली हुई गर्म-गर्म फुलकियाँ खा रहा था। उसका मुँह जला जा रहा था।

"क्योंकि भाई जानू के बच्चों की यहाँ ज़बान ख़राब हो रही है। क्योंकि उन्होंने शहरबानो को कराची भेज दिया है। क्योंकि वह रफ़अत को लन्दन भेजने वाले हैं।"

"अच्छा तुम पहले एक बात बताओ।" रामअवतार ने कहा, "उर्दू यदि भाई जानू के साथ पाकिस्तान चली गयी है तो यह मोलवी अली अहमद 'आजिज़' और प्रोफ़ेसर आले-अहमद 'सुरूर' किसके लिए हाय-वावैला मचा रहे हैं?"

रफ़्फ़न सन्नाटे में आ गया।

"और भाई जानू क्या वहाँ सिर्फ़ अच्छी उर्दू ही के लिए तरस रहे हैं?" चन्द्रशेखर ने टुकड़ा लगाया, "ग़ाज़ीपुर के लँगड़ों, मलीहाबाद के दसहरी, रामपुर के समर बहिश्त तो जैसे उन्हें रोज़ खाने को मिल जाते होंगे। और मीर,

ग़ालिब और अनीस की तो उन्होंने ढाके में क़लमें लगवा ली होंगी। और वहाँ के जामुन के पेड़ों पर तो मिरज़ापूरी कजरी के फल आते होंगे। सारा चक्कर ही ग़लत हो गया है यार। इसलिए भाई जानू की बातों का बुरा न मानो। इससे सिर्फ़ यह मतलब निकालो कि वहाँ उनका जी नहीं लग रहा है। मैं कहता हूँ..."

"ख़त ले जाइए।" डाकिये की आवाज़ आयी।

"भाई जानू वैसे ठीक कहते हैं। यहाँ नारायणगंज का डाकिया भी 'ले जाइये' बोलता है। वहाँ पोस्ट मास्टर जंरल भी इस तहज़ीब से नहीं बोलते होंगे।" रामअवतार ने कहा।

"तहज़ीब?" चन्द्रशेखर ने उठायी हुई फुलकी छोड़ दी। "रहो। ख़त ले आऊँ, फिर तुम्हें बताऊँ कि तहज़ीब क्या है!"

चन्द्रशेखर दरवाज़े की तरफ़ चला गया। ख़त लेकर लौटा तो बोलता हुआ लौटा, "कामरेड रामअवतार। बी. टी. आर. का ज़माना रहा होता तो तुम्हारी ऐसी-तैसी हो गयी होती। क्या आइए-जाइए के बाहर तहज़ीब ही नहीं है।"

"मेरा यह मतलब नहीं था यार।" रामअवतार ने कहा, "मैं भाई जानू की बात कर रहा था।"

"मत करो भाई जानू की बात।" शेखर ने कहा। "उनकी बातें करके आदमी उदास ही हो सकता है। और मैं इस वक़्त उदास होने के मूड में नहीं हूँ। मैं दर-अस्ल आज बहुत ख़ुश हूँ।"

"अच्छा!" जन्नत ने पूछा।

"हाँ। माला ने उस चौंघट जी. सिंह से आज शादी कर ली।"

"क्यों?" रामअवतार ने सादगी से पूछा।

"क्योंकि जी. सिंह ट्रेड ऐडवाइज़र होकर न्यूयार्क जा रहा है।"

"उसका नाम ही ऐसा है कि उसे तरक़्क़ी करनी ही चाहिए।" रफ़्फ़न ने कहा।

"और जनाब लूथरा साहब मारिशस के अम्बैसेडर होने जा रहे हैं।"

"वाह!"

"डाक्टर रामकुमार चीफ़ ऐडमिनिस्ट्रेटर हो जायेंगे। डाक्टर ख़ान राष्ट्र-पति के परसनल फ़िज़िशियन होकर दिल्ली जा रहे हैं। अ वोट आफ़ थैंक्स फ़ार शारदा। यार रामअवतार, हम लोग ख़ुदकुशी करके मर क्यों नहीं जाते।"

रामअवतार ने जवाब नहीं दिया।

रफ़्फ़न ख़त पढ़ने लगा।

जन्नत ने कढ़ाई में और फुलकियाँ डाल दीं।

चन्द्रशेखर ने देखा कि फुलकियों की प्लेट ख़ाली है। वह जन्नत के पास ज़मीन पर उकड़ूँ बैठ गया।

"लाओ, मैं तलता हूँ।"

"किसका खत है ?" रामअवतार ने बड़ी हिम्मत करके पूछा।

"बम्बई में एक मुशायरा है।"

जला है जिस्म जहाँ

आदमी को यह भूलने में खासी देर लगती है कि वह एक अच्छा साहित्यकार है। काफ़ी दिन तो यह फ़ैसला करने ही में लग जाते हैं कि यह बात भूल जायी जाये या न भूली जाये।

रफ़्फ़न भी इसी दोराहे पर था। साहित्य ज़रूरी है या घर का किराया? साहित्य का महत्त्व ज्यादा है या राशन कार्ड का? ज़िन्दगी को एक खूबसूरत नज्म, एक उदास चौपाई ज्यादा खूबसूरत बनाती है या पत्नी की एक आसूदा मुसकुराहट? ग़ालिब का दीवान या धोबी का हिसाब? लड़ाई या कम्प्रोमाइज़?

कम्प्रोमाइज़!

पर ज़िन्दगी और सय्यद अली रफ़अत ज़ैदी, 'बाग़ी' आज़मी के झगड़े में बीच-बचाव करानेवाला था कौन!

भाई जानू ढाके में हैं।

जन्नत बाजी रफ़अत से मिलने लन्दन गयी हुई हैं।

ज़ैदी विला ग़ाज़ीपुर में है।

रामअवतार नारायणगंज में कांग्रेस कमेटी का सेक्रेटरी हो गया है।

चन्द्रशेखर जेल में है।

और जन्नत सामने बैठी चाय बना रही है। यह भी नहीं पूछ रही थी कि घर आने में इतनी देर क्यों हुई।

रफ़्फ़न ने जो सिगरेट सुबह की चाय के लिए बचा रक्खी थी, उसे वह जलानी पड़ी।

"थक गये होगे।" जन्नत ने कहा, "सो जाओ।"

उसने अपने-आपमें जन्नत की तरफ़ देखने की हिम्मत न पायी। वह जन्नत का यह राज़ भाँप चुका था कि उसने सपने देखना छोड़ दिया है। रुपये के साथ-साथ सपने भी सिकुड़ गये हैं। अब मनुष्य भविष्य के सपने नहीं देखता। वर्तमान के सपने देखता है। यह देखता है कि अरहर की दाल दो रुपये किलो नहीं है बल्कि रुपये की चार किलो है! यह सोचने तक की हिम्मत नहीं पड़ती कि दाल रुपये की बीस किलो है या घी रुपये किलो है! बढ़ती हुई क़ीमतों ने आदमी को कितना यथार्थवादी बना दिया है!

तेज़ चलने लगी ग़ुरबत में हवा
गर्द पड़ने लगी आईने पर
जागते रहने का हासिल क्या है
आओ, सो जाओ मेरे सीने पर
ख़्वाब तो दोस्त नहीं हैं कि बदल जायेंगे।
ख़्वाब तो दोस्त नहीं हैं,
कि हमें,
धूप में देखें तो कतरायेंगे
ख़्वाब तो दोस्त नहीं हैं,
कि जो बिछड़ेंगे तो याद आयेंगे
जागते रहने का हासिल क्या है
अव्वले-शब उसे देखा था जहाँ
चाँद ठहरा है उसी ज़ीने पर
आओ, सो जाओ मेरे सीने पर

जन्नत ने उसके सीने में मुँह छिपा लिया। वह बन्द आँखों से छत की तरफ़ देखता रहा। और जागते हाथों से जन्नत को थपकता रहा...

आओ, हम-तुम चलें,
नींद के गाँव में
धुन्ध के शहर में सारी परछाइयाँ सो गयीं।
इस पसीने के गहरे समुन्दर के साहिल पे टूटी हुई,
सारी अँगड़ाइयाँ सो गयीं।

"सो गये क्या?" जन्नत ने पूछा।

"नहीं।" उसने जन्नत को बाँहों में कस लिया। उसके बालों की महक अब भी बिलकुल वैसी ही थी। नये-नये खिले हुए फूल की तरह।

शोर कम हो गया
क़हक़हे सो गये
सिसकियाँ सो गयीं
सारी सरगोशियाँ सो गयीं।

"कहानी नहीं बिकी तो घबराते क्यों हो।" जन्नत ने कहा, "मैं घर का ख़र्चा और कम कर लूँगी।"

रास्ते चलते-चलते घरों में समाते गये
शहर अकेला खड़ा रह गया
क्यों न हम
इस अकेले, भटकते हुए शहर को

साथ लेते चलें
नींद के गाँव में

"जन्नो, मैं तो थक गया यार।" उसने कहा, "सोचता हूँ..."

जन्नत ने उसके होंठों पर अपने होंठ रख दिये। बात अधूरी रह गयी।

रात ढलने लगी
आँख जलने लगी
लफ़्ज़ ख़ुद अपनी आवाज़ के बोझ से दब गये।
तुमने सरगोशियों की रिदा ओढ़ ली
आओ,
सरगोशियों ही को,
रख़्ते-सफ़र की तरह बाँध लें
आओ,
हम-तुम चलें
नींद के गाँव में
धुन्ध के शहर में सारी परछाइयाँ खो गयीं।

जन्नत उसके होंठों पर अपने होंठ रखे-रखे सो गयी थी और रफ़्फ़न अपने गालों पर उसके आँसुओं की नमी महसूस कर रहा था और जाग रहा था। जाग रहा था क्योंकि नींद नहीं आ रही थी।

एक चुटकी नींद की मिलती नहीं
अपने ज़ख़्मों पर छिड़कने के लिए
हाय हम किस शहर में मारे गये!

रफ़्फ़न ने, बड़े एहतिआत से, जन्नत का सिर अपने सीने से उठाकर तकिये पर रख दिया। तकिये से उसका सीना बहुत दूर नहीं था, पर उसे लगा कि जैसे जन्नत बहुत दूर चली गयी है और वह अपने बिस्तर के लम्बे-चौड़े रेगिस्तान में अकेला खड़ा अपनी परछाइयों को ढूँढ़ रहा है।

जैदी विला
मिसेज़ नार्थ
अब्दुस्समद ख़ाँ
शर्फ़ुआ
मोलवी तक़ी
सैदानी बी
भाई जानू
जन्नत बाजी
नारायणगंज

रामअवतार

शेखर

शारदा---जिसने आज पहचानने से इन्कार कर दिया। आज इन्कार किया है या कल इन्कार किया था ?

रात के जगमगाते हुए शहर में
मेरी परछाइयाँ खो गयी हैं कहीं
ग़ैर है आस्माँ
अजनबी है ज़मीं
मैं पुकारूँ किसे
चल के जाऊँ कहाँ
रात के जगमगाते हुए शहर में
खो गयीं मेरी परछाइयाँ !

रफ़्फ़न ने जन्नत की तरफ़ देखा। वह बहुत ख़ुश दिखायी दे रही थी। आँसू की सूखी हुई लकीर गाल पर थी। पर वह ख़ुश दिखायी दे रही थी। वह शायद कोई ख़्वाब देख रही थी।

जन्नत की तरफ़ देखते रहने की हिम्मत न पड़ी तो वह पलटकर अपनी पिछली ज़िन्दगी की तरफ़ देखने लगा।

आख़िर मैंने क्या खोया है
आख़िर मैंने क्या पाया है।
खोया तो शायद सब-कुछ है।
पाया शायद कुछ भी नहीं है।

और तब उसे एकाएक याद आया कि आज उसकी शादी की साल-गिरह है। कौन-सी साल-गिरह है ? पता नहीं बुरे दिनों के बरस कितने दिनों के होते हैं !

उसने झुककर, चुपके से जन्नत का मुंह चूम लिया। उसने आँखें खोल दीं। वह जाग रही थी। मुस्कुराकर उसने उसके गले में बाँहें डाल दीं।

वह उस चुम्बन की अनकही, बेशब्दी ज़बान समझ गयी थी।

रफ़्फ़न ने जन्नत को अपनी बाँहों में ले लिया।

"यार जन्नत, एक बात बताओ।"

"क्या बात ?"

"जो कहानी मैंने उस हरामज़ादे को आज सुनायी थी, वह खासी बुरी थी, पर इतनी बुरी नहीं थी कि वह सुनकर फड़क जाता।"

जन्नत ने कुछ नहीं कहा।

"मैं इससे भी ज़्यादा ख़राब कहानी लिख सकता हूँ।"

जन्नत फिर भी कुछ नहीं बोली।

"अब तुम यह फ़ैसला करो कि बुरी कहानियाँ लिखूँ या तुम्हें तलाक़ दे दूँ।"

"मुझे तलाक़ दे दो।"

रफ़्फ़न ने जन्नत को भींच लिया। बिस्तर पर थोड़ी देर सन्नाटा रहा। फिर नीचे, सड़क से बसों और ट्रकों और दूध बेचनेवाले भय्यों की आवाज़ें आने लगीं।

"नहीं।" रफ़्फ़न ने कहा, "मैं ख़राब कहानियाँ लिखूँगा।"

बिस्तर पर फिर सन्नाटा हो गया।

जन्नत के रोने में यही तो कमाल था कि बेआवाज़ रोती थी।

"अरे हाँ!" रफ़्फ़न को एक बात याद आ गयी, "कल खुलना से मेरे एक पुराने दोस्त का ख़त आया था। उसने लिखा है जन्नत बाजी भाई जानू को छोड़कर किसी ब्रिगेडियर रहमान न्याज़ी के साथ रहने लगी हैं और बाक़ी सब ख़ैरियत है।"

बिस्तर पर फिर सन्नाटा हो गया।

"शहरबानो की क्या उम्र होगी?" जन्नत ने पूछा।

"बाईस-तेईस बरस की हो रही होगी।" रफ़्फ़न ने कहा।

"जन्नत बाजी भी चालीस-बयालीस की तो होंगी ही।"

"ज़िन्दगी को दिन या बरस के गज़ से नहीं नापना चाहिए।" रफ़्फ़न ने कहा, "यह तरीक़ा बहुत पुराना हो चुका है।"

"तो?"

"ज़िन्दगी को तजरबों के गज़ से नापना चाहिए। भाई जानू पाकिस्तान इसलिए गये थे कि हिन्दुस्तान में मुसलमानों की इज़्ज़त-आबरू महफ़ूज़ नहीं थी। और अब उनकी इज़्ज़त आबरू ढाके में दुरूद पढ़ रही है!"

इतनी कड़वाहट!

जन्नत लरज़ गयी।

सुबह खिड़की की सलाखों पर गीले पकड़े की तरह पड़ी सूख रही थी।

"मैं पैंतीस साल का एक बूढ़ा हूँ।" उसने फिर वही डोर पकड़ ली, "भाई जानू तो बच्चे हैं। मुश्किल से चार साल के।..."

पहला अनुभव : गुलबहरी और अनाज की कोठरी।

दूसरा अनुभव : जन्नत बाजी (या भाभी ?) और दुल्हन का कमरा।

तीसरा अनुभव : पाकिस्तान का सफ़र।

चौथा अनुभव : जन्नत और ब्रिगेडियर न्याज़ी।

"...भाई जानू तो शायद शहरबानो और रफ़अत से भी छोटे हैं। कल शारदा से मुलाक़ात हो गयी।"

"ऐं?" जन्नत चौंक पड़ी। "शारदा? वह यहाँ क्या कर रही है!"

"वह आजकल एक प्रोड्यूसर की बहन बनी हुई है।"

गोया कि बहन बनना भी कोई काम है !

"क्या कालीचरन प्रोड्यूसर हो गया है ?"

"नहीं।"

"तो फिर ? मगर कालीचरन के सिवा तो कोई उसका भाई था नहीं।"

"था नहीं, कहने से क्या होता है। मैंने अपनी आँखों से उसे किसी और की बहन देखा है। शहज़ादा तो उसे उसकी बहन ही समझ के ले गया है !"

"या अल्लाह !" जन्नत समझ गयी।

"अल्लाह-टल्लाह करने से कोई फ़ायदा नहीं। आदमी तरक्की करना चाहता है। क्या वह ज़िन्दगी-भर कालीचरन ही की बहन बनी रहती ? लूथरा साहब सफ़ीर हो जायें। रामअवतार कांग्रेस कमेटी का सेकरेटरी हो जाये। मक्खनलाल डेपुटी मिनिस्टर फ़ार एजूकेशन हो जायें, और वह बेचारी केला तँबोली की आठवाँ पास बेटी से आगे ही न बढ़े ! देखती जाओ। थोड़े दिनों में वह शहज़ादा कशमीरी की बहन हो जायेगी !"

"तुम्हें देखकर तो बहुत ख़ुश हुई होगी !"

"बहुत !"

"क्या बोली ?"

"उसने पहचाना ही नहीं।" रफ़्फ़न ने कहा, "मुझे पहचानने से फ़ायदा भी क्या ? मैं एक पिटा हुआ मुहरा, एक उतरी हुई कमान, एक···! मैं कुछ नहीं हूँ। कालीचरन ने मेरी कहानी ठीक की। वैसे वह अब कालीचरन नहीं है। दिनेश ठाकुर, मस्ताना हो गया है।"

पड़ोस की बालकनी से गिटार की आवाज़ आने लगी।

पेडरो बहुत बुरी गिटार बजाता था। गाता उससे भी ज़्यादा बुरा था। पर अपने बारे में उसकी यह राय नहीं थी।

पेडरो रफ़्फ़न का नया पड़ोसी था। कन्धों से नीचे तक आये हुए चमकीले काले बाल। बहुत बड़ी-बड़ी काली आँखें। छरहरा बदन। लम्बी नोकदार उँगलियाँ। थर्राई-थर्राई-सी आवाज़। वह आते ही रफ़्फ़न पर आशिक़ हो गया था। और उसका ख़याल था कि वह ऐन्टी-क्लासिकल म्युज़िक का बाबा आदम है।

जन्नत पेडरो की निगाहें ताड़ गयी थी और अकसर रफ़्फ़न को छेड़ा करती थी। इसीलिए गिटार की आवाज सुनते ही वह मुसकुरा दी।

वहाँ पेडरो ने गाना शुरू कर दिया :

यू कम टु मी इन आल माइ ड्रीम्ज़
यू टच माइ लिप्स, आर सो इट सीम्ज़
योर लव इज़ बट अ किस अवे
इफ़ ओन्ली आई कुड, मेक यु स्टे

अ डाइंग लव
अ डाइंग लव इज़ ह्वाट वी श्यर !

उसकी आवाज़ रफ़्फ़न की जेब में रक्खे हुए उस खत को छू रही थी जो खुलना (पूरबी पाकिस्तान) से आया था और जिसमें एक पुराने दोस्त ने यह खबर दी थी कि जन्नत बाजी ब्रिगेडियर न्याज़ी के साथ भाग गयी हैं।—23 बरस की शहरबानो की माँ जन्नत !

उसे अब भी यक़ीन नहीं आ रहा था। और बग़लवाली बालकनी पर पेडरो अब भी गा रहा था :

यू कम टु मी इन आल माइ ड्रीम्ज़
यू टच माइ लिप्स, आर सो इट सीम्ज़···

"मिस्टर पेडरो।" जन्नत ने आवाज़ दी।

"या।"

"तुम हमारा साथ चाय पीना बिलकुल छोड़ दिया। ऐं !"

"हम मिस्टर राफ़्ट को डिस्टर्ब करने को नहीं चाहता है !"

"मिस्टर राफ़्ट को तो चाहता है ना।"

"ये क्या बेहूदगी है।" रफ़्फ़न ने कहा।

जन्नत खिलखिलाके हँस पड़ी।

"जल्दी से चाय पिलवाओ।" रफ़्फ़न ने कहा, "मुझे उस प्रोड्यूसर के पास जाना है। उसे घर से निकलने से पहले पकड़ लिया तो साइनिंग एमाउन्ट के नाम पर कुछ खैंच लाऊँगा।"

जन्नत हँसती हुई किचन की तरफ़ चली गयी। रफ़्फ़न खुलना वाले खत को फिर पढ़ने लगा। खत लिखने वाले कमबख़्त दोस्त की लिखावट इतनी अच्छी थी कि रफ़्फ़न यह भी नहीं सोच सकता था कि शायद उससे पढ़ने में ग़लती हो रही हो।

भाई जानू क्या कर रहे होंगे ? अभी पिछले हफ़्ते उनका ख़त आया था कि शहरबानो के लिए उन्होंने एक बड़ा अच्छा लड़का पसन्द किया है।···

"देखो रफ़्फ़न, जो तुम शहरबानो की शादी में न आये तो हम और जन्नत दोनों ही तुमसे खफ़ा हो जायेंगे। खुदा ने चाहा तो शादी इन्शा-अल्लाह अगली जनवरी की बीस तारीख को होगी। तुम पासपोर्ट बनवाना शुरू कर दो। अरे हाँ, यहाँ एक बोर्ड फ़ार द प्रोमोशन आफ़ उर्दू बना है। उसमें मेरे कई लोग हैं। नूरुल अमीन साहब ने वादा किया है कि वह तुमको उसका पेड सेक्रेटरी बना देंगे। पन्दरह सौ रुपये महीना तनख़्वाह। फ़रनिश्ड बंगला। सरकारी कार। और क्या चाहिए। अपने को वहाँ सड़ाने से क्या फ़ायदा···शहरबानो आदाब कह रही है। बाइ द वे यह शहरबानो तुम्हारी फ़ैन है। यहाँ सबसे झगड़ती रहती है। अभी पिछले हफ़्ते राइटर्ज़ क्लब की एक मीटिंग में प्रोफ़ेसर नफ़ीस बेगम से लड़ गयी।

उन्होंने जदीद उर्दू शायरी पर एक पेपर पढ़ा। तुम्हारा ज़िक्र ही नहीं था। बस शहरबानो पंजे झाड़ के उनके पीछे पड़ गयी। यह नफ़ीस बेगम मुस्लिम युनिवर्सिटी में पढ़ा करती थीं। कहती हैं कि तुमसे यूँही-सी सरसरी मुलाक़ात भी है।…"

इस ख़त में जन्नत के भागने के तो कोई आसार नहीं हैं। बस यह नयी बात लिखी हुई है कि नफ़ीस अब उसे सिर्फ़ सरसरी तौर पर, यूँही-सा जानती है।

उसने इस ख़त का जवाब फ़ौरन दे दिया था।

"…मैं शहरबानो की शादी में ज़रूर आऊँगा। और भाई जान, यह तो कमाल की बात हो गयी कि नफ़ीस बेगम मुझे सरसरी तौर पर जानती हैं। मैं तो उन्हें जानता ही नहीं।…"

पाकिस्तान जाने के ख़याल से जन्नत बहुत ख़ुश थी। उसकी कई सहेलियाँ पाकिस्तान में थीं। उसके अब्बा पाकिस्तान मे थे।

वह चाहती थी कि पाकिस्तान जाने से पहले उसके गहने छूट के आ जायें! और इसीलिए रफ़्फ़न ने वह फटीचर कहानी लिखी थी जिस पर शारदा को एतराज़ हुआ था।

सच्ची बात यह है कि शारदा रफ़्फ़न को देखकर हड़बड़ा गयी थी। वह बड़ी मुश्किल से मंझले प्रोड्यूसर की बहन बनी थी। पब्लिसिटी मैटीरियल तैयार हो रहा था।

भैरवी—राजा साहब नारायणगंज की भतीजी।

भैरवी—लखनऊ युनिवर्सिटी की ग्रेजुएट।

भैरवी—खाना पकाना, पेंटिंग और ख़तों के जवाब देने की शौक़ीन। पहली बार आठ साल की उम्र में स्टेज पर आयी।
लिज़ टेलर और मीनाकुमारी की फ़ैन।
ग्यारह बरस की उम्र में शहज़ादा कशमीरी पर आशिक़ हुई थी। उसका इश्क सात बरस का होकर आठवें बरस में आया है। एक बार जब यह उड़ी थी कि शहज़ादा कशमीरी ने एक इण्डो-आइरिश एयर-होस्टेस से शादी कर ली है तो यह चार दिन तक रोती रही थी।

तो इस भीड़भाड़ में रफ़्फ़न को भला कहाँ जगह मिल सकती थी!

रफ़्फ़न जिसको जाना करता था उसका नाम शारदा था। वह कालीचरण की बहन थी। रामअवतार से प्यार किया करती थी। केवल मिडिल पास थी।

पर जो लड़की शहज़ादा से फ़्लर्ट कर रही थी उसका नाम भैरवी था। कालीचरण तो केवल उसका सेक्रेटरी था। बहन तो वह महेन्द्रसिंह, मँझले प्रोड्यूसर की थी। रामअवतार कौन?…

शहज़ादा कशमीरी के जुहू वाले शैक में पहुँचकर उसने पहला काम यह किया कि शहज़ादा को यह यक़ीन दिला दिया कि रफ़्फ़न को लिखना नहीं आता।

रफ़्फ़न की तरफ़ से शहज़ादा कशमीरी का दिल भी कोई ख़ास साफ़ नहीं था। तो शहज़ादा ने उसी वक्त महेन्द्र को फोन किया : पुत्तर ! यार वह तुम्हारा राइटर साला तो बिलकुल चूतिया है। तुम्हें मालूम था तो उसे बुलाया क्यों ? अरे यार, दुश्मन तो उसका मैं भी नहीं। पर धन्धे में दोस्ती कैसी…"

चलिए बात ख़त्म हो गयी।

सुबह को जब रफ़्फ़न मँझले प्रोड्यूसर के घर पहुँचा तो उनका मूड ख़राब था। इसके बहुत पूछने पर वह बरस पड़े ! यह साले स्टार लोग। बहनचोदों को कोई स्टोरी सेन्स तो है नहीं। पर टाँग ज़रूर अड़ायेंगे। वहाँ से जाके फ़ोन कर दिया कि चमन साहब का उपन्यास 'परबत' ले लो। कशमीर का आउटडोर भी निकल आयेगा। भैरवी को ब्रेक देना है तो क़ायदे से दो। रफ़्फ़नजी, मेरी तो समझो हाथापाई होते-होते रह गयी। मैं साला जाहिल आदमी हूँ। पर साहब, राइटर की इन्सल्ट बरदाश्त नहीं कर सकता।"

'कोई बात नहीं महेन्दरजी। किसी और फ़िल्म में साथ काम करेंगे।"

"नेक्स्ट फ़िल्म तो तुम्हारे साथ बने ही बने। चुन के कोई सब्जेक्ट निकालो कि बस समझ जाओ। हाँ। कुछ सेक्स हो। दस्तक-चेतना ने सारा ऐटमास्फ़ीयर गन्दा कर दिया है। हम तो भाई फ़ैमिली सब्जेक्ट बनाते हैं।"

"तो मैं चलता हूँ।"

"कुछ चाय-शाय ?"

"नहीं। वह ज़रा बी. आर. ने बुलवाया था। एक सब्जेक्ट उन्हें पसन्द आया है। सब्जेक्ट तो ऐसा ही है। पर बिगिनिंग ग़ज़ब की है। बरसात की रात है। मूसलाधार पानी पड़ रहा है। हीरो अपनी कार पर चला जा रहा है। हेडलाइट सामने पड़ती है। एक कार खड़ी है। और कार के बाहर एक लड़की खड़ी भीग रही है। उसके कपड़े उसके बदन मे चिपक गये हैं। हीरो गाड़ी रोकता है। धरमेन्दर तो फ़्लैट हो जायेगा इस रोल पर। कार में एक लाश है…" वह खड़ा हो जाता है। "अच्छा, चलता हूँ।"

"यार ऐसा ही कोई सब्जेक्ट अपने को सुनाओ ना। रात तो तुम ऐसे ही टरखा रहे थे।"

रफ़्फ़न हँस पड़ा।

"बी. आर. तीस हज़ार दे रहे हैं। मैंने कह दिया है कि पचास से कम नहीं लूँगा। और पाँच हज़ार साइनिंग एमाउण्ट दो तो आगे सुनाऊँगा।"

"बैठो तो यार।" मँझला बोला, "हवा के घोड़े पर सवार हो। रात वाला सब्जेक्ट भी बनायेंगे। यश के अलग होने के बाद बी. आर. में कुछ रह नहीं गया है। दास्तान की रिपोर्ट बड़ी ख़राब है।"

"शाम को मिलते हैं।" रफ़्फ़न ने कहा, "दो-तीन आइडियाज़ हैं।"

"अरे असल चीज़ तो आइडिया ही है। फिर स्टोरी तो कोई भी बना सकता है। तो फिर शाम की तय रही। शिवास रीगल खोलेंगे।"

वह रफ़्फ़न को दरवाज़े तक छोड़ने आया और फिर तीर की तरह फ़ोन की तरफ़ लपका और शहज़ादा कशमीरी का नम्बर डायल करने लगा।

"अरे शहज़ादा भाई, गोली मारो साले चमनजी को। एक आइडिया सुनो। बरसात की रात है। साला इट इज़ रेनिंग कैट्स ऐण्ड डाग्स। हीरो गाड़ी चला रहा है। हैडलाइट सामने पड़ती है। सुनसान सड़क पर दूर हीरोइन अपनी कार के पास खड़ी है। हीरोइन पर जुर्म किया है। जीन पहने हुए है। शर्ट के अन्दर ब्रैजिअर भी नहीं है। साला कपड़ा उसके बदन से चिपक गया है। साली आलमोस्ट न्युड है। सेन्सर बोर्ड वाले भी क्या उखाड़ लेंगे। पानी बरसेगा तो कपड़ा बदन से ज़रूर चिपकेगा। उसकी कार में एक डेड बाडी है। साली धाँसू ओपनिंग है कि नहीं।···अरे हम कहाँ के राइटर। रात को आपके जाने के बाद एकदम से यह आइडिया बस आ ही गया दिमाग में···नहीं जी। रजिस्टर करवा लेते हैं। राइटर्ज़ एसोसिएशन के मेम्बर तो हम भी हैं।"

बात पक्की हो गयी।

महेन्द्रजी दरअसल हीरो बनने बम्बई आये थे। बदन और अक़्ल के मोटे। सातवाँ फ़ेल। पर उनके परदादा फ़ारसी के बड़े अच्छे शायर हुआ करते थे। 'मफ्तूँ' तख़ल्लुस था। सारे मुकैरियाँ में उनकी शायरी का तूती बोला करता था। अब यदि दादा फ़ारसी का शायर हो तो क्या पोता फ़िल्म राइटर्ज़ एसोसिएशन का मेम्बर भी नहीं हो सकता? अरे साहित्य तो उनकी घुट्टी में था।

वैसे महेन्द्रजी अपने-आपको रावलपिण्डी का बताया करते थे। पंजाबी होने से फ़ायदा क्या, यदि वह रिफ्युजी भी न हो!

सैंतालीस के दंगों की बात करते ही आँखों में आँसू भर लाते। दिल नवाज़ खाँ, सरवर ख़ाँ, ग़ुलाम नबी खाँ···और बचपन के न जाने कितने यार-दोस्तों की कहानियाँ सुनाते। बताते कि किस तरह अपनी जान पर खेलकर सरवर ख़ाँ ने उनकी बहनों की आबरू और ख़ुद उनकी जान बचायी थी।

शुरू-शुरू में, जब उन्हें कोई नहीं जानता था, तब तो उनके घर के तमाम लोग रावलपिण्डी में बड़ी बेदर्दी से क़त्ल कर दिये गये थे। पर उन्हें बहुत जल्दी पता चल गया कि फ़िल्मी दुनिया में यह चक्कर नहीं चल सकता तो वह सेकुलर हो गये और मुसलमान दोस्तों ने उनकी जान-आबरू बचायी।

भिण्डी बाज़ार के लोगों का बस चलता तो महेन्द्रजी के नाम के आगे 'रहमत-उल्लाह' नहीं तो 'रज़ी अल्लाह' ज़रूर जोड़ लेते।

उन्हें राइटर बनने का कोई ख़ास शौक़ नहीं था। पर जब उनकी पहली फ़िल्म 'जिन्दगी की प्यास' का ट्रायल शो हुआ तो लोगों ने स्क्रिप्ट की बड़ी तारीफ़ की।

सबकी राय थी कि इस फ़िल्म की जान तो स्क्रिप्ट है। (जैसे कोई ऐसी फ़िल्म भी बन सकती है, जिसकी जान स्क्रिप्ट न हो।) राइटर की तारीफ़ें सुनकर महेन्द्रजी चकरा गये। कमाल है! फ़ाइनेन्सर की ख़ुशामद करें वह। सूद भरें वह। हीरोइन के कुत्ते के सर पर हाथ फेर-फारकर उसकी तारीफ़ करें वह। हीरो से दो मिनट मिलने के लिए उसके ड्राइंग-रूम में सवेरे से शाम तक बैठे रहें वह। हीरोइन की छोटी बहन को हीरोइन बनाने का वादा करें वह। हीरो की सालगिरह पर पैसे खर्च करें वह और क्रेडिट ले जाये साला राइटर। तो उन्होंने मुसकुराकर कह दिया कि यह फ़िल्म ख़ुद उन्होंने लिखी है। हीरो का खयाल था कि यह फ़िल्म उसने लिखी है। डाइरेक्टर ने कई पार्टियों में कहा कि उसे इस स्क्रिप्ट पर बहुत मेहनत करनी पड़ी है। तय यह हुआ कि स्टोरी आइडिया का क्रेडिट हीरो को दिया जाये। स्क्रीनप्ले का क्रेडिट गया डाइरेक्टर को और डाइलॉग लिखे श्रीमती महेन्द्रजी ने!

उस फ़िल्म के लेखक बाबू चन्द्रिकाप्रसाद से किसी ने पूछा ही नहीं कि इस मुआमले में उनकी क्या राय है।

फ़िल्म रिलीज़ होकर पिट गयी। और तब सबको याद आया कि यह फ़िल्म वास्तव में बाबू चन्द्रिकाप्रसाद ने लिखी थी। पर वास्तव में वह फ़िल्म लिखी थी तुलसीदास ने। फ़र्क़ यह था कि तुलसीदास ने अपनी कहानी का नाम 'रामचरित-मानस' रखा था और बाबूजी ने 'ज़िन्दगी की प्यास।' राम का नाम राम ही था। अयोध्या के राजा की जगह वह एक इण्डस्ट्रियलिस्ट के बेटे हो गये थे। रावण का नाम रणजीत हो गया था। लंका का नाम बम्बई रखा गया था और हनुमान थे जानी वाकर!

महेन्द्रजी ने दूसरी फ़िल्म ख़ुद डाइरेक्ट करने का फ़ैसला किया। यह फ़िल्म वह बड़ी हीरोइन को लेकर बनाना चाहते थे। और यूँ रफ़्फ़न से उनकी मुलाक़ात हुई। आठ रील बनकर फिल्म ठप हो गयी क्योंकि बड़ी हीरोइन की कई फ़िल्में फ्लाप हो गयीं। डिस्ट्रीब्युटरों ने इन्सटालमेण्ट देना बन्द कर दिया। पर वह रफ़्फ़न को आठ हज़ार दे चुके थे। उन्हें यह भी मालूम था कि रफ़्फ़न की हालत बहुत पतली है।

"अरे नाम में क्या रक्खा है महेन्द्रजी। पर पैसे कम नहीं करूँगा।"

"यार पचास हज़ार तो बहुत होते हैं।"

"बहुत तो ज़रूर होते हैं। देखिए न, आपका बैनर बी. आर. जैसा होता तो शायद पन्दरह हज़ार में लिखा देता।"

"अच्छा चलो बाईस ले लो। पहलेवाले आठ भी ऐडजस्ट नहीं करूँगा।"

"नहीं महेन्द्रजी।" वह बोला, "बी. आर. से तो लाख से कम न लेता। पर जानता हूँ कि आप फँसे हुए हैं। पुरानी दोस्ती है।"

"अच्छा ऐसा करते हैं।" महेन्द्रजी ने कहा, "तीस डेलिवरी पर ले लो।"

"और अबार्शन हो गया तो क्या करूँगा? वैसे इबराहीम भाई को भी यह कहानी पसन्द आयी है। कह रहे थे कि शहज़ादा महेन्द्रजी की किसी कहानी की बड़ी तारीफ़ कर रहा था।"

"इस साले में यही ख़राबी है।" महेन्द्रजी ने मोर्चा बदल दिया, "कोई कहानी सुनना मुश्किल है। मोटर लेकर प्रोड्यूसर फँसाने निकल जाता है। अच्छा, चालीस ले लो।"

"कैश डाउन दीजिए तो तीस भी ले लूँ!"

रफ़्फ़न ने तय कर लिया था कि बिकना ही है तो सस्ता क्यों बिकूँ। वह यह भी जानता था कि जो कहानी बेचने की वह बात कर रहा है वह कहानी है ही नहीं। उसे ख़ुद भी नहीं मालूम था कि मूसलाधार बारिश में जो हीरोइन की कार में लाश दिखायी दी, तो फिर हुआ क्या?

"अच्छा तो फिर नाम क्या रक्खा जाये।" महेन्द्रजी ने पूछा, "'अे' से शुरू होने वाला नाम बताओ।"

'अ' से शुरू होनेवाला नाम नहीं।

'अे' से शुरू होनेवाला नाम।

"आदमी और अधिकार।" रफ़्फ़न ने कहा, "तीन-तीन 'अे' आ गये।"

महेन्द्रजी ने शिवास रीगल की बोतल खोलने के बाद उसे पाँच हज़ार थमा दिये।

सच्ची बात यह है कि महेन्द्रजी तो एक हज़ार थामने के लायक़ भी नहीं थे। पर शारदा जिस स्मगलर की कीप थी वह शारदा को हीरोइन बनाने के साथ-साथ काले पैसे पर चूना फिरवाने की फ़िक्र में था। महेन्द्रजी तो पेड प्रोड्यूसर थे।

महेन्द्रजी के घर से निकलकर वह किताबों की एक बड़ी दूकान पर गया। चेज़, आएन फ्लेमिंग, पीटर शेनी, जिम कार्टर, अगाथा क्रिस्टी, गार्डनर, ए. ए. फ़्यर···उसने यह नाम सुने ही नहीं थे। फिर भी उसने लगभग पाँच सौ की किताबें ख़रीदीं। सेल्ज़मैन उसे छोड़ने टैक्सी तक आया।

"बांद्रा स्टेशन।" उसने टैक्सी वाले से कहा, "नहीं। स्टेशन नहीं। चेम्बूर चलो।"

टैक्सी बढ़ गयी।

सेल्ज़मैन दूकान में आ गया।

"कोई फ़िल्मी राइटर लगता था।" सेल्ज़मैन ने दूसरे सेल्ज़मैन से कहा।

"यह साले फ़िल्मी राइटर भी ख़ूब चैन करते हैं।" दूसरे सेल्ज़मैन ने बड़ी हसरत से कहा।

रेत का सागर

'बाग़ी' आज़मी का नाम नये सिक्के की तरह चल पड़ा। देखते-देखते वह चेम्बूर के एक सड़े हुए फ्लैट से पाली हिल्ज़ पर आ गया। अपने फ्लैट में। उसके पास पन्द्रह फ़िल्में थीं।

आदमी और अधिकार।

एअर-होस्टेस।

अजायब सिंह डाकू।

आखिर।

और।

आनन्द मेरा नाम।

आज के लोग।

अंधेरी रात।

अंगूर वाली गली।

आगरा रोड।

अजायब घर।

अन्दर की बात।

अपरैल की पहली।

आधा आदमी।

आग का फूल।

उसकी तमाम फ़िल्मों के नाम 'अे' से शुरू होते थे। 'अ' से नहीं। 'अलिफ़' से भी नहीं। 'अे' से।

और इसीलिए लोगों के मना करने के बाद भी 'फ़ीयट' नहीं ली, ऐम्बैसेडर ली।

कैरो की बुक आफ़ नम्बर्ज़ उसके सरहाने रक्खी नजर आने लगी। और वह 'यह सप्ताह' और 'दिस वीक फ़ार यू' के कालम बड़े शौक से पढ़ने लगा।

बम्बई के पुराने दोस्तों में से फ़ज्जू ख़ाँ बेताब मिरज़ापूरी के सिवा, वह सबको भूल गया। बेताब मिरज़ापूरी को भी उसने सिर्फ़ इसलिए याद रक्खा कि उसका पब्लिसिस्ट उसका यह इमेज बना सके कि वह जनता से प्यार करता है और जनता ही का आदमी है।

दूसरे लेखक 'इमेज' की तरफ़ इतना ध्यान नहीं देते। पर इस धन्धे में असली चीज़ इमेज है।

बड़े-बड़े हीरो उसके गले में बाँहें डाल के तस्वीरें खिचवाने लगे। हीरोइनें

यह शिकायत करने लगीं कि वह उनकी बर्थडे पार्टी में क्यों नहीं आया। फ़िल्मी पत्रिकाओं में उसकी तस्वीरें छपने लगीं।

जन्नत अपनी सहेलियों के ख़तों के जवाब देने लगी।

लड़कियाँ उसे फिर खत लिखने लगीं।

वह दिन-भर हँसता। प्रोड्यूसरों की शराब पीता। दूसरे राइटरों का मज़ाक़ उड़ाता। लेकिन घर आता तो जन्नत से अपनी उदासी छिपाता और उन किताबों की तरफ़ देखने से शर्माता जिन्हें उसने अपने बुरे दिनों में भी ख़रीदा था और बड़े प्यार से पढ़ा था।

यह उसके मीर, सौदा, ग़ालिब, आतिश, अनीस, वहीद, जोश, मख़दूम, फ़ैज़। यह उसके रतननाथ सरशार, प्रेमचन्द, बेदी, कृष्णचन्दर, मण्टू। यह उसके एहतिशाम हुसैन, मुमताज हुसैन, मजनूँ गोरखपूरी।

यह उसके टैगोर, काज़ी अब्दुस ग़फ़्फ़ार और खलील जबरान।

यह शेक्सपीअर, शेली, बायरन। यह गेटे, दान्ते। यह ईलियट, कामू, सार्त्र।

यह ताल्सताय, तुरग़नेव, चेख़व, दास्तोव्सकी।

सरवान्ते।

रुसवा।

नज़रुल इसलाम।

बंकिम चटरजी।

नाज़िम हिकमत। पैब्लो नरूदा।

यह मीरा का दर्द-जुदाई।

यह सूर की गोपियाँ। यह बुखार में काली पड़ी हुई जमुना। यह अपनी 'मृगनयनी' का पता पूछनेवाले राम।

यह यशपाल का झूठा सच।
यह आधे अधूरे आदमी।
यह आधा गाँव।
यह काला जल।

रात के हाथ में चाँद की अशरफ़ी
सुबह की जेब में,
ओस के मोतियों की लड़ी
वक़्त के गर्म बाज़ार में,
एक हम ही तही-दस्त हैं*

---

* ख़ाली हाथ।

बाँटने के लिए
हिज्र का तजरबा
वस्ल की आगही
दीद का हौसला
हसरते-दीद का फ़लसफ़ा
बेचने के लिए कुछ नहीं
वक़्त के गर्म बाज़ार में

प्यास की ज़र्द चट्टान पर
मैं भी एक रेत का ढेर हूँ
धूप उतरी हुई है सरहाने मेरे
दौड़ती हैं मेरे जिस्म पर
धूप की उँगलियाँ
मेरी छागल में अब,
प्यास का एक क़तरा नहीं।

फ़्लैट की घण्टी बजी।

"कोई प्रोड्यूसर हो तो लौटा दो।"

"क्यों ?"

"क्योंकि इधर चेज़-वेज़ की कोई नयी किताब नहीं आयी है।"

हिल्डा ने दरवाज़ा खोल दिया।

यह हिल्डा बीस-इक्कीस साल की एक गहरी काली लड़की थी। पर बिल्डिंग में उसका बड़ा रोब था क्योंकि उसके 'सहेबा' के यहाँ दलीपकुमार से लेकर नवीन तक सभी आते थे। उसकी बर्थडे पर शर्मिला पटौदी ने 'ह्यिु ज बुके' भेजा था। कई प्रोड्यूसर उसकी जवानी को छोटा-मोटा रोल देने के 'हिन्ट' भी दे चुके थे। रफ़्फ़न का खयाल था कि चंचल मोहन तो उसे अपनी फ़िल्म में छोटा-मोटा रोल दे भी चुके थे।

गानों का बाज़ार मन्दा पड़ जाने के बाद चंचल ने प्रोड्यूसरी का धन्धा शुरू कर दिया था। कई फ़िल्में शुरू कर चुका था जो तीन-तीन, चार-चार रीलें बनने के बाद ठप हो गयी थीं। अब वह रफ़्फ़न का प्रोफ़ैशनल एडवाइज़र हो गया था। उसी के घर खाना खाता था। उसी की शराब पीता था। और रेस के सीज़न में 'जन्नत आपा' से पैसे लेकर रेस भी खेल आया करता था। राखी के दिन उसने लड़-झगड़ के जन्नत से राखी भी बँधवा ली थी।

इन दिनों वह एक धाँसू प्रोपोज़ल बना रहा था। धर्मेन्द्र, हेमा मालिनी, पद्मा खन्ना या बिन्दु। लक्ष्मीकान्त-प्यारेलाल, आनन्द बक्षी और बाग़ी आज़मी। वह

अपनी फ़िल्म के लिए गीत लिखने पर किसी तरह तैयार नहीं हो रहा था ! रफ़्फ़न उसे बराबर खैंचता :

"यार, अपनी फ़िल्म में किसी और से गीत लिखवाना तो बड़ी अजीब बात है। और वह भी आनन्द बक्षी से।"

"चलती का नाम गाड़ी है, रफ़्फन भाई ! आनन्द बक्षी ? अरे आप कहिए तो बेताब मिरजापूरी से लिखवा लें। एक दिन कह रहा था कि दस-पाँच हज़ार लगा सकता है।"

"देखो तुम उन पर तो रहम ही करो।"

···प्रोपोज़ल के साथ पिछले दस-बारह दिनों से वह रफ़्फ़न ही के यहाँ उठ आया था। कह-सुनके नहीं। सामान लेकर नहीं। बस एक दिन रात ज़्यादा हो गयी। रफ़्फ़न ने कहा : रह जाओ। कहाँ जाओगे। बस वह रह गया। कहीं नहीं गया। सवेरे रफ़्फ़न का एक धुला हुआ जोड़ा पहनकर चला गया। दिन-भर कामों में फँसा रहा। रात को आया कपड़े लौटाने। पर पहन के क्या जाता। हिल्डा ने ग़लती से उसके कपड़े लाण्ड्री भेज दिये थे। तो उसे रफ़्फ़न का स्लीपिंग सूट पहनकर सोना पड़ा। दूसरे दिन वह फिर रफ़्फ़न का एक धुला हुआ जोड़ा पहनकर चला गया।···यदि जी घबराता तो किचन में जाकर हिल्डा से कुछ हाथापाई कर आता।

इसलिए जब हिल्डा दरवाज़ा खोलने गयी तो चंचल उसकी तरफ़ देखे बिना न रह सके।

लगता था जैसे हिल्डा की सारी जवानी उसके कूल्हों में समायी हुई है। चंचल की आँखें चमकने लगीं।

"जन्नत आपा।" चंचल ने कहा, "मैं आपसे सच कहता हूँ कि हिल्डा जैसी लड़की मिलना असम्भव है।"

"इसे भगाने का इरादा है क्या ?" जन्नत ने बड़ी मासूमियत से पूछा।

चंचल खिलखिलाके हँस पड़ा।

इस बीच में हिल्डा ने दरवाज़ा खोल दिया। दरवाज़े की तरफ़ जन्नत की पीठ थी। मगर दरवाज़ा रफ़्फ़न के सामने था। इसलिए नफ़ीस को सबसे पहले रफ़्फ़न ही ने देखा।

"अरे !" रफ़्फ़न को यक़ीन नहीं आया।

जन्नत मुड़ी। उसने नफ़ीस को देखा। नफ़ीस यूँ मुसकुरायी जैसे वह अपने घर में आयी है और घर में किसी मेहमान को देखकर मुसकुरायी है।

"आओ। आओ। कब आयीं ?" रफ़्फ़न ने कहा।

"क्यों भई जन्नत !" नफ़ीस ने एक कुरसी घसीटते हुए कहा, "न सलाम न दुआ। और यह तुम इतनी मोटी क्यों हो गयी हो !"

"मगर तुम वैसी की वैसी हो।" जन्नत को कहना ही पड़ा।

नफ़ीस खुश हो गयी। यह बात ठीक भी थी। इतने बरसों में उसकी वेस्ट लाइन में सिर्फ़ एक इंच का फ़र्क पड़ा था और उस एक इंच को वह अपने लिबास की काट में छिपा लिया करती थी।

जन्नत ने यह भी देख लिया कि नफ़ीस अब भी पहले ही की तरह ब्रैज़ियर नहीं पहनती।

"नीचे टैक्सी पर मेरा सामान है।" नफ़ीस ने कहा।

"हाँ, हाँ।" चंचल खड़ा हो गया। "उठवा लेता हूँ।"

चंचल लपक गया।

"फ़्लैट तो बड़ा शानदार है।"

नफ़ीस अपने लिए चाय बनाने लगी।

जन्नत थोड़ी-सी परेशान हो गयी थी।

चंचल को चावला साहब के यहाँ जाना है।

वह किटी पार्टी में जायेगी।

हिल्डा का डे आफ़ है।

रफ़्फ़न घर पर होगा। और अब यह नफ़ीस भी घर पर होगी। यह अट्ठाईस बरस की होने के बाद भी ब्रैज़ियर न पहननेवाली नफ़ीस भी घर पर रहेगी। रफ़्फ़न से इश्क़ लड़ानेवाली यह नफ़ीस भी घर पर रहेगी।

"कब आयीं तुम ?" जन्नत ने पूछा।

"दो महीने हुए।" नफ़ीस ने कहा, "कौन-सी चाय है ?"

"वही लिपटन ग्रीन।" रफ़्फ़न ने कहा।

"आप नहीं बदलेंगे।"

"मैं बहुत बदल गया हूँ।"

"आयीं कैसे ?" जन्नत उसी ढर्रे पर रही।

"बड़ी मुसीबत से।"

"हाय अल्ला ! मुसीबत कैसी ?"

"मैं ढाके में थी।

"ढाके में क्या हुआ ?" रफ़्फ़न ने पूछा।

"आप अख़बार नहीं पढ़ते क्या ?"

"न !"

"खुदा ग़ारत करे इस मुजीब को।" नफ़ीस ने कहा, "मैं रिफ़्यूजी हूँ ! बंगालियों ने तो यू. पी., बिहार वालों का जीना दूभर कर दिया है।"

"भाई जानू कैसे हैं ?"

"शहरबानो की शादी की तैयारी में लगे हुए थे। आपने वो मेरा वीकली

आर्टिकिल पढ़ा ?"

"न।" रफ़्फ़न ने कहा, "मैं चेज़, आएन फ़्लेमिंग और अगाथा क्रिस्टी के सिवा अब कुछ नहीं पढ़ता।"

"ख़ुशवन्त सिंह ने मेरा इन्टरव्यु लिया जनाब। और मैंने पाकिस्तान को बड़ी खरी-खरी सुनायी है। टू नेशन थ्युरी ही बिलकुल नानसेन्स है। स्टुपिड। मैंने आपका भी ज़िक्र किया है। मुंहदेखी बात नहीं कहती। पर इस वक़्त आप कन्टेम्पोरेरी उर्दू के सबसे अच्छे शायर हैं। ख़ुशवन्त सिंह ने पूछा, बट अफ़कोर्स सीरियसली नहीं पूछा कि मैं इस क्लैसिकल फ़िगर के साथ हिन्दी सेनिमा में क्यों नहीं आती। तो मैंने कहा, मुझे आने में क्या देर लगेगी। बाग़ी आज़मी मेरे पुराने दोस्त हैं। मिसेज़ रफ़अत से उनकी मुलाक़ात मेरी ही पार्टी में हुई थी। फिर वह नॉटी सवाल करने लगा। कमाल है कि उस सिख में सेन्स आफ़ ह्यूमर है!" नफ़ीस हँसने लगी।

जन्नत ने एक क्वाटर प्लेट में दो टोस्ट उसके आगे सरकाये।

"मेरी क़िस्मत में यह नेमतें कहाँ!" नफ़ीस ने एक नकली ठण्डा साँस लिया।

···रफ़्फ़न दिल ही दिल में भाई जानू का ख़त पढ़ रहा था।

···अभी पिछले हफ़्ते राइटर्ज़ क्लब की एक मीटिंग में प्रोफ़ेसर नफ़ीस बेगम से लड़ गयी। उन्होंने जदीद उर्दू शायरी पर एक पेपर पढ़ा। तुम्हारा ज़िक्र ही नहीं था।···यह नफ़ीस बेगम मुसलिम युनिवर्सिटी में पढ़ा करती थीं। कहती हैं कि तुमसे यूँही-सी सरसरी मुलाक़ात है।···

"···नहीं जी।" नफ़ीस की आवाज़ आ रही थी। "दीज़ बंगालीज़ आर बास्टर्ड्स। तुम क्या जानो कि यू. पी. और बिहार के मुसलमानों के साथ वह कैसा सलूक कर रहे हैं। मौका मिले तो अस्सी-पचासी फ़ीसदी लोग अपने घरों को लौट आयें।"

"क्यों?" रफ़्फ़न ने बड़ी बेदर्दी से पूछा, "क्यों लौट आयें? वहीं रह के चीनो-अरब हमारा क्यों नहीं गाते? और चाय पियो।"

"पर मैं कहता हूँ रफ़्फ़न भाई कि···"

"चंचल!" रफ़्फ़न ने चंचल की बात टाली, "सेकुलरिज़्म का मतलब यह नहीं कि मुसलमानों पर रहम खाया जाये और उनकी बेहूदगियों को भी डिफ़ेन्ड किया जाये।"

"तो क्या सेकुलरिज़्म का मतलब यह है कि बंगाल से आये हुए रिफ़्यूजी स्क्रीन किये जायें? हिन्दू-बंगालियों को रिफ़्यूजी और मुसलमान बंगालियों को स्पाई कहा जाये? बाई द वे, कल अरोरा साहब मिल गये। कहने लगे : बँगला देश काण्ड पर बाग़ीजी से एक स्क्रिप्ट दिलवा दो तो गीत तुम्हीं से लिखवा लूँगा।"

चेज़ ने बंगला देश पर कोई नावेल ही नहीं लिखा तो मैं अरोरा साहब को सब्जेक्ट कहाँ से दे दूँ!

"कमाल है।" नफ़ीस बोली, "आई. एस. जौहर ने यही मुझे लिखा था। आदमी इनटरेस्टिंग है।"

"बहुत।"

"क्या वह तुमको हीरोइन बनाने वाले हैं ?" जन्नत ने पूछा।

"हाँ।" नफ़ीस बोली, "ये क्या फ्रेंच शिफ़ान है ?" वह जन्नत की साड़ी के कपड़े को दो उँगलियों की नोक पर रख-रखकर देखने लगी।

"हाँ।"

"यहीं उल्हास नगर में बनता है !" रफ़्फ़न ने बड़ी सादगी से कहा।

बस बात का रुख बदल गया। स्मग्लिग की बातें होने लगीं।...

"हिन्दुस्तान के बड़े शहरों में इधर एक नया क्लास पैदा हो गया है, जिसके लिए स्मगल्ड कपड़े पहनना, स्मगल्ड सिगरेट पीना, स्मगल्ड ख़यालात रखना स्टेटस सिम्बल हो गया है।" रफ़्फ़न कह रहा था, "कालीदास का अंग्रेज़ी ट्रान्सलेशन ओरिजिनल से अच्छा है।..."

"मैं तो जा रही हूँ किटी-पार्टी में।" जन्नत बोली, "तुम भी चलो न नफ़ीस !"

"मैं तो भय्या, रफ़्फ़न भाई से गप लड़ाऊँगी।"

"तो फिर मैं भी टाल जाती हूँ।"

"अरे नहीं, तुम क्यों अपना प्रोग्राम अपसेट करो।"

"इतने दिनों के बाद तो मुलाकात हुई है। अच्छा, तुम्हें यह ख़बर मिली कि नहीं कि मिस जाज़फ़ ने शादी कर ली।"

"यानी अलीगढ़ में बस अब चार कँवारियाँ रह गयीं -- मिस टामस, आबेदा आप, अज़ीजा आपा और अफ़सर आपा।"

"और शहनाज़ हाशिमी का क्या बना ?" रफ़्फ़न ने पूछा।

"कहाँ रहते हैं आप ?" नफ़ीस ने कहा, "वह तो मिसेज़ समी हमीद बनकर पुरानी-चुरानी भी हो चुकीं..."

चंचल मोहन चुप रहकर तीनों का मुँह देख रहा था। दो अलीगढ़ वालों का मिल जाना क़यामत है। उनकी बातें सुनो तो लगता है कि दुनिया में आपाओं और भाइयों के सिवा कोई और है ही नहीं। हिन्दुस्तान की किसी युनिवर्सिटी वालों के पास आपस में करने के लिए इतनी बातें नहीं होतीं।...

थोड़ी देर के बाद रफ़्फ़न भी बिदेसी हो गया। जन्नत और नफ़ीस आपस में खुसुर-पुसुर करके हँसने लगीं।

परन्तु रफ़्फ़न को नफ़ीस का यूँ सामने बैठकर चाय पीना अजीब लग रहा था। उसकी साड़ी का पल्लू ढलका हुआ था। बहुत गहरी काट का ब्लाउज़ रफ़्फ़न को परेशान कर रहा था।

कि नफ़ीस का रूमाल गिर गया। वह बेख़याली में उसे उठाने झुकी। ब्लाउज़ जिल्द से अलग हो गया।

रफ़्फ़न की कनपटियाँ धड़कने लगीं। उठते समय नफ़ीस ने रफ़्फ़न की आँखों में देखा। सन्देसा बिलकुल साफ़ था।

ठीक उसी वक़्त फ़ोन की घण्टी बजी। उसकी आवाज़ में रफ़्फ़न के दिल के धड़कने की आवाज़ दब गयी।

"हाँ। बाई हैं।" हिल्डा की आवाज़ आयी।

जन्नत उठ गयी।

"कब तक रहोगी?" रफ़्फ़न ने पूछा।

"जब तक आप कहें।" नफ़ीस ने वादा किया।

"अरे नहीं भाभीजी।" जन्नत की आवाज़ आयी, "मेरी एक पुरानी सहेली आ गयी हैं। नये वीकली में उनकी तस्वीर छपी है।"

"फ़ेमिना के कवर पेज पर जो मेरी तस्वीर आयी है," नफ़ीस ने कहा, "बिलकुल वैसी लग रही हूँ जैसी अलीगढ़ में लगा करती थी।"

"अरे नहीं भाभीजी, यह क्या कह रही हैं आप! मैंने तो उससे उसी दिन कह दिया था। अमेरिकन जारजड? आपने तो उस दिन जैपनीज़ डिनर सेट के लिए कहा था। 124 पीस का है। क़ीमत कोई ऐसी ज्यादा नहीं है। चौबीस या साढ़े चौबीस सौ का है। अब देखिए ह्विस्की की बात उनसे कीजिए। न मैं पीऊँ, न मैं जानूँ। एक मिनट। पूछ के बताती हूँ।" जन्नत ने रिसीवर पर हाथ रख लिया। "या अल्लाह! यह मिसेज़ चोपड़ा तो चिपक जाती है। चोपड़ा साहब की ह्विस्की का क्या हुआ?"

"रहमत के यहाँ तो नक़ली माल है।" रफ़्फ़न ने कहा, "रामचन्दानी के यहाँ नया माल आया है। कहें तो दो केसेज़ भिजवा दूँ। और चोपड़ा साहब हों तो यह भी पूछ लो कि कल से कमरा बुक है कि नहीं।"

"कमरा किसके लिए बुक हो रहा है?" नफ़ीस ने पूछा। मेज़ के नीचे उसके नंगे पाँव रफ़्फ़न से बेख़याली में छुल गये। दोनों में से किसी ने पाँव नहीं हटाया।

"घर में बैठकर काम करना मुमकिन नहीं है।" रफ़्फ़न ने कहा, "कोई-न-कोई आ जाता है और बोर करता है।"

एक चुटकी नींद की मिलती नहीं।
अपने ज़ख़्मों पर छिड़कने के लिए।
हाय, हम किस शह्र में मारे गये।
घंटियाँ बजती हैं,
ज़ीने पर क़दम की चाप है
फिर कोई बेचेहरा होगा।

मुंह में होगी जिसके मक्खन की ज़बां
सीने में होगा जिसके एक पत्थर का दिल।
मुसकुराकर,
मेरे दिल का एक वरक़ लजायेगा।

उसने अपना पांव हटा लिया। वह उदास हो गया था। अब भी जब कभी वह आदमी जिसका नाम सय्यद अली रफ़अत था, और जो ज़ैदी विला में पला-बढ़ा था और जो बाद में बाग़ी आज़मी बना, उसके इस कुशदा, हवादार और दौलतमन्द फ़्लैट में आ जाता और उसके पास बैठकर मिस्री सूत की बनी हुई उसकी इटैलियन शर्ट को छूता तो वह उदास हो जाया करता था, क्योंकि वह जानता था कि उसने अपनी हक़ीक़त गुम कर दी है। कि वह एक अर्थहीन परछाईं है जिसे लोग न जाने क्यों बाग़ी आज़मी पुकारे जाते हैं।

हिज्र के शह्र में,
याद की रहगुज़र,
दूर तक,
आज,
वीरान है।
दोस्त,
गुम हो गये।
सिर्फ़ परछाइयां रह गयीं।
सुबह जाने अभी कितनी रातों के बाद आयेगी।

उसने जन्नत की तरफ़ देखा। वह नफ़ीस के आने को भूलकर मिसेज़ चोपड़ा से पर्फ़्यूम्ज़, इम्पोर्टेड नाइलॉन, स्मगल्ड क्रॉकरी, लिपस्टिक के नये शेडों की बात कर रही थी, और खुश थी। खुश।

खुश हो जाना कितना आसान है !

एकाएक उसे लगा कि पेडरो का भूत सामने वाले सोफ़े पर बैठा गिटार बजा रहा है और गा रहा है :

एव्री मार्न, ऐण्ड एव्री नाइट
सम आर बार्न टु स्वीट डिलाइट
सम आर बार्न टु एण्डलेस नाइट

ऐण्डलेस नाइट ! कभी न खत्म होने वाली रात। कभी न खत्म होने वाला अंधेरा।

अंधेरा ! क्या यही इस युग का मानव-मूल्य है ?

…नफ़ीस के पांव ज़रा और आगे सरक आगे। वह जानना चाहती थी कि रफ़्फ़न का पांव हट गया था या उसने हटाया था।

रफ़्फ़न खड़ा हो गया। पांव खुद-ब-खुद हट गया। उसने जन्नत की तरफ़ देखा। बहुत दिनों के बाद ग़ौर से देखा। नफ़ीस ने ठीक कहा था। वह काफ़ी मोटी हो गयी थी। उसके पेट में कई बल पड़ गये थे। बाँहें भारी हो गयी थीं। बाल कम हो गये थे। पर वह खुश थी और हँस-हँस के बातें किये जा रही थी।

रफ़्फ़न उस पल इस नतीजे पर पहुँचा कि जन्नत दुनिया की सबसे ज़्यादा ख़ूबसूरत औरत है और उसी पल वह अपनी जन्नत और जन्नत बाजी को अलग-अलग करके देखने में पहली बार सफल भी हुआ। और उसने अपने-आपको बेच देने के जुर्म पर अपने-आपको क्षमा कर दिया।

"मैं ज़रा हाथ-मुंह धो लूं।" नफ़ीस भी खड़ी हो गयी।

पर अब रफ़्फ़न की कनपटियाँ नहीं धड़क रही थीं।

"हिल्डा।" उसने आवाज़ दी, "नफ़ीस बाई को बाथ-रूम ले जाओ।"

नफ़ीस चली गयी। उसने आगे बढ़कर जन्नत के गले में बाँहें डाल दीं।

"हायें-हायें!" जन्नत घबरा गयी, "क्या करते हो! नफ़ीस देख लेगी।"

"नफ़ीस क्या देख लेगी?" मिसेज़ चोपड़ा ने सवाल किया।

जन्नत घबरा गयी।

रफ़्फ़न हँसने लगा। और वह हँसा तो चंचल मोहन भी हँसने लगा।

"क्या देख लेगी?" मिसेज़ चोपड़ा ने सवाल किया।

"मैं चाहता हूँ कि नफ़ीस यह देख ले।"

"क्या देख ले?" मिसेज़ चोपड़ा ने सवाल किया।

"यही कि मैं वाक़ई जन्नत से प्यार करता हूं।" रफ़्फ़न ने कहा।

जन्नत ने घबरा के कनेक्शन काट दिया। रफ़्फ़न ने उसकी नाक दबा दी।

और जन्नत रोहाँसी हो गयी। दर्द से नहीं। ख़ुशी से।

रोना भी कितना आसान काम है और आँसू के भी कितने रूप हैं!

जैदी विला का भूत

उसने अपनी प्रोड्यूस की हुई पहली फ़िल्म का नाम 'ज़ैदी विला का भूत' रक्खा। फ़िल्म फ़्लाप हो गयी क्योंकि उसमें मारधाड़ नहीं थी। कैब्रे नहीं थे। हीरोइन को रेप करने की कोई कोशिश नहीं थी। चंचल मोहन या आनन्द बक्षी के गीत नहीं थे। आर. डी. बर्मन का संगीत नहीं था और सबसे बड़ी बात यह थी कि नाम का 'भूत' देखकर बोर्ड आफ़ सेन्सर्ज़ ने फ़िल्म को 'ए' सर्टिफ़िकेट दे दिया था।

देखनेवाले तमाशा देखने गये थे। वह समझ रहे थे कि ज़ैदी विला का भूत हँसता हुआ निकलेगा और हीरोइन पर आशिक़ होकर गाना गायेगा।

पर उस फ़िल्म में कोई भूत ही नहीं था। बस एक बच्चा था जो बढ़ने के बाद भी एकदम से बच्चा बन जाता और मोलसरी के पेड़ पर चढ़कर चिड़िया के बच्चे ढूंढ़ने लगता।

फ़िल्मफ़ेयर ने उसे एक स्टार दिया। माधुरी, शमा, सुषमा ने उसे बोरिंग और ज़िंदगी से दूर कहा।

फाइनेन्सर्ज़ उसे हुण्डियों की हवा देने लगे तो कर्ज़ उतारने के लिए उसने दूसरी फ़िल्म का एलान किया। आस्तीन का साँप।

इस फ़िल्म के लिए उसने धर्मेन्द्र और हेमा मालिनी के साथ-साथ आर. डी. बर्मन और आनन्द बक्षी को साइन किया। उसने 'रामायण' और 'वलचर इज़ ए लेज़ी बर्ड' को फेंटकर कहानी बनायी।

जिस दिन 'आस्तीन का साँप' की बिसमिल्लाह हुई उसी दिन पाकिस्तान से हमारी ढाइवीं लड़ाई शुरू हुई।

लड़ाई के चौथे दिन ग़ाज़ीपुर जाकर उसने 'ज़ैदी विला' खरीद ली। गोल कमरे से गुरुचरण साह के पिता की तस्वीर हट गयी। और वह जन्नत को लेकर अपनी यादों से मिलाने निकला।

जन्नत को उस घर में कोई ख़ास बात न दिखायी दी। घर बड़ा ज़रूर था। पर ऐसा भी नहीं था कि कोई उससे इश्क़ करने लगे।

गुरुचरण साह को फूलों का शौक़ नहीं था। तो बाग़ीचा जंगल हो रहा था। माली की कोठरी की जगह एक अखाड़ा बन गया था, जिससे यह पता चलता था कि गुरुचरण परिवार को कसरत का शौक़ था।

"इस घर की तरफ़ यूं न देखो जन्नत।" उसने कहा, "मैंने यही घर ख़रीदने के लिए तो अपने-आपको बेचा है। क्योंकि मैं इसी घर का एक रूप हूँ। इस घर का रूप अब्बा थे जो कराची में मर गये। एक रूप जन्नत बाजी थीं जो किसी ब्रिगेडियर न्याज़ी के घर में हैं। एक रूप भाई जानू हैं जो बँगलादेश में हैं और लापता हैं। शहरबानो और रफ़अत को मैं ज़ैदी विला के रूप नहीं मानता। अब बस यह ज़ैदी विला है और मैं हूँ।"

पर अनजाने में भाई जानू के बारे में उसने एक गलत बात कह दी थी। भाई जानू बँगलादेश में लापता नहीं थे। वह मेरठ के कैम्प में थे—दूसरे मुसलमान रिफ़्यूजियों के साथ।

वह शरणार्थी बनकर यहाँ से गये थे।

वह शरणार्थी बनकर यहाँ वापस आ गये थे।

भाई जानू के साथ शहरबानो भी आयी थी। हू-ब-हू जन्नत बाजी जैसी थी।

जनरल न्याज़ी की इस्लामी फ़ौज के सिपाहियों ने उसके साथ कई रातें गुज़ारी थीं। और वह माँ बनने वाली थी और उसके कँवारपे की ज़िल्लत की कहानी उसके चेहरे पर जैसे उर्दू लिपि में लिखी हुई थी क्योंकि रफ़्फ़न ने उसे साफ़-साफ़ पढ़ लिया था।

भाई जानू एक तरफ़ चुप बैठे हुए थे। अपने ख़यालों में गुम।—शायद इक़बाल के इसलामी तराने को भूलने की कोशिश कर रहे थे।

चीनो-अरब हमारा नहीं है।
हिन्दोस्ताँ हमारा है।
सारा जहाँ हमारा नहीं है।
हिन्दोस्ताँ हमारा है।

शहरबानो उससे लिपटी हुई रो रही थी।

जन्नत उनसे अलग बैठी रो रही थी।

आँसू शायद इस युग का दूसरा मानव-मूल्य है।

त्रिकोण

ज़ैदी विला ग़ाज़ीपूर में अकेला था। और भाई जानू मेरठ के शरणार्थी कैम्प में अकेले थे, कि शहरबानो ज़ैदी विला का रूप नहीं थी।

रफ़्फ़न बम्बई में अकेला था, कि न जन्नत ज़ैदी विला का रूप थी और न उसकी हिट हो जाने वाली फ़िल्म—'आस्तीन का साँप।'

म्युनिसिपैलिटी टैक्स के काग़ज रफ़्फ़न के पास बम्बई भेजती थी। रफ़्फ़न हर महीने एक मनीआर्डर भाई जानू के नाम मेरठ भेजता था। और भाई जानू ज़ैदी विला को याद किया करते थे।

त्रिकोण तैयार था
एक का क़िस्सा सबका क़िस्सा।
सबका किस्सा दर्दे-जुदाई।
प्यास अजल है।
प्यास अबद है।
एक अंगारा है कि ज़मीं है।
साये का एक हल्का-सा धब्बा भी नहीं है
जिसकी गोद में बैठ के कोई
घास की उँगली से शबनम के क़तरे चाटे
यह बेदर्द धूप शायद इस युग का तीसरा मानव-मूल्य है।

०००